职业教育·城市轨道交通类专业
新形态一体化系列教材

U0649057

城市轨道交通
全自动运行系统概论

曾　彬　阎国强　刘见见　**主　编**
姜　辉　郭　凝　李　伟　**副主编**
张知青　**主　审**

人民交通出版社
北　京

内 容 提 要

本书为职业教育城市轨道交通类专业新形态一体化系列教材之一。全书系统介绍了全自动运行系统的基本概念、关键技术、实施保障、运营管理及未来发展趋势,内容涵盖理论知识与实践应用,旨在培养符合行业需求的高素质技术技能人才。全书包含 4 个模块,分别为城市轨道交通全自动运行系统概述、城市轨道交通全自动运行系统组成、城市轨道交通全自动运行系统实施保障、城市轨道交通全自动运行系统运营管理。

本书既可作为职业教育城市轨道交通类专业的教学用书,也可作为行业岗位培训教材,同时可供从事城市轨道交通规划、设计、运营管理的技术人员参考。

本书配套丰富助学助教资源,请有需要的任课教师通过加入职教轨道教学研讨群(QQ 号:**129327355**)获取。

图书在版编目(CIP)数据

城市轨道交通全自动运行系统概论/曾彬,阎国强,刘见见
主编. —北京:人民交通出版社股份有限公司,2025.
9. —ISBN 978-7-114-20555-2

Ⅰ. U239.5

中国国家版本馆 CIP 数据核字第 2025AE6451 号

Chengshi Guidao Jiaotong Quanzidong Yunxing Xitong Gailun

书　　　名:	**城市轨道交通全自动运行系统概论**
著 作 者:	曾　彬　阎国强　刘见见
责任编辑:	钱　堃
责任校对:	赵媛媛　刘　璇
责任印制:	张　凯
出版发行:	人民交通出版社
地　　　址:	(100011)北京市朝阳区安定门外外馆斜街 3 号
网　　　址:	http://www.ccpcl.com.cn
销售电话:	(010)85285911
总 经 销:	人民交通出版社发行部
经　　　销:	各地新华书店
印　　　刷:	北京市密东印刷有限公司
开　　　本:	787×1092　1/16
印　　　张:	12.5
字　　　数:	276 千
版　　　次:	2025 年 9 月　第 1 版
印　　　次:	2025 年 9 月　第 1 次印刷
书　　　号:	ISBN 978-7-114-20555-2
定　　　价:	45.00 元

(有印刷、装订质量问题的图书,由本社负责调换)

前言

编写背景

近年来,我国城市轨道交通发展迅速,新技术、新设备不断涌现,城市轨道交通全自动运行系统(简称"全自动运行系统")作为城市轨道交通(简称"城轨")智能化发展的重要方向,已在全国多座城市投入运营。截至2024年底,我国全自动运行线路总里程达1486.01 km(不含港澳台),占城轨总运营里程的12.21%,其中GoA4级全自动运行线路里程占全自动运行线路总里程的90.77%。在此背景下,亟需一本系统介绍全自动运行系统原理、技术及应用的专业教材,以满足行业人才培养和技术发展的需求。

教材定位

本教材为职业院校城市轨道交通类专业的核心课程教材,同时也可作为行业从业人员培训用书。教材以产教融合为指导思想,对接城市轨道交通全自动运行系统维护、运营管理等多职能岗位能力要求,可为学生职业发展和技能提升奠定坚实基础。

编写理念

1. 产教融合

联合职业院校与上海申通地铁股份有限公司、卡斯柯信号有限公司、上海轨道交通设备发展有限公司等多家全自动运行线路运营单位和设备生产企业共同编写,将企业真实案例、技术标准和工作规范融入教学内容。

2. 德技并修

将"工匠精神"融入教材,通过典型案例培养学生的职业素养和社会责任感。

3．技术引领

紧跟全自动运行技术发展前沿，涵盖 GoA4 级全自动运行系统的最新应用成果。

4．设计先进

以学生为中心，注重培养学生职业综合素质和行动能力，配套丰富数字化资源，支持个性化学习。

教材特色

1．内容系统全面

全面覆盖全自动运行知识体系，包含全自动运行系统的基本概念、关键技术、实施保障和运营管理等方面。

2．案例真实丰富

精选上海地铁 10 号线、上海地铁 15 号线、上海地铁 18 号线等典型全自动运行线路案例，分析其技术特点和应用经验。

3．技术前沿实用

紧密结合全自动运行系统的最新技术发展趋势，以模块化结构组织内容，确保知识体系的系统性和实用性。

4．强化技能培养

每个模块配套技能工作页，采用"任务书—实施—评价"全流程实训模式，结合多元评价反馈，有效提升学生实践能力和问题解决能力。

教材编写团队

本教材由"产学研用"多方联合打造，编写团队汇聚了职业院校、设备供应商、运营单位、安全评估机构等多方力量，确保教材内容既具有技术前瞻性，又符合工程实践要求。

本教材由上海交通职业技术学院曾彬、阎国强、刘见见担任主编，负责确定教材提纲及整体框架；由上海交通职业技术学院姜辉、郭凝，上海申通地铁股份有限公司李伟担任副主编，负责全书统稿；由上海申通地铁股份有限公司张知青担任主审。教材编写分工为：模块 1 由曾彬、阎国强、刘见见编写；模块 2 由姜辉、郭凝、卡斯柯信号有限公司查伟、上海电气泰雷兹交通自动化系统有限公司李永康、上海轨道交通设备发展有限公司叶都玮、上海电气自动化设计研究所有限公司乌家玫、上海轨道交通设备发展有限公司岳仁峰和西门子交通设备（中国）有限公司池年虎编写；模块 3 由南德认证检测有限公司王庆胜、里卡多科技咨询有限公司雷文博编写；模块 4 由上海申通地铁股份有限公司李伟、陈少允、包天刚编写。

配套资源

本教材配套建设了丰富的数字化教学资源,其中课件、课程标准、案例分析、实训工单、习题及答案仅向任课教师提供。请有需求的任课教师通过加入"职教轨道教学研讨群"(QQ 号:129327355)获取。

致谢

本教材的出版得到了人民交通出版社股份有限公司的大力支持和鼓励。本书在编写的过程中参阅了大量专业书籍、专业电子期刊和相关城市轨道交通企业官网信息,在此对相关作者表示衷心感谢。由于编者水平有限,书中难免存在错漏之处,欢迎广大读者批评指正。

编　者
2025 年 4 月

城市轨道交通全自动运行系统概论

目录

模块 1

城市轨道交通全自动运行系统概述

模块描述

早期的全自动运行技术应用于小运能乘客自动运输系统（automated people mover system，APM），后来慢慢应用于大运能城市轨道交通系统。 随着城市轨道交通网络化进程的推进，城市轨道交通系统对运营安全与效率的要求不断提高。 全自动运行系统因具有安全可靠、线路通过能力高、运营成本低等特点，已经成为我国新建和改造线路的首选方案。

本模块全面介绍了城市轨道交通全自动运行系统的发展历史，重点阐述了全自动运行系统的自动化等级、运行方式、运营规则和运营场景等基本概念，并简要探讨了智慧城轨背景下全自动运行系统的发展方向。

本模块涉及的城市轨道交通全自动运行系统岗位主要包括运营调度员［含行车调度员、乘客调度员、车辆调度员、停车场（简称车场）调度员］、设备调度员（含环控调度员、电力调度员、维修调度员）、多职能站控员、多职能巡视员、多职能列控员、设备检修员。

学习目标

◎知识目标

1. 了解国内外全自动运行系统发展的历程，包括探索阶段、推广应用阶段和成熟应用阶段。

2. 理解全自动运行系统自动化等级的定义。

3. 理解全自动运行系统运行方式和运营规则与有人驾驶系统的差异。

4. 掌握全自动运行系统运营场景的定义、分类和描述方法。

5. 了解全自动运行系统的未来发展趋势。

◎能力目标

1. 能够根据线路运营特征判定线路自动化水平。

2. 能够对比分析全自动运行系统与传统有人驾驶系统的差异性。

3. 能够对全自动运行系统运营场景进行分类，归纳总结不同系统所分配的功能需求。

◎素质目标

1. 了解我国城市轨道交通全自动运行系统的发展历程，增强科技自信与创新意识。

2. 建立从场景定义到需求分配的设计理念，培养系统性思维方式。

3. 把握全自动运行系统发展动向，拓宽知识视野。

◎建议学时：5 学时

案例导入

北京地铁开启"全自动运行"时代——"无人值守"刷新纪录

2021 年 8 月 19 日，北京燕房线正式开启"无人驾驶"列车运营，这标志着北京轨道交通迈入全自动运行新纪元。作为全国首条拥有自主知识产权的全自动运行线路，燕房线自实现无人值守全自动运行以来，运行平稳，表现卓越。该线路连接阎村东站与燕山站，呈东西走向，不仅展现了我国城市轨道交通技术的飞跃，也为后续多条新线的全自动运行奠定了基础。

燕房线采用全自动运行最高等级，实现了从行驶、停车到回库、洗车等的全过程无人化操作，显著降低了人为错误的风险。相比传统地铁线路，其自动化水平更高，标志着北京地铁向智能化、高效化方向迈进了一大步。

（摘编自北京日报网，2021 年 8 月 19 日）

课题 1.1　发展历程

城市轨道交通全自动运行(fully automatic operation,FAO)系统(简称全自动运行系统)是基于现代计算机、通信、控制和系统集成等技术实现列车运行全过程自动化的新一代城市轨道交通系统,该系统在 20 世纪 60 年代兴起于美国,距今已有数十年的历史。从技术应用的角度来看,全自动运行系统的发展大致可分为探索阶段、推广应用阶段和成熟应用阶段。

一、探索阶段(1959—1980 年)

1959 年,美国纽约时代广场至中央火车站的摆渡线正式启动了无人驾驶列车的研究工作。1960 年该研究工作完成了试验。无人驾驶列车于 1961 年在摆渡线上进行试运行,于 1962 年实现无乘务员的载客运行。该线路采用固定闭塞技术,列车通过向钢轨发出不同频率的脉冲来限制列车的速度(27~40 km/h),该线路的列车系统被公认为世界上第一个无人驾驶载客系统,见图 1-1。

图 1-1　1962 年美国纽约时代广场无人驾驶系统

随后,1965 年美国西屋电气公司提出建设"无人驾驶的、高频率的、经济的公共交通系统",并在匹兹堡附近的南区公园(South Park)建成了全自动化运输系统——空中客车(Sky Bus),见图 1-2。

1967 年,英国伦敦在全球第一次将列车自动运行(automatic train operation,ATO)系统应用于维多利亚线(见图 1-3)。在该系统中,司机只需启动列车,区间的全程运行便由系统自动控制完成,列车运行在很大程度上实现了自动化。不久后,德国柏林 U9 线在某区间进行了列车的无人驾驶载客运行,见图 1-4。

1960 年至 1980 年,城轨全自动运行处于试验与探索阶段。这一时期自动驾驶技术主要采用向钢轨发送不同频率脉冲的方式来指示列车的速度限制。列车在驶入站台的过程中,会经过一系列的点式命令发生器,以此实现列车在站台的平稳停车,但此时的列车还不能称为真正的全自动运行列车。此外,车站站台门的开关以及列车启动进站操作大多仍由人工完成,自动化等级低,未达到 GoA4 等级。

a)　　　　　　　　　　　　　　　　b)

图 1-2　1965 年空中客车(Sky Bus)

图 1-3　1967 年伦敦地铁维多利亚线　　　　　图 1-4　1976 年柏林地铁 U9 线

二、推广应用阶段(1981—2010 年)

1981 年,日本神户新交通港湾人工岛线开通,该线路被认为是全球首条真正意义上的 GoA4 轻轨列车线路,见图 1-5。

a)　　　　　　　　　　　　　　　　b)

图 1-5　1981 年神户新交通港湾人工岛线

随后,法国、加拿大等国对全自动运行技术进行多次革新和应用。1983 年 4 月,法国里尔 Lille 1 线首次采用了站台门将乘客与轨道分隔开,见图 1-6,并研发了轻轨自动化车辆(véhicule automatique léger, VAL)系统。

a)

b)

图 1-6　1983 年法国 Lille 1 线

1985 年，加拿大 Expo 高架线采用自研的智能轨道快运（advanced rapid transit，ART）系统，见图 1-7。该线路是移动闭塞技术和基于通信的列车控制（communication-based train control，CBTC）系统在城轨交通中的首次应用，极大地提高了线路的运营能力。

a)

b)

图 1-7　1985 年加拿大 Expo 高架线

2003 年 6 月，世界首条真正意义上的大运量地下全自动运行线路——新加坡东北线（图 1-8）开通，该线路采用了阿尔斯通公司的信号系统，最短 2min 的发车间隔极大地提高了线路运营能力。

a)

b)

图 1-8　2003 年新加坡东北线

2008 年 6 月，德国纽伦堡 U3 线开创了载客无人驾驶列车和载客有人驾驶列车混跑的新模式，见图 1-9。2008 年北京奥运会前夕，北京首都国际机场至东直门的机场快线引进了 AGT 系统，见图 1-10。

图 1-9　2008 年德国纽伦堡 U3 线　　　　　　图 1-10　2008 年北京机场快线

在 1981 至 2010 年的推广应用阶段，全自动无人驾驶技术主要在轻轨列车中得到了较快发展，首次出现了日后应用较多的新技术和新系统，如移动闭塞技术等，为 FAO 系统的推广应用打下了坚实的基础。

三、成熟应用阶段（2011 年至今）

欧盟携手行业协会、制造商及运营商，经过多年努力，通过多项政策引导与技术研究项目，于 2012 年建立了统一的欧洲轨道交通市场标准。该标准涵盖了手动驾驶与全自动驾驶技术规范。这些规范随后获国际电工委员会（International Electrotechnical Commission，IEC）及欧洲电工标准化委员会（european committee for electrotechnical standardization，CENELEC）认可。列车全自动驾驶功能和技术规范的形成，标志着全自动运行系统进入成熟应用阶段。

在这个阶段，全自动驾驶技术从低密度、低客流线路逐步发展应用到大客流、高密度线路，实现了全线路的自动化运行。典型代表是法国巴黎地铁 1 号线，见图 1-11。该线路于 2013 年 4 月投入自动化运营，是穿越巴黎市区的全自动运行重载地铁线路。

a)　　　　　　　　　　　　　　　　　b)

图 1-11　2013 年巴黎地铁 1 号线

在成熟应用阶段，移动闭塞技术成为主流，并更加强调系统的安全可靠性。随着全球轨道交通领域 FAO 系统的不断普及，预计未来城市轨道交通新建线、既有线改造项目将优先考虑采用全自动运行设计。FAO技术的应用预计成为未来的主流趋势。

在本阶段,我国相继开通了北京燕房线、北京大兴机场线、上海地铁14号线、上海地铁15号线、上海地铁18号线、深圳地铁12号线等全自动运行线路,见图1-12。其中,北京燕房线是我国首条自主研发的全自动运行线路。

| a) 北京燕房线 | b) 北京大兴机场线 | c) 上海地铁14号线 |
| d) 上海地铁15号线 | e) 上海地铁15号线 | f) 深圳地铁12号线 |

图1-12　国内主要城市全自动运行线路

截至2024年底,我国(不含港澳台)城市轨道交通全自动运行系统已在23个城市开通54条全自动运行线路,总运营里程达1486.01km,占全国城轨交通总里程的12.21%。其中,采用最高自动化等级(GoA4级)的线路长度为1.348.92km,占全自动运行线路总里程的比例高达90.77%。2024年新增全自动运行线路13条(含既有线路改造段3段),新增里程425.70km,占当年新增城轨交通总里程的44.67%,新增线路全部达到GoA4级标准,制式以地铁为主(408.50km),辅以导轨式胶轮系统(17.20km)。从城市分布来看,2024年北京(7条,136.72km)、深圳(7条,157.58km)、上海(5条,167.36km)、广州(5条,178.55km)等一线城市在全自动运行线路规模上居于领先地位,苏州(4条,156.05km)、西安(4条,115.72km)和郑州(4条,123.61km)等城市也实现了线路里程的显著增长。全自动运行技术已应用于地铁、市域快轨、自动导向轨道系统、导轨式胶轮系统和悬挂式单轨5种制式。值得注意的是,2024年全国新增2条全自动运行环线(西安地铁8号线和广州地铁11号线),使全自动环线总数增至9条,总长度达374.90km。

学习与思考

国内全自动运行线路规划与发展

请统计某一城市轨道交通系统中,哪些新线计划采用全自动运行系统? 哪些既有线将要改造为全自动运行系统? 全自动运行线路的公里数占比是呈上升趋势还是下降趋势?

课题 1.2　系统特点及自动化等级

全自动运行系统是一项系统工程,涉及车辆、信号、综合监控、通信、站台门、车辆基地、运营保障等多个专业,且各专业联系密切。

一、全自动运行系统的特点

全自动运行系统中传统司机的工作职能一部分由列车自动控制系统负责,另一部分则移交到运营控制中心(operating control center,OCC,简称控制中心)去完成。传统的司机、控制中心调度员和车站值班员共同参与的运营控制模式,转变为以控制中心调度员直接面向运行的运营控制模式。相较于有人驾驶的传统城市轨道交通系统,全自动运行系统具备以下特点:

1.高度的自动化集成

全自动运行系统深度整合了信号、车辆、综合监控、通信等多个系统,极大地提升了轨道交通的自动化水平,实现了从列车上电至休眠断电等的全过程自动控制。

2.充分的冗余配置

全自动运行系统的车辆、信号等关键运行设备均采用冗余技术,以减少运行故障。完善的故障自诊断和自愈功能提高了整个系统的可用性和可靠性。

3.完善的安全防护

全自动运行系统实现了列车运行全过程的安全防护,这主要体现在增强了运营人员防护功能、扩大了列车自动防护(automatic train protection,ATP)系统的防护范围、增加了轨道障碍物检测功能、增强了应急情况下的各个系统联动功能,以及提升了控制中心处理突发情况的防护能力。

4.丰富的中心功能

全自动运行系统的控制中心具备更加丰富的控制功能,能够实现列车全自动运行的全面监控、对各设备系统的详细监测与维护调度,以及面向乘客的远程服务等。控制中心还具备远程控制列车运行及故障处置的能力,必要时可以远程对列车运行实施干预。

5.兼容的驾驶模式

全自动运行系统的各种列车控制等级和驾驶模式可根据运营需要、控制设备的状态和列车运行实际情况进行切换。全自动运行线路配备了完整的驾驶模式,可支持从传统的基于通信的列车控制系统运营应用模式平稳过渡到所需的全自动运行运营应用模式。

二、全自动系统自动化等级

全自动运行系统的核心理念是尽量减少人员参与,用机器或设备来代替原始的人工操作,以提升运营系统的自动化能力。为了实现这一理念,国际电工委员会制定的 IEC 62267-1 标准及中国城市轨道交通协会发布的 T/CAMET 04017.1—2019 标准,均对全自动运行系统自动化等级作出了明确的定义。

1. IEC 62267-1 自动化等级定义

针对采用无人驾驶或无人干预自牵引列车的各类城市轨道交通系统,IEC 62267-1 国际标准定义了用于衡量城市轨道交通自动化水平的自动化等级(grade of automation,GoA)。该自动化等级根据运营工作人员和系统所承担的列车运行基本功能划分为 GoA0、GoA1、GoA2、GoA3 和 GoA4,见表 1-1。轨道交通自动化等级决定了运营需求、运营设施、车辆和运营人员的配置等。表 1-1 中,"系统"表示应由系统自动实现的功能,"人工"表示需由运营工作人员负责完成的功能。

IEC 62267-1 自动化等级(GoA)定义　表 1-1

列车运行基本功能要求		GoA0	GoA1	GoA2	GoA3	GoA4
保障列车运行安全	保障安全的进路	人工[①]	系统	系统	系统	系统
	保障安全的列车车距	人工	系统	系统	系统	系统
	保障安全的车速	人工	人工[②]	系统	系统	系统
列车运行控制	控制列车加速和制动	人工	人工	系统	系统	系统
线路监测	防止撞击线路障碍	人工	人工	人工	系统	系统
	防止撞击线路上的人	人工	人工	人工	系统	系统
乘客乘降监测	控制客室车门	人工	人工	人工	人工或系统	系统
	防止乘客在乘降和车辆间行走时受到伤害	人工	人工	人工	人工或系统	系统
	保障发车的安全性	人工	人工	人工	人工或系统	系统
列车运行控制	投入/退出运营	人工	人工	人工	人工	系统
	列车运行状况监视	人工	人工	人工	人工	系统
安全监控和应急管理	列车诊断、火灾和烟雾监测、脱轨监测、应急处置(警报/疏散、监控)	人工	人工	人工	人工	系统和/或运营控制中心员工

注:①道岔控制由系统指令/控制来实现。
　　②系统部分监管。

2. T/CAMET 04017.1—2019 自动化等级定义

在国内,中国城市轨道交通协会发布的团体标准《城市轨道交通全自动运行系统规范　第 1 部分:需求》(T/CAMET 04017.1—2019)也给出了自动化等级的定义。该定义与国际标准 IEC 62267-1 给出的定义基本一致,并把 GoA3 和 GoA4 等级的自动化系统统称为全自动运行系统。同时,该标准对 GoA3 和 GoA4 等级的基本功能进行了细化,见表 1-2。在表 1-2 中,"系统"表示由 FAO 系统自动完成或经中心/站台相关人员确认后联动完成的功能,"人工"表示需要运营工作人员完成或应急处置完成的功能,"或"表示 FAO 系统具备两种处理方式。

列车运行基本功能要求		GoA3	GoA4
列车驾驶与监控	唤醒	系统	系统
	休眠	系统	系统
	列车蠕动模式运行	人工或系统	系统
	进站停车	系统	系统
	列车状态远程监控	系统	系统
	车辆制动系统故障处理	人工或系统	系统
	列车紧急制动缓解	人工或系统	系统
	远程紧急制动与缓解	人工或系统	系统
运营管理与监督	早间上电	系统	系统
	出库	系统	系统
	进入正线服务	系统	系统
	停止正线服务	系统	系统
	回库	人工或系统	系统
	扣车	系统	系统
	跳停	系统	系统
	折返换端	系统	系统
	车辆基地内自动转线	人工或系统	系统
	雨雪模式	人工或系统	系统
	洗车	系统	系统
	清扫工况	系统	系统
监督乘客乘车	站台发车	系统	系统
	再关车门/站台门控制	人工或系统	系统
	清客	人工或系统	人工或系统
	车门站台门间隙防护	系统	系统
设备及自动化区域监测	障碍物检测	系统	系统
	监护人员防护开关设置	系统	系统
	车辆检修按钮设置	系统	系统
	列车启动指示灯设置	系统	系统
	FAO 模式指示灯设置	系统	系统
紧急状态的检测与运行处置	紧急呼叫	人工或系统	系统
	紧急操作装置	系统	系统
	车辆火灾监控及系统联动	人工或系统	系统
	车站火灾监控及系统联动	系统	系统
	区间火灾监控及系统联动	系统	系统
	车门状态丢失处理	人工或系统	系统

列车运行基本功能要求		GoA3	GoA4
紧急状态的检测与运行处置	站台门状态丢失处理	系统	系统
	车门对位隔离站台门	系统	系统
	站台门对位隔离车门	系统	系统
	救援	人工	人工或系统
	区间疏散(含逃生门管理)	人工	人工或系统

学习与思考

全自动运行系统控制路径

全自动运行系统控制路径见图 1-13。

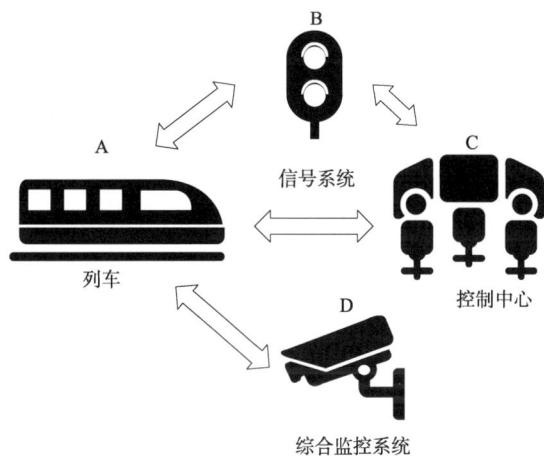

图 1-13   全自动运行系统控制路径

请结合图 1-13 全自动运行系统控制路径完成表 1-3。

列车职能实施主体路径   表 1-3

列车功能	常规地铁列车实施主体	无人驾驶列车实施主体
驾驶列车	司机/信号系统	C/B/A
唤醒/睡眠	司机	C/B/A
司机室切换	司机/信号系统	
开/关门	司机/信号系统	
启动列车	司机	
停车控制	司机/信号系统	
与乘客的通信	司机	
视频监控	运行控制中心/综合监控系统	
救援疏导	司机	
照明控制	司机/自动	
空调调节	司机/自动	

课题 1.3 运行方式与运营规则

全自动运行系统的运行方式包括有人值守下列车自动运行和无人值守下列车自动运行,其所对应的自动化等级分别为 GoA3 和 GoA4。在这两个自动化等级中,车辆为全自动驾驶车辆,列车运行过程中不需要人员操作。此外,只有制定与列车自动运行方式相匹配的运营规则,才可以实现各专业系统设备在不同场景下的自动联动控制,从而显著节约人力和各项成本,充分发挥全自动运行系统的优势。

一、运行方式

(一)自动化等级与运行方式的对应关系

IEC 62267-1 和 T/CAMET 04017.1—2019 根据轨道交通列车运行过程中运营人员和系统的责任分配将自动化等级划分为 GoA0、GoA1、GoA2、GoA3、GoA4。自动化等级通常用于描述列车在运行过程中自动化系统的复杂程度和控制能力。不同的自动化等级对应着不同的列车运行方式,其对应关系见表 1-4。

自动化等级与列车运行方式的对应关系　　　　　　表 1-4

自动化等级	列车运行方式	驾驶模式	技术条件
GoA0	目视下列车运行（on-sight train operation,TOS）	在 GoA0 等级下,系统实现目视下列车运行,驾驶模式为无 ATP 防护	目视列车运行是指列车由司机人工驾驶,并以足够低的速度运行,可使列车能够在抵达任何障碍物之前停下来。列车由司机全权负责,不受任何系统监控,但道岔和轨道可部分地由自动化系统监控
GoA1	非自动列车运行（non-automated train operation,NTO）	在 GoA1 等级下,系统实现非自动列车运行,驾驶模式为 ATP	司机在列车前端司机室观察路况,并在危险情况下及时停车。司机根据轨旁信号或司机室显示的信息控制列车加速和减速。系统连续地监控列车速度是否超过信号允许的速度运行,在超速情况下主动施加必要的干预。工作人员负责列车的安全发车离站,包括车门关闭
GoA2	半自动列车运行（semi-automatic train operation,STO）	在 GoA2 等级下,系统实现半自动列车运行,驾驶模式为 ATO	司机在列车前端司机室观察路况,并在危险情况下及时停车。列车的加速和制动由系统自动完成,列车的速度由系统连续地监控。列车发车离站的安全由工作人员负责,列车车门、站台门的打开和关闭可以是自动的
GoA3	有人值守下列车自动运行（driverless train operation,DTO）	在 GoA3 等级下,系统实现有人值守下列车自动运行,驾驶模式为 FAO	在 GoA3 等级,列车司机室已不再设置司机。因此在 GoA2 的基础上,GoA3 系统需增加观察列车运行前方线路并在发现危险的情况下停车的功能。在 GoA3 等级,列车上仍需设置列车工作人员。列车的安全离站(包括列车车门的打开和关闭)可以由列车工作人员负责,也可以由系统自动完成

自动化等级	列车运行方式	驾驶模式	技术条件
GoA4	无人值守下列车自动运行(unattended train operation, UTO)	在 GoA4 等级下,系统实现无人值守下的列车自动运行,驾驶模式为 FAO	在 GoA4 等级,列车上已不再设置工作人员。在 GoA3 的基础上,GoA4 系统需增加列车的安全离站(包括车门关闭)的功能。特别地,GoA4 等级系统还应支持对危险情况和紧急事件的检测和处理,如乘客疏散。在某些危险情况或紧急情况下,如脱轨或检测到烟/火,可能需要工作人员干预

非自动列车运行(NTO)或半自动列车运行(STO)的城市轨道交通系统为非全自动运行系统(none fully automatic operation system, NFAO 系统),其对应的自动化等级分别为 GoA1 和 GoA2。有人值守下列车自动运行(DTO)或无人值守下列车自动运行(UTO)的城市轨道交通系统为全自动运行系统,其对应的自动化等级分别为 GoA3 和 GoA4。GoA3 和 GoA4 属于全自动运行系统等级范畴,GoA3 运行列车配备乘务员负责监控列车车门关闭以及干扰事件的处理,而 GoA4 等级运行列车则无需配置乘务员,真正实现高度自动化无人驾驶,出现故障需要派人到列车上进行处理。

(二)列车运行方式 STO 与 UTO 的差异

目前,国内地铁通常采用有人驾驶的半自动列车运行(STO)方式,该方式需要司机驾驶列车投入和退出运营,确认列车自动运行发车并监督上、下客作业等。无人值守下列车自动运行(UTO)系统需自动完成上述司机的行为。有关 UTO 与 STO 的差异对比见表1-5。

运行方式 STO 与 UTO 差异对比　　　　　　　　　　表 1-5

项目	STO	UTO
运行过程	需要人员操作	无需人员参与操作,实现远程控制、自动发车、监督上下客、自动调车和自动洗车等作业
故障诊断	基本功能	增加监测火灾、脱轨、前方障碍物等功能
设备故障和紧急情况处理	司机处理	将运营和维护统一起来,控制中心或站务人员处理
人员配置	司机管控车辆设备状态和乘客服务	控制中心设置乘客调度员和综合维护调度员(含车辆调度员)
行车控制	司机和控制中心共同完成	运营控制中心直接面向列车和乘客,计算机自动完成行车控制,大部分工作由调度员监视和确认
车站配置	具备行车控制功能	车站不具备行车控制功能,只在控制中心授权下处理部分工作
停车场设置	基本设置	分有人区和无人区。无人区实现列车自动唤醒、自动休眠、自动出入库、自动清洗等功能。有人区停车场设置与 STO 方式下停车场设置相同

(三)列车运行方式 DTO 与 UTO 的差异

DTO 和 UTO 均通过自动化设备取代司机,实现列车自动驾驶两种运行方式均无需乘务人员参与列车驾驶。二者主要差异是列车值守人员的配置。较有人值守下列车自动运行(DTO)方式而言,无人值守下列车自动运行(UTO)方式具有更高的自动化等级,其所有的功能均由系统和地面控制人员操作处理,无需乘务人员协助。有关DTO 和 UTO 的差异如下所示:

1. 正常运营时功能差异

正常运营时 DTO 和 UTO 的功能是基本一致的,包括列车的自动发车、自动出入库、区间自动运行、自动停站、自动开关门、自动折返等。为实现运行过程的全自动化,UTO 额外增加了列车自动唤醒与休眠、空调与照明的自动控制、列车自动洗车等功能。

2. 非正常运营时功能差异

DTO 的应急处置方式与 STO 线路大致相当,均以司机的人工干预为主。而 UTO 的应急处置方式以设备自动应急处置和调度员远程应急处置为主,不得已时才依靠多职能人员实施登车处置或救援,如图 1-14 所示。

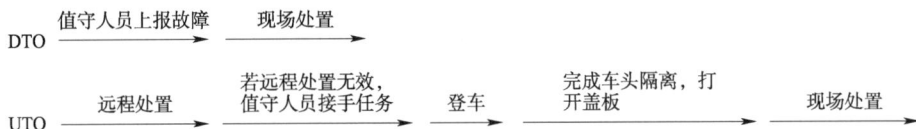

图 1-14 非正常运营时 DTO 和 UTO 功能差异

3. 人员干预功能差异

相较于 DTO,UTO 新增了多项人员干预功能,包括列车蠕动模式(creep automatic mode,CAM)、列车自动对位调整(JOG)模式、远程信号车载控制器重启、车门和站台门故障对位隔离、(远程)限制人工驾驶模式(restricted manual mode,RM)、轨道上障碍物探测、列车脱轨探测、车载乘客紧急对讲直连控制中心、逃生门防护、远程车辆故障设备复位等。

4. 人员配置差异

由于 UTO 采用无人值守模式,原来司机所承担的应急职责被转移至设备、调度员和多职能人员,从而造成调度员从管理司机变为直接管理车载设备和车内乘客,工作范围和内容随之扩大。为适应 UTO 运行方式,多职能人员这一新兴岗位应运而生,他们需具备列车人工驾驶、部分设备现场维护、乘客服务、站内巡视、站台设备操作等一系列能力。

学习与思考

既有 DTO 模式线路升级为 UTO 线路

如果某城市有一条 DTO 线路想升级为 UTO 线路,请想一想:在功能和人员配置方面会产生哪些变化?

二、运营规则

根据不同的列车自动运行方式(含 DTO 和 UTO),需制定对应的运营规则,包括各种场景下保证运营顺畅的所有方法。全自动运行系统运营规则的制定是一项顶层设计,需通过运营场景的分析识别出岗位职责变化,并将职能重新分配给控制中心以及车站的工作人员,这样可以明确在各种运营场景下运营人员的处置原则及职责内容。下面从行车组织、客运组织及服务以及车辆基地管理等方面举例说明全自动运行系统运营规则。

(一)行车组织

全自动运行系统应优先采用全自动列车运行模式(fully automatic train operating mode,FAM),且在运营时间内不宜频繁切换运行方式;若确实需要切换运行方式或多种方式并存运行的,运营单位应有相对应的规则与程序。在 UTO 运行方式下,现场运营人员的覆盖程度需满足应急响应时间的要求。

1. 调度指挥组织

采用运营控制中心集中调度指挥模式,正常情况下应以系统自动运行为主;在非正常或应急情况下,可转为传统非全自动运行的调度指挥模式。调度员的岗位职责包括以下主要内容:

(1)负责车辆远程监控及乘客服务。

(2)执行列车的远程休眠、唤醒等操作。

(3)列车故障时应根据故障现象进行判断,对于远程无法判断或处理的故障,应尽快安排相关人员前往现场处理。

(4)当列车发生乘客报警、烟雾火灾报警、迫停区间等突发事件时,与乘客通话并进行远程广播。

(5)负责正线、车辆基地及主变电所供电系统的远程监控与管理,以及火灾报警系统、车站环境与设备监控系统的中心级远程监控。

(6)对于设有备用控制中心的全自动运行系统,运营单位需制定完善的管理办法与流程,明确主备控制中心控制权转换、应急人员调配等相关内容。

(7)在启动降级模式前,应详细了解现场情况,核实启动条件;因降级造成列车运行晚点时,应及时发布相关信息。

(8)在进行故障或灾情远程确认及复位前,应与车上值守人员、现场运营人员或乘客核实现场情况。

2. 列车运行组织

(1)DTO 运行方式下,车上值守人员应在指定时间和指定位置登乘列车,登车前应做好安全防护工作。

(2)列车在正线运行时,DTO 运行方式下的行车及服务关键设备系统工作状态的巡查工作由车上值守人员完成。UTO 运行方式下的列车巡查工作由现场运营人员完成。轨道车及末班车采用非 FAM 运行。

(3)DTO 运行方式下,调度员和车上值守人员监护列车运行;遇非正常或应急情况时,车上值守人员优先现场处置,调度员远程配合。UTO 运行方式下,调度员远程监护列车运行,现场运营人员按要求巡视。遇非正常或应急情况时,远程与现场处置的优先级和配合方式根据实际情况确定,并分别制订预案或处置方案。

(4)DTO 运行方式下,列车因故迫停车站或区间时,车上值守人员应按要求进行现场处置;UTO 运行方式下,列车因故迫停车站或区间且无法远程处置时,现场运营人员应根据相关预案及时登车处置并做好登车前安全防护工作,确实需要立即远程组织乘客区间疏散时,应按预案处置。

3. 车站行车组织

(1)车站行车规章制度包括行车设备使用与管理、与行车有关的客运工作组织、故障及灾情处置程序及作业时间要求等内容。

(2)对全自动运行的新增风险点和车站行车相关设备加强监控,对乘客乘降过程进行监视,发现故障或异常应及时处理。

(3)运营单位可根据全自动运行系统的特点推行车站岗位复合机制,以实现精简高效的管理。

(4)当全自动运行系统由中央控制改为车站控制时,车站行车值班员应加强监控列车运行情况,并根据调度员命令及时开展相关行车组织工作。

(二)客运组织及服务

客运服务质量管理、客运组织方案及突发事件处置程序应满足不同运行方式的需求。应通过多种形式向乘客宣传全自动运行系统的安全乘车理念和突发事件应对知识。同时,在 DTO 及 UTO 运行方式下,对特殊乘客的服务质量不应降低。

1. 客运组织

(1)运营单位应针对不同运行方式,分别制定客运组织分级管控机制及管理措施。

(2)站台关门按钮、站台急停按钮、清客确认按钮以及站台门与列车间防夹探测装置、就地控制盘[platform screen doors local control panel,PSL(盘)]等全自动运行辅助设备的故障处置方案应满足客运组织的需求。

(3)DTO 运行方式下车上值守人员应配合车站工作人员组织列车清客作业,避免乘客滞留客室或列车载客回库,也应配合车站工作人员进行站台乘降作业管理,重点关注关门过程中的乘客抢上抢下行为及影响乘降作业的设备故障,及时做好客流疏导。

(4)当发生大客流时,调度员可采取调整停站时间、增加运力等措施满足客流需求;车站工作人员应加强监控站台乘客的滞留情况,采取有效的客流管控措施,保障车站客运组织的安全有序。

(5)当全自动运行系统的乘客服务信息播报发生错误时,现场工作人员应采取有效干预措施纠正错误信息,降低信息播报错误导致的影响,并及时上报。

2. 客运服务

(1)应通过标识、广播、提示音、乘客信息显示设备、视频设备等为乘客提供客运服务及安全应急等信息,以满足全自动运行客运服务质量要求。

（2）DTO 运行方式下,车上值守人员应为客室乘客提供问询服务,并为特殊乘客提供帮助。UTO 运行方式下,调度员应根据乘客需求通过视频监控系统、远程广播等辅助手段为客室内乘客提供必要的服务;现场运营人员在对车站或列车进行巡查的过程中,可为乘客提供问询服务,并为特殊乘客提供帮助。

（3）运营人员应及时通过远程控制或系统自动为乘客提供适宜的照明、制冷和采暖等服务。

（三）车辆基地管理

为满足全自动运行的需求,在车辆基地无人区内,应实现列车的自动休眠及唤醒、出库及回库、自动洗车、自动调车等功能。同时,应根据运营管理需求明确车辆基地内的列车驾驶模式。

1. 车辆基地行车组织

（1）运营控制中心应能实现对车辆基地全自动区域的控制,并可按相关要求实现控制权在运营控制中心和车辆基地之间的转换。

（2）全自动区域的停车线应具备列车的自动唤醒和自动休眠功能,且运营控制中心及车辆基地控制中心应能对列车休眠、唤醒、运行、清扫等状态进行管理和控制。

（3）运营控制中心应对车辆基地停车列检库自动门及洗车库自动门等重要设备进行监控,如遇故障应及时采取有效措施。

2. 区域划分及管理

（1）车辆基地全自动区域和非全自动区域之间应设有物理隔离,并实现分区管理。运营单位应明确全自动运行列车与非全自动运行列车在转换区域进行模式转换时的规则与程序。

（2）停车库的各防护分区之间应设有物理隔离,并设人员防护开关及制定相配套的作业管理措施。

3. 人员出入及防护

（1）停车库内各防护分区的出入口处应设有门禁系统,并设置不同权限控制人员进出。停车库宜设有与列车行驶区域相隔离的人员安全行走区域。

（2）工作人员进入防护分区时应激活人员防护开关,建立相应封锁区域。关闭人员防护开关前应确保所有人离开封锁区域。

学习与思考

全自动运行线路与传统线路运营规则的差异

请结合自己以往的乘车经历,从行车组织、客运组织和车辆基地管理等方面,想一想:全自动运行线路与传统线路在运营规则上存在哪些差异?

课题 1.4   运营场景

运营规则和运营场景是全自动运行系统策划的前置条件,对系统功能分配、系统设计、作业流程及运营规章编制等均有重要的指导作用。对于采用传统 STO 运行方式的线路,在建设过程中几乎不考虑运营场景因素。随着技术的发展,UTO 线路在列车上不再配置随车人员,通过运营场景来指导设计的新理念逐渐发展。

一、运营场景的定义

运营过程通常以天为单位,按照时间顺序(从开始运营至结束运营)划分一系列场景。全自动运行系统运营场景设计是描述运营过程的重要方法,用于明确各个场景的初始状态、触发事件和终止状态。运营场景的内容包括每个场景下参与的子系统类型(含工作人员)、各子系统的功能及其交互流程、交互方式和交互信息。

因此,运营场景可定义为:在一定时间和空间内,把全自动运行系统运营过程分解为一系列片段,同时涵盖各种异常情况下的处置预案。其所反映的是专业系统之间的交互行为,也是对用户需求的直观体现。

二、运营场景的分类

运营场景包含跟行车有关的所有作业的集合,运营场景的分类需体现完整性。根据《城市轨道交通全自动运行运营场景规范》(T/SHJX 0018—2020),全自动运行运营场景包括正常场景、故障场景和应急场景,见图 1-15。

(一)正常场景

正常场景是指系统在无故障、无意外的情况下,按照计划正常运行的情形,它涵盖了列车一天中正常的运营活动,包括列车早间上电唤醒到列车完成当天运营回库后休眠的全过程,如运营准备、列车正线运行、运营结束和场内作业等,见图 1-16。通常情况下,除了日检和维护等个别场景必须工作人员参与外,正常场景下的运营活动一般不需要人工干预,可由系统自动完成。

知识链接

UTO 正常运营流程

UTO 正常运营流程如图 1-17 所示。 正常场景下,信号系统控制列车按照计划自动运行,完成从唤醒、综合自检、列车出库、转换轨换号、正线运行、停站、自动开关门、正线发车、终点站清客、正线下线、自动回库和休眠等一系列操作。

(二)故障场景

故障场景通常是指因与行车相关的各机电系统内部发生故障或因外部条件发生变化,导致系统运行偏离运营计划,但不直接危及安全的情况。故障场景包括车辆故

图1-15 全自动运行运营场景分类

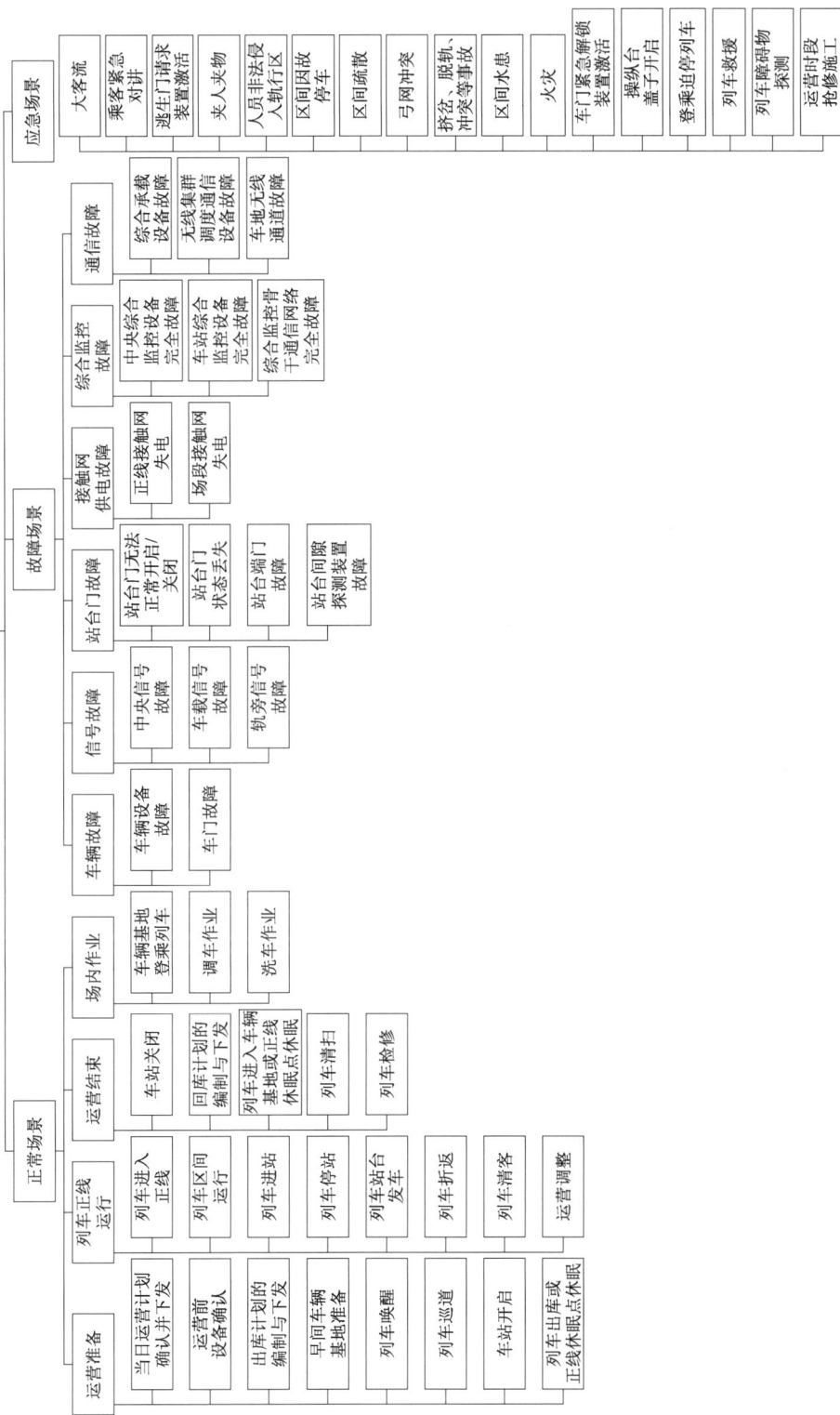

全自动运行运营场景

正常场景

运营准备
- 当日运营计划确认非手发
- 运营前设备确认
- 出库计划的编制与下发
- 早间车辆基地或正线准备
- 列车唤醒
- 列车巡道
- 车站开启
- 列车出库或正线休眠点休眠

列车正线运行
- 列车进入正线
- 列车区间运行
- 列车进站
- 列车停站
- 列车站台发车
- 列车折返
- 列车清客
- 运营调整

运营结束
- 车站关闭
- 回库计划的编制与下发
- 列车进入车辆基地或正线休眠点休眠
- 列车清扫
- 列车检修

场内作业
- 车辆基地登乘列车
- 调车作业
- 洗车作业

故障场景

车辆故障
- 车辆设备故障
- 车门故障

信号故障
- 中央信号故障
- 车载信号故障
- 轨旁信号故障

站台门故障
- 站台门无法正常开启/关闭
- 站台门状态丢失
- 站台端门故障
- 站台间隙探测装置故障

接触网供电故障
- 正线接触网失电
- 场段接触网失电

综合监控故障
- 中央综合监控设备完全故障
- 车站综合监控设备完全故障
- 综合监控骨干通信网络完全故障

通信故障
- 综合承载设备故障
- 无线集群调度通信设备故障
- 车地无线通道故障

应急场景
- 大客流
- 乘客紧急对讲
- 逃生门请求装置激活
- 夹人夹物
- 人员非法侵入轨行区
- 区间因故停车
- 区间疏散
- 弓网冲突
- 挤岔、脱轨、冲突等事故
- 区间水患
- 火灾
- 车门紧急解锁装置激活
- 操纵台盖子开启
- 登乘追停列车
- 列车救援
- 列车障碍物探测
- 运营时段抢修施工

障、信号故障、站台门故障、接触网供电故障、综合监控故障、通信故障等类型,见图 1-18。作为整个运营场景中最重要的一部分,故障场景一般无法穷举,需要采用基于最小故障单元的统计方法或基于故障现象的统计方法来进行分析和处理。

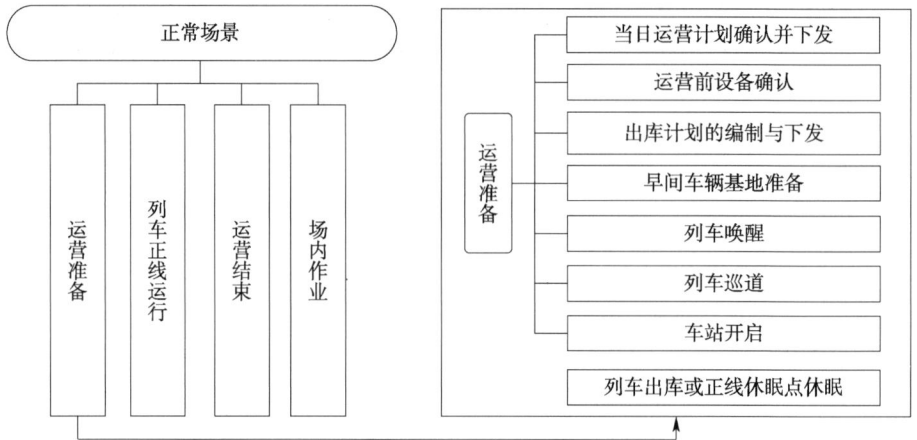

图 1-16 正常场景的分类及运营准备子场景的各类步骤

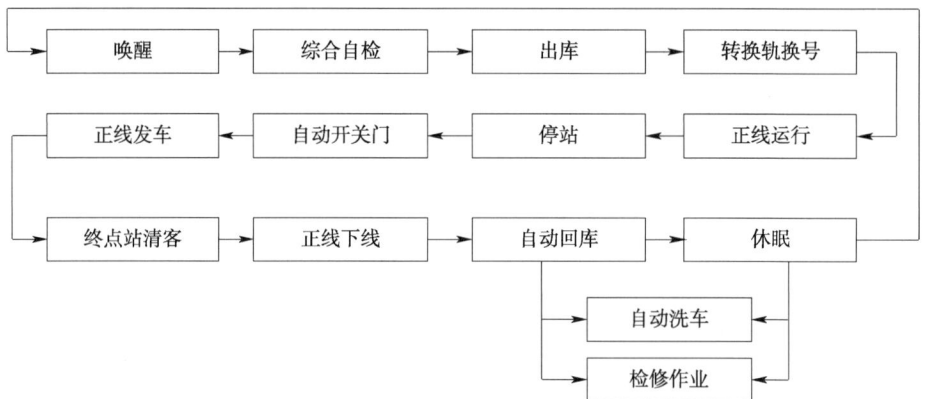

图 1-17 UTO 正常运营流程中对列车的控制

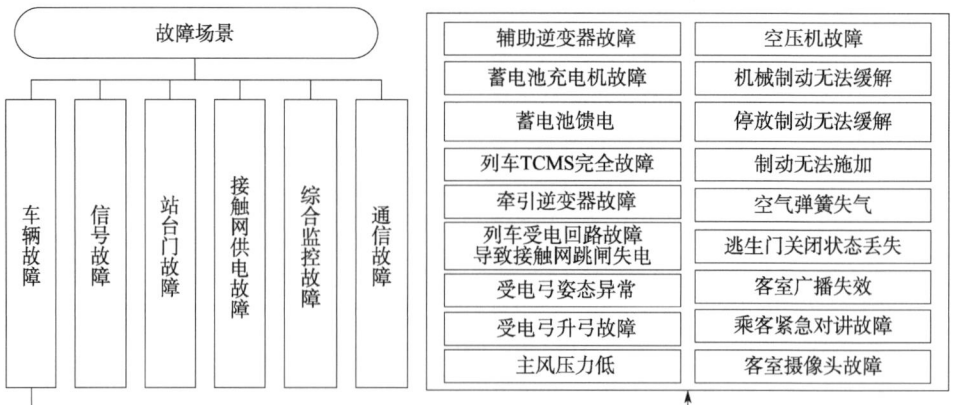

图 1-18 故障场景的分类及典型车辆故障子场景

注:TCMS 是列车控制与管理系统(train control and management system)的英文缩写。

（三）应急场景

应急场景是指因系统中设备发生故障或因外部发生突发事件而危及安全并要求立即处置的情况。应急场景包括大客流、乘客紧急对讲、车门紧急解锁装置激活、逃生门请求装置激活、驾驶台盖子开启、夹人夹物、人员非法侵入轨行区、区间因故停车、区间疏散、火灾等，见图1-19。应急场景是针对可能发生的系统内部故障或外部事件所制订的预案，因不可能事先穷尽所有的应急场景，所以一般以出现概率较高、危害较严重、具有典型性和共性或相关标准中已有涉及的一些场景作为制订预案的基础。

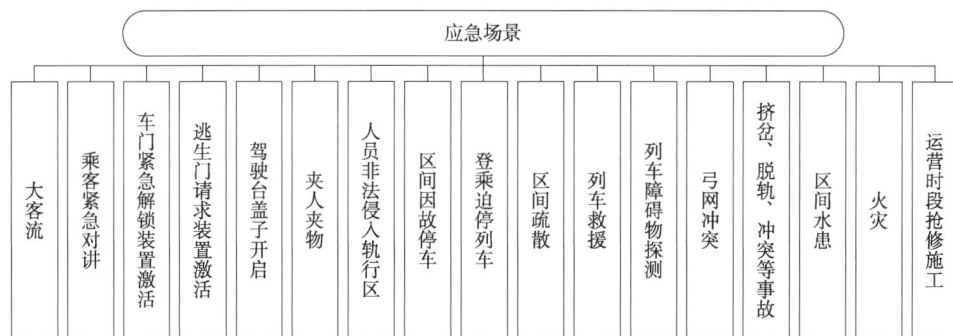

图1-19　应急场景的分类

三、运营场景的描述

全自动运行系统运营场景的描述是对每一个片段或预案涉及的对象、任务或职责、流程及联动关系进行的详细描述。运营场景的描述与行车作业内容有关，如果设备功能不能满足所有与行车相关的运营场景要求，则需要根据运营规则补充相应的作业流程，从而通过系统和工作人员共同保证运营过程的顺利完成。因此，运营场景的描述既反映了运营的理念与需求，同时又是全自动运行系统中各装备、人员岗位功能设置的依据和各个系统之间联动的逻辑纽带。

全自动运行系统运营场景的描述要求详细、准确和严谨，一般由场景描述、基本流程、注意事项和功能需求4个部分构成。

1. 场景描述

对列车所处的环境、前提条件、各类设备的情况进行详细描述。

2. 基本流程

详细列出此类场景所需要执行的操作步骤。

3. 注意事项

列举在此场景中需要特别关注的情况和实施步骤中需要遵守的安全规则。

4. 功能需求

列举此场景中各系统需要提供的功能，以及各类功能如何相互配合。

（一）正常场景的描述

全自动运行正常场景的描述包括系统从早间运营前的准备到车辆回库休眠的一

系列正常运行情况。这包括车辆、信号、综合监控、通信、其他机电设备的功能实现和联动要求，以及运营、客服和检修等专业工作人员应执行的工作内容。表 1-6 以"列车唤醒"运营场景描述为例说明全自动运行系统正常场景的描述过程。

"列车唤醒"运营场景描述 表 1-6

描述项点	描述内容
场景名称	列车唤醒
场景描述	(1)由系统或人工对车辆基地或正线休眠的列车实施唤醒作业，含以下 3 种方式： ①信号系统根据派班计划自动唤醒。 ②调度员通过列车自动监控(automatic train supervison,ATS)系统执行远程人工唤醒。 ③多职能人员登车进行本地人工唤醒。 (2)车载信号设备、车辆各设备实现上电后进行综合自检； (3)自检通过后列车具备全自动运行能力
基本流程	(1)车场调度员应在列车自动唤醒前确认停车库内列车车况均为休眠，若工况未显示休眠，车场调度员应将工况手动设置为休眠； (2)车场调度员确认列车出入库派班计划，并录入系统，与各列车进行匹配； (3)系统根据出入库派班计划，按次序依次自动唤醒列车； (4)若依次唤醒列车过程中，出现自动唤醒失败的列车，车场调度员应立即尝试远程人工唤醒； (5)对于未正常自动唤醒的列车，车场调度员应优先尝试远程人工唤醒，仍然失败的情况下，派工作人员登车查看，执行就地人工唤醒或报修； (6)列车上电成功后(车载信号设备、车辆各设备均已成功上电)，信号系统、车辆系统将各自完成自检； (7)车辆完成自检后将各设备的自检结果通过 ATC-TCMS 通信接口发送至车载控制器； (8)车载控制器、车辆系统各自的自检通过后，信号系统对控制车辆执行联合自检，车辆基地调度员通过 ATS 工作站实时查看列车自检的结果； (9)当列车自检未通过时，ATS 发出相应的报警信息，列车将不具备全自动驾驶出车条件，车辆基地调度员可人工远程命令列车休眠后再次唤醒列车以尝试列车重新自检； (10)再次自检失败后车辆基地调度员可以组织人工登车处理，并确认唤醒状态； (11)当列车全部自检通过后，列车具备出车条件； (12)ATS 系统向具备出车条件的列车发送车辆基地运行工况，列车收到该工况后自动开启空调、照明等
注意事项	(1)列车夜间动车后司机应确保列车已停到正确位置； (2)车场调度员若发现列车工况显示未休眠，车场调度员应将工况手动设置为休眠； (3)车场调度员需确认出入库计划在规定时间前成功激活并下发； (4)在派班计划完成前，需唤醒的列车由系统自动唤醒，并反馈唤醒状态； (5)若列车未正常唤醒，车场调度员应优先尝试远程人工唤醒；若仍未唤醒，则由工作人员登车进行就地人工唤醒，并确认唤醒状态； (6)列车及其轨道附近不能有维护或工作人员； (7)车场调度员需对非出入库计划内列车(场/库内备车)执行远程人工唤醒，并于出库阶段确认列车唤醒状态； (8)若列车无法唤醒，将影响列车出库计划，调度员需及时调整出车计划。同时注意，对于双列位库线，可能会出现同时影响两列车的情况

描述项点	描述内容
功能需求	（1）信号/通信系统： ①正线调度员、车场调度员能够通过 ATS 监控库内列车的车况状态。 ②停车库内配备具备激活或列车自动唤醒功能的通信信号设备。 ③ATS 系统需具备根据出入库派班计划，依次按时激活列车自动唤醒功能。列车自动唤醒后，将状态信息反馈至调度员或 ATS 工作站。 ④车载控制器上电后应能执行自检。 ⑤当车载控制器收到车辆设备及车载信号系统自检结果后，应控制列车执行联合自检。 ⑥ATS 系统应能显示列车自检结果信息（包含控制器自检结果、车辆各设备自检结果、列车联合自检结果）。 ⑦当列车上电唤醒失败时，ATS 系统应能显示对应列车唤醒失败的信息。 ⑧车场调度员能够通过 ATS 系统实现远程人工唤醒列车。 （2）车辆系统： ①列车具备人工登车就地唤醒功能。 ②车辆应将列车的上电状态送至信号系统。 ③车辆成功上电后，应能对列车各子系统分别进行静态自检（至少包含车门隔离及列车设备旁路状态），并将综合自检结果发送至 ATC 系统。同时车辆也能将各子系统的自检结果分别发送至 ATC 系统进行显示。 ④车辆各设备自检完成后车辆将自检结果信息发送至控制器。 ⑤车辆自检完成，在收到 ATC 系统发出的联合自检指令后，信号、车辆进行联合自检，车辆将联合自检的状态反馈给 ATC 系统。 ⑥列车收到信号系统发出的唤醒指令后，应能自动激活列车，自动升弓，并能根据信号定义的工况自动控制空调及照明。 ⑦列车应具备对各子系统的自检结果进行分级判断的功能，并将综合自检的结果发送至 ATC 系统

（二）故障场景的描述

全自动运行系统故障场景的描述包括系统在执行正常场景功能时发生故障的类别，以及为保证系统的可用性和安全性，系统自动处置的动作、应具备的功能和联动机制。表 1-7 以"一扇或多扇车门故障"场景为例说明全自动运行故障场景的描述过程。

"一扇或多扇车门故障"故障场景描述　　　　　　　　　表 1-7

描述项点	描述内容
场景名称	一扇或多扇车门故障
场景描述	（1）一扇或多扇车门故障，由多职能队伍（列控）切除； （2）后续车站站台门自动进行对位隔离
基本流程	（1）一扇或多扇车门故障上报控制中心； （2）列车在站台自动扣车，控制中心调度员派遣多职能队伍（列控）登车切除； （3）车门切除后，后续车站站台门执行对位隔离
注意事项	切除故障车门在后续车站无法通过故障车门上下客
功能需求	（1）信号： ①应能向车站站台门传输故障车门信息。 ②应能对车门故障的列车进行自动扣车。

描述项点	描述内容
功能需求	（2）车辆系统： ①应能向信号系统上传故障车门信息以实现故障对位隔离。 ②应能向综合监控系统上传故障车门信息。 ③应能执行远程人工广播。 （3）站台门： 应能执行车门和站台门故障对位隔离，不开启故障车门对应站台门。 （4）通信系统： ①车站广播系统（public address system，PA）应能自动播放车门故障提示广播。 ②应能对列车和车站进行人工广播。 ③车站乘客信息系统（passenger information system，PIS）应能自动显示车门故障提示信息。 （5）综合监控系统： ①应能显示车门故障报警信息。 ②应能调看故障设备区域的视频监控系统（closed circuit television system，CCTV）视频图像。 ③应能向车站和车载 PIS 下发乘客服务信息

（三）应急场景的描述

全自动运行系统应急场景的描述包括突发事件的应急处置预案，并使整个全自动运行系统具备自动应对突发事件的能力，最大限度地预防和减少突发事件的发生及其造成的损害。应急场景的描述一般需要有安全分析作为支撑。表1-8 以"区间火灾"场景为例说明全自动运行应急场景的描述。

"区间火灾"应急场景描述　　　　　　　　　　　　表1-8

描述项点	描述内容
场景名称	区间火灾
场景描述	（1）区间发生火灾，区间火灾自动报警系统（fire alarm system，FAS）（如有）或工作人员或乘客通过车厢紧急对讲电话（intercom for passenger help，IPH）等上报区间火灾； （2）控制中心调度员派遣多职能队伍查看现场情况并处置
基本流程	（1）若为区间 FAS（如有）报警，控制中心调度员根据该探测器位置，初步判断是否为区间火灾或停车线火灾； （2）对于区间火灾报警： ①控制中心调度员安排多职能队伍进入区间勘察火情。 ②若确认为误报警，则复位相应设备。 ③若确认为火灾，先由多职能队伍灭火。若火情无法控制，控制中心调度员应封锁相应区段，对前一站进行扣车，并通知相邻车站的多职能队伍（站控）做好应急处置准备。 ④控制中心调度员预判火灾影响并通知全线车站，及时进行行车组织调整，组织已进入火灾区段的其他列车驶离或退回至发车站。 ⑤控制中心调度员根据火灾位置及相邻列车（如有）位置启动相应的火灾工况、开启事故风机及时送风排烟；落实现场安全防护措施，封锁相关区段。 ⑥控制中心调度员通过人工广播向附近列车内乘客告知区间火灾信息并进行安抚。若封锁区段内有列车且可能被火灾波及，控制中心调度员可远程授权开启逃生门，并执行乘客疏散过程中的广播、引导工作。必要时，通知多职能队伍（站控）派遣多职能队伍进入区间执行有序疏散。

描述项点	描述内容
基本流程	⑦相关多职能队伍(站控)应及时确认自动售检票(automatic fare collection, AFC)系统紧急模式已启动,并落实乘客信息告知、疏散引导、接应统计、人员先期救助及抢险抢修配合等工作。 ⑧处置结束后,控制中心调度员应及时进行运营调整,逐步恢复正常运营秩序。 (3)对于停车线火灾报警: ①多职能队伍经安全防护后进入停车线内查看火灾情况。 ②若确认为误报警,则复位相应设备。 ③若确认为火灾,则判断是车辆火灾还是线路设备火灾。 ④若为线路设备火灾,由多职能队伍灭火。若无法灭火且停车线有车,由多职能队伍人工驾驶车辆离开,并封闭相关区间,据火灾位置启动相应的火灾工况、开启事故风机及时送风排烟,并对前一站进行扣车。 ⑤若为工作人员或乘客通过车厢应急对讲电话上报区间火灾,控制中心调度员应派遣多职能队伍至现场处置
注意事项	(1)必要时关闭或隔离可能导致火灾蔓延的设备; (2)探查火警情况的多职能队伍宜随身携带灭火器
功能需求	(1)信号系统: 应能远程对指定列车施加制动 (2)FAS(区间如有): ①火灾报警信号应实时转发给综合监控系统。 ②应联动环境监视与控制系统(enviromental monitoring and control system, EMCS)执行列车区间火灾运行模式。 ③应联动 PA 系统向受影响的前后方车站播放区间火灾预置广播。 (3)综合监控系统: ①可调看火警区域的 CCTV 视频图像(如有)。 ②应能通知信号系统区间火灾报警信息。 ③应能通知信号系统对相邻车站列车实施扣车,防止列车接近。 ④应能通过 EMCS 自动开启区间应急照明。 ⑤应能通过 EMCS 执行列车区间火灾运行模式。 ⑥应能调看前后方车站站台的视频图像。 ⑦应能联动 PIS 向受影响的前后方车站播放区间火灾信息。 (4)通信系统: ①应能将区间设置的 CCTV 视频图像(如有)上传至控制中心。 ②应能对列车和车站进行人工广播。 ③应提供 IPH 通道。 (5)车辆系统: 应能执行远程人工广播

知识拓展

运营场景指导全自动运行系统设计

一般情况下,全自动运行线路相关企业会根据建设运营情况的不同,编制符合城市规划的全自动运行相关文件,包括《项目定位与运营目标》《运营规则及功能需求》《运营场景需求》等。全自动运行系统自上而下设计原则如图 1-20 所示。

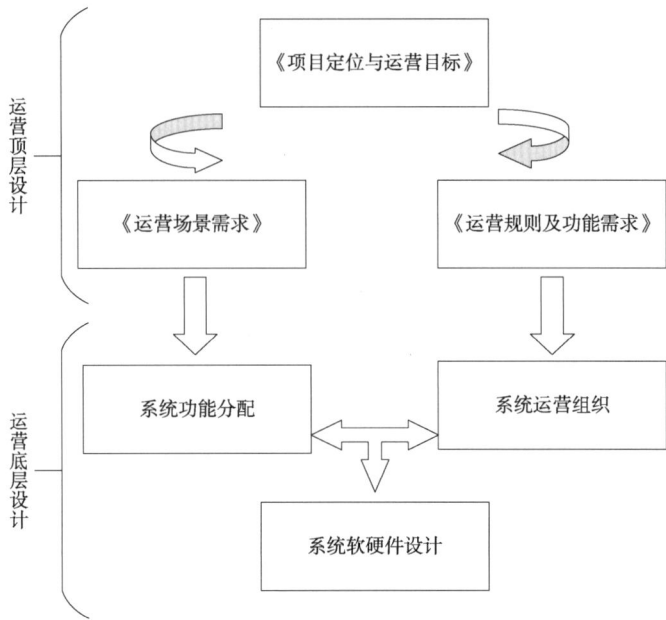

图 1-20　全自动运行系统自上而下设计原则

学习与思考

运营模式与规则定义

运营模式与规则定义(operation mode and principle definition, OMPD)的确定，对建立全自动运行系统的运行与维护管理体制至关重要。请查找相关 OMPD 的资料，想一想 OMPD 的编制方法、涵盖内容，以及它在全自动运行线路建设中的用途。

课题 1.5　未来展望

建设智慧城市轨道交通(以下简称"智慧城轨")是落实交通强国战略和建设智慧城市的重要内容。2020年3月,中国城市轨道交通协会发布了《中国城市轨道交通智慧城轨发展纲要》(以下简称《纲要》),从行业层面为智慧城轨的发展指明了方向、描绘了蓝图、明确了发展目标和建设重点,为交通强国建设和智慧城市发展提供了助力。

如图1-21所示,智慧城轨布局结构为"1-8-1-1",包括智慧乘客服务、智能运输组织、智能能源系统、智能列车运行、智能技术装备、智能基础设施、智能运维安全和智慧网络管理八大体系,一个城轨云与大数据平台,一套中国智慧城轨技术标准体系。

图 1-21　智慧城轨布局结构

智慧城轨可将全自动运行系统与先进生产组织系统相配套,结合大数据分析、信息化等技术,打造智能运维、智慧车站、智能管理等平台,全面提升轨道交通运营的安全性、效率、质量和服务水平。

一、全自动运行系统与智慧车站

全自动运行系统不仅关注列车运行的自动化,还涉及与车站设备的无缝对接和协同工作。智慧车站作为城市轨道交通系统中的重要节点,通过与全自动运行系统紧密集成,可实现车站态势全感知、客运服务智能化和人员管控精细化,全面支持多职能队伍的建设,实现岗位复合和减员增效。两者通过技术上的融合和互补,具备如下功能:

(一)全息感知

通过应用智能传感、视频分析等智能感知技术,构建以新型感知设备为依托的车站设备全自动智能运行系统,实现对车站设备环境、客流等的群体智能感知与识别。

(二)智能诊断

应用大数据智能分析与决策技术、多源异构数据融合智能学习技术、设备消耗与健康诊断模型等,构建以车站为建模对象的智能运行系统,通过对各类运营场景下的车站运行数据进行深度分析与挖掘,形成面向轨道交通车站运行管理与应急处置的智能化运营辅助决策功能。

(三)自主进化

根据全息感知提供的数据支撑,以及自动运行、智能诊断、自主服务提供的功能支持,进行数据建模,采用机器学习模式,构建智慧车站核心大脑,实现车站运营效果的自我评估与车站运行策略的自动完善。

二、全自动运行系统与智能运维

全自动运行系统是基于现代计算机、通信、控制和系统集成等技术实现列车运行全过程自动化的新一代城市轨道交通系统。而智能运维则是通过人工智能、大数据分析、物联网等先进技术手段,对复杂的运维管理工作进行自动化、智能化处理。两者通过技术上的融合和互补,具备如下功能:

(一)数据集中管理

全自动运行系统在运行过程中会产生大量的基础信息,如地理位置数据、设备数据、检修记录等。智能运维系统通过采集、存储和分析这些数据,能够建立更加智能化的运维管理体系,为设备预维护提供数据分析平台。

(二)精细化作业安排

依托数据分析平台,支持作业任务的精细化管理,包括作业分工、检修设备的汇总、领用工具的出入库情况等,从而提高运维工作的效率和质量。

(三)故障预测与预防

利用大数据分析技术,能够对设备状态进行实时监测和数据分析,实现故障预测与预防。这不仅能够降低设备故障率,还能够减少因故障导致的停运时间和维修成本。

(四)应急处置能力升级

全自动运行系统具有更高的应急处置水平,能够在紧急情况下迅速做出反应,助力智能运维系统通过实时监控和数据分析,为应急处置提供更加准确和及时的信息支持。

三、全自动运行系统与城轨云

全自动运行系统需要强大的数据处理和计算能力来支持其复杂的自动化控制过程。城轨云平台是基于云计算和物联网技术,通过互联网将城轨系统各个部分连接在一起,实现数据共享和互相协作的平台。城轨云平台通过提供高可靠性、高效性和可扩展性的云计算资源和服务,使得全自动运行系统能够稳定运行并应对各种复杂的运营场景。城轨云在全自动运行系统的应用中具备以下功能:

(一)数据共享

全自动运行系统在运行过程中会产生大量数据,包括列车运行状态、设备状态、乘客信息等。这些数据对于系统的监控、调度和维护至关重要。城轨云平台通过实现数据共享,使得全自动运行系统能够实时获取和处理这些数据,从而做出更加精准的决策和控制。

（二）协同工作

全自动运行系统与城轨云平台之间的协同工作，实现了列车运行与车站管理、设备维护等各个环节的无缝对接。城轨云平台通过提供统一的数据接口和通信协议，使得各个系统能够顺畅地进行数据交换和信息共享，从而提高整个城轨系统的运行效率和管理水平。

（三）安全提升

城轨云平台通过实时监控和智能分析，能够及时发现并处理各种潜在的安全隐患。同时，城轨云平台还提供了完善的安全防护机制，包括数据加密、访问控制等，确保全自动运行系统的数据安全和稳定运行。这些措施共同提升了城轨系统的整体安全性。

学习与思考

全自动运行系统绿色发展

2024 年 8 月 1 日，厦门地铁 4 号线列车正式亮相。该列车是设计速度为 120km/h 的全自动驾驶列车，也是采用碳纤维材料实现减重的列车。请查找资料，思考全自动驾驶列车在节能减排方面还可以应用哪些"黑科技"。

城市轨道交通全自动运行系统概论

技能工作页

姓名：_____ 班级：_____ 小组_____ 学号_____

1. 任务书

全自动运行系统根据列车运行的场景,根据计划自动触发控制,实现列车上电、自检、段内行驶、正线区间行驶、车站停车及启动、清客、列车回段、休眠断电、洗车等全过程的自动控制。请小组合作查阅资料,完成如下任务:

(1)梳理全自动运行系统不同发展阶段的技术特点。

(2)为某城市新建的全自动运行线路选择自动化等级,并讨论对应的功能需求的实施途径。

(3)比较全自动运行模式与非全自动运行模式在运营方面的差异。

(4)比较 DTO 和 UTO 在运营处置方面的差异。

(5)对某线路全自动运行运营场景进行分类,并正确分配实现某一场景作业流程所需的系统功能需求。

2. 任务分组

建议成立 5~6 人的学习小组,明确任务分工(表 1-9),共同完成相关任务。

学生任务分配表 表 1-9

序号	组别	姓名	学号	任务分工	备注
1					
2					
3					
4					
5					
6					

3. 任务准备

(1)在中国城市轨道交通协会等网站检索有关全自动运行线路的运营里程以及发展政策。

(2)调研国内典型全自动运行线路自动化等级和对应的列车运行方式。

(3)阅读《城市轨道交通全自动运行运营场景规范》(T/SHJX 0018—2020),了解全自动运行线路运营场景的分类和描述。

4. 获取信息

引导问题1:全自动运行系统是基于现代计算机、通信、控制和系统集成等技术实现_____的新一代城市轨道交通系统。

引导问题2:我国首条自主研发的全自动运行线路是_____,国内首条高密度、大运量的全自动运行地铁线路是_____。

引导问题3:_____把_____级和_____级下的自动化系统统称为全自动运行系统。

引导问题4:半自动列车运行(STO)驾驶模式为_____,有人值守下列车自动运行(DTO)和无人值守下列车自动运行(UTO)驾驶模式为_____。

引导问题5:_____的应急处置方式与STO线路大致相当,均以司机的人工干预为主。_____为无人值守下列车自动运行,其应急处置方式以设备自动应急处置和调度员远程应急处置为主,在不得已时才依靠多职能人员实施登车处置或救援。

引导问题6:全自动运行系统采用_____指挥模式,正常情况下应以系统_____为主,非正常或应急情况下可转为传统_____的调度指挥模式。

引导问题7:全自动运行系统运营场景的描述是对每一个片段或预案涉及的_____、_____或_____、_____进行的详细描述。全自动运行系统运营场景一般包括_____、_____和_____。

引导问题8:全自动运行系统运营场景的描述一般由_____、_____、_____和_____4个部分构成。

5. 任务实施

实施任务1:梳理全自动运行系统不同发展阶段技术特点

请根据所学内容,梳理全自动运行系统不同发展阶段技术特点,并完成表1-10。

全自动运行系统不同发展阶段技术特点　　　　　　表1-10

发展阶段	技术特点
探索阶段(1959—1980年)	
推广应用阶段(1981—2010年)	
成熟应用阶段(2011年至今)	

实施任务2:自动化等级选择

1)某城市计划新建一条全自动运行线路,请在表1-11中填写该线路可以选择的自动化等级及其对应的列车运行方式和功能需求实施方式。

全自动运行线路自动化等级确定　　　　　　表1-11

自动化等级	运行方式	功能需求实施方式			
		行驶中调整列车	列车停车	关闭车门	干扰事件下运行
GoA3	DTO	□自动　□人工	□自动　□人工	□自动　□人工	□自动　□人工
GoA4	UTO	□自动　□人工	□自动　□人工	□自动　□人工	□自动　□人工

2)请将"UTO、ATPM、IATP、RM、DTO、ATO"按照自动化程度高低填入图1-22中。其中UTO为无人值守下列车自动运行、ATPM为列车自动防护模式(automatic train protection mode)、IATP 为点式列车自动防护(intermediate automatic train protection)、RM 为限制人工驾驶模式、DTO 为有人值守下列车自动运行、ATO 为列车自动运行。

```
┌─────┐  ┌─────┐  ┌─────┐  ┌─────┐  ┌─────┐  ┌─────┐
│     │  │     │  │     │  │     │  │     │  │     │
└─────┘  └─────┘  └─────┘  └─────┘  └─────┘  └─────┘
──────────────────────────────────────────────────►
```

自动化程度由高到低

图 1-22　自动化程度排序

实施任务 3:不同运行方式下的运营管理变化

1)图 1-23 展示了某线从非全自动运行模式转变为全自动运行模式的生产指挥体系演变过程。请仔细观察,并写出二者之间的差异性。

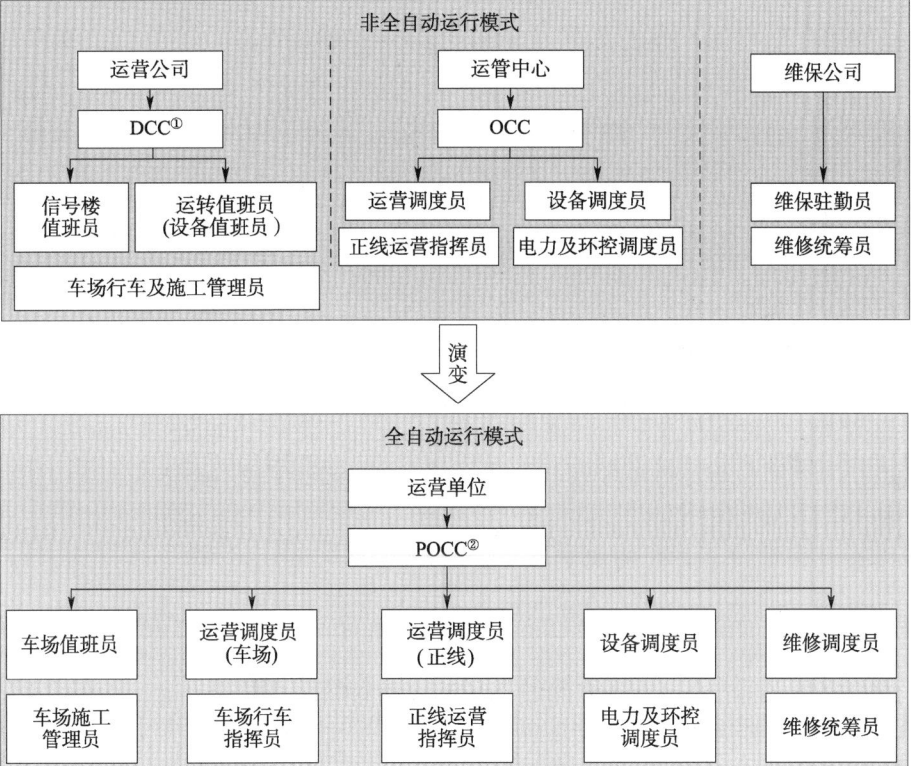

图 1-23　某线运营生产指挥体系演变

注:①DCC-depot control center 车辆基地控制中心;
　　②POCC-planning and operating control center 计划与运营控制中心。

_____

_____

_____

_____

2)全自动运行系统中,GoA3 系统可实现有人值守下列车自动运行(DTO),GoA4 系统可实现无人值守下列车自动运行(UTO),不同运行方式下的运营处置方式存在差异。请根据所学内容完善表 1-12 中的内容。

运行方式	司机室	值守人员	系统异常发现端所在处	先期处置方式	故障排查方式	应急处置方式
DTO	□是 □否	□有 □无	□就地 □远程	□就地 □先系统后远程 □先远程后系统	□就地 □先系统后远程 □先远程后系统	□就地 □先系统后远程 □先远程后系统
UTO	□是 □否	□有 □无	□就地 □远程	□就地 □先系统后远程 □先远程后系统	□就地 □先系统后远程 □先远程后系统	□就地 □先系统后远程 □先远程后系统

实施任务4：运营场景与功能需求分析

1）全自动运行系统运营场景和运营规则是贯穿整个项目周期的核心要素。图1-24为某全自动运行系统41个基本运营场景，其中正常场景18个，故障场景15个，应急场景8个。请用"√"标记出正常场景，用"×"标记出故障场景，用"○"标记出应急场景。

2）根据所学内容，对图1-24中"列车跳停"运营场景进行描述和功能需求分配，请完成如下任务：

（1）请将下列内容正确排序，填入表1-13"基本流程"中。

①行车调度员安排跳停任务；

②列车执行跳停作业；

③行车调度员通过行车综合自动化系统（train integrated automatic system, TIAS）工作站对指定站台或列车设置跳停；

④通过车载、车站的广播和PIS播报跳停信息。

（2）请将下述功能需求正确分配到表1-13对应的系统。

①系统A。

应能通过对列车设置跳停，使单车在单个车站/多个连续车站跳停；通过对站台设置跳停，使单车/多车在单个车站连续车站跳停；

应能对列车或站台已设置的跳停执行取消跳停命令；

TIAS界面上的跳停列车或跳停车站的相应侧站台应有跳停图标显示；

应能自动向车辆、综合监控系统和通信系统输出跳停信息。

②系统B。

应能对列车、车站进行人工广播；

车站PA系统应能联动播放列车跳停广播；

车站PIS系统应能联动显示列车跳停信息；

应能接收来自信号系统的跳停信息。

③系统C。

车载PIS应能播放列车跳停信息。

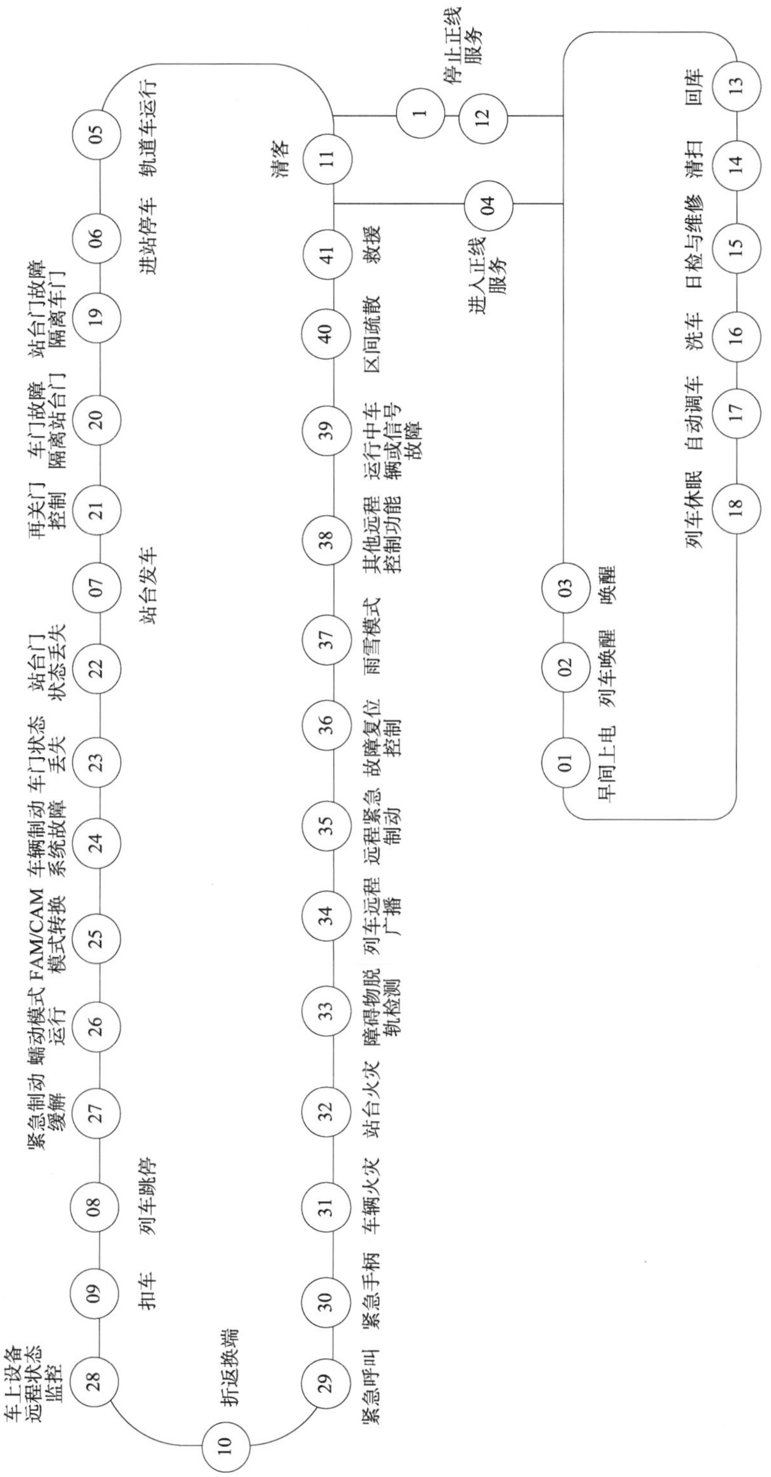

图1-24 某全自动运行线路基本运营场景

描述项点	描述内容
场景名称	列车跳停
场景描述	根据运营需求,中央调度员设置跳停作业,至少包括以下方式: (1)单一列车在指定车站执行跳停作业; (2)多列车在指定车站执行跳停作业; (3)指定列车在连续多站执行跳停作业
基本流程	
注意事项	(1)列车跳停由行车调度员确认跳停计划并通知车站; (2)行车调度员布置跳停任务应告知跳停车站及其前方的途经车站; (3)跳停车站工作人员通过 TIAS 确认本站跳停功能已启用; (4)行车调度员宜在列车跳停站台的上一站发车前设置跳停命令,以免影响跳停命令或自动广播功能的执行
功能需求	1.信号系统
	2.车辆
	3.通信系统

6. 评价反馈

请填写表 1-14,对任务实施效果进行评价。

任务评价表 表 1-14

序号	评价指标	分值 (分)	自我评价 (40%)	教师评价 (60%)
1	引导问题答案正确率 90% 以上	10		
2	能够梳理全自动运行系统不同发展阶段的技术特点	10		
3	能够为全自动运行线路选择合适的自动化等级	10		
4	能够准确判断实现不同自动化等级功能需求所需的实施路径	10		

序号	评价指标	分值 （分）	自我评价 （40%）	教师评价 （60%）
5	能够将不同驾驶模式按照自动化程度高低准确排序	10		
6	能够辨别非全自动运行模式与全自动运行模式运营体系的差异性	10		
7	能够区分 DTO 和 UTO 运营处置的差异性	15		
8	能够对全自动运行线路基本运营场景进行分类	10		
9	能够对全自动运行线路运营场景进行描述和系统功能需求分配	10		
10	能够通过团队协作的方式完成任务	5		
	合计	100		

7. 总结反思

城市轨道交通全自动运行系统概论

模块 2

城市轨道交通全自动运行系统组成

模块描述

全自动运行系统的核心系统高度集成，主要包括车辆、信号、通信、综合监控以及站台门系统，其中车辆系统负责列车运行控制，信号系统负责列车运行安全，通信系统负责列车与地面控制中心之间的信息传输，综合监控系统负责整个系统的监控和管理。这些系统均以无人驾驶功能为基础，通过协同工作保证列车全过程高效、安全地完成运输任务。

本模块基于《城市轨道交通全自动运行系统规范》（T/CAMET 04017.1—2019）及上海城市轨道交通全自动运行线路建设与运营资料编写，通过与传统城市轨道交通系统对比的方式，全面介绍了全自动运行系统的新增功能、新增设备和新增接口，包括信号系统、车辆系统、通信系统、综合监控系统和站台门系统。

本模块涉及的城市轨道交通全自动运行系统岗位主要包括运营调度员（含行车调度员、乘客调度员、车辆调度员、车场调度员）、设备调度员（含环控调度员、电力调度员、维修调度员）、多职能站控员、多职能巡视员、多职能列控员、设备检修员。

学习目标

◎知识目标

1. 了解《城市轨道交通全自动运行系统规范》（T/CAMET 04017.1—2019）中提到的全自动运行系统架构和接口。

2. 掌握全自动运行信号系统新增功能、新增设备和新增接口。

3. 掌握全自动运行车辆系统新增功能、新增设备和新增接口。

4. 理解全自动运行通信系统新增功能、新增设备和新增接口。

5. 理解全自动运行综合监控系统新增功能、新增设备和新增接口。

6. 理解全自动运行站台门系统新增功能、新增设备和新增接口。

◎能力目标

1. 能够根据全自动运行系统架构图分析系统组成和接口关系。

2. 能够对比分析全自动运行与非全自动运行信号系统功能差异、设备差异和接口差异。

3. 能够对比分析全自动运行与非全自动运行车辆系统功能差异、设备差异和接口差异。

4. 能够对比分析全自动运行与非全自动运行通信系统功能差异、设备差异和接口差异。

5. 能够对比分析全自动运行与非全自动运行综合监控系统功能差异、设备差异和接口差异。

6. 能够对比分析全自动运行与非全自动运行站台门系统功能差异、设备差异和接口差异。

◎素质目标

1. 了解上海城市轨道交通全自动运行线路的系统架构，拓宽知识视野。

2. 培养团队交流和分工协作能力。

3. 培养细心观察、对比分析和科学严谨的工作态度。

◎建议学时：12 学时

案例导入

轨道交通列车装上"最强大脑"，准点率 99.99%

郑生全是中铁第四勘察设计院集团有限公司的副总工程师，是推动武汉轨道交通 5 号线成为全国瞩目的全自动驾驶线路的领军人物。郑生全积极响应《"十四五"交通领域科技创新规划》，深度融合云计算、大数据等前沿技术，成功实现了轨道交通的智能化升级。

在郑生全的带领下，武汉地铁 5 号线不仅实现了从列车唤醒到列车休眠的全流程自动运行，还突破性地取消了司机室，真正做到了全自动化运行。这一创举不仅展现了郑生全及其团队的技术实力，更为智慧交通的发展树立了新标杆。值得一提的是，在郑生全团队的精心设计与优化下，武汉地铁 5 号线的准点率从 99.89% 升至 99.99%，这一卓越成果的背后，是团队无数次场景模拟、系统调试与规范制定的辛勤付出。郑生全和他的团队通过不懈努力，将人的智慧转化为标准化的系统功能，让列车运行更加精准高效。

（摘编自京报网，2024 年 7 月 23 日）

课题 2.1　系统架构与接口

与传统城市轨道交通系统相比全自动运行系统实现了显著升级,新增了全自动驾驶车载装备、紧急呼叫、障碍物检测及车头 CCTV 等,并强化了原有的行车调度、监控、站台门控制、通信与 CCTV 系统的功能。这些新增设备与功能在全新系统架构中得以整合,使得系统组件、架构要求及接口标准均相较于传统城市轨道交通系统发生了显著变化。

一、系统架构

自动化等级决定全自动运行系统功能的差异,不同的全自动运行系统在实际项目中具有不同的系统架构。《城市轨道交通全自动运行系统规范第 1 部分:需求》(T/CAMET 04017.1—2019)明确了全自动运行系统的统一架构组成、架构要求及接口定义,见图 2-1。

该系统架构以先进的车-地无线通信技术为核心,按专业细分出信号、车辆、综合监控、通信与站台门五大核心系统,全面升级了传统线路的架构、功能接口及设备配置。这些子系统设备精准布局于控制中心、车站、轨旁等关键位置,通过高效协同作业,实现对列车运行全过程的智能化、自动化控制。

二、系统接口

全自动运行系统接口设置是基于运营场景的需求而定的,它是全自动运行系统设计的重要组成部分。全自动运行系统功能实现主要依靠车辆、信号、通信、综合监控和站台门五大核心系统之间的紧密配合,从而达成全自动运行场景下的联动功能。《城市轨道交通全自动运行系统规范　第 2 部分:核心设备产品》(T/CAMET 04017.2—2019)对全自动运行系统之间的接口关系作出了规定,见图 2-2。

在全自动运行系统中,信号系统作为核心,其接口广泛连接车辆系统、站台门系统、车库门、洗车机、通信系统以及综合监控系统,确保指令的准确传递与执行。车辆系统则与信号和通信系统紧密相连,实现运行状态的即时反馈与控制。综合监控系统则整合了信号、通信及站台门系统的接口,实现全局监控与调度。通信系统作为信息传输的桥梁,与车辆、信号及综合监控系统无缝对接,保障数据传输的实时性与稳定性。站台门系统则通过与信号和综合监控系统协作,确保乘客上下车的安全。

学习与思考

IEC 62290-3 全自动运行系统架构

国际电工委员会标准 IEC 62290-3 中给出的全自动运行系统的架构被划分为城市轨道交通管理与指挥/控制系统(urban guided transport management and command/control systems,UGTMS)子系统和外部设备两个层次。请分别查询这两个层次所包含的组成部分和其对应的功能。

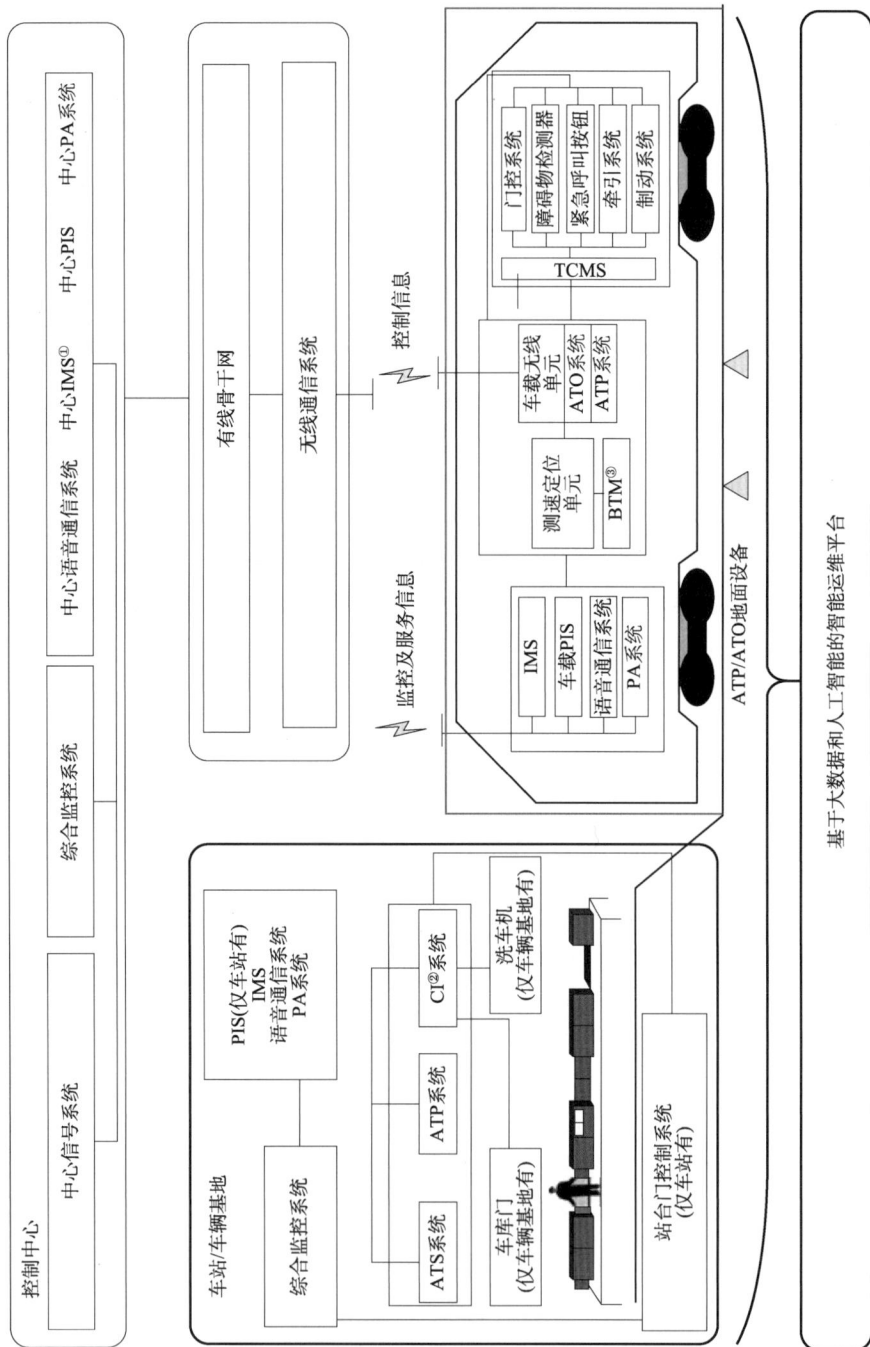

图2-1 FAO系统架构示意图

注：①IMS为车站综合监控系统(in-station monitoring system)的英文缩写。
②CI为计算机联锁(computer interlocking)的英文缩写。
③BTM为应答器传输模块(balise transmission module)的英文缩写。

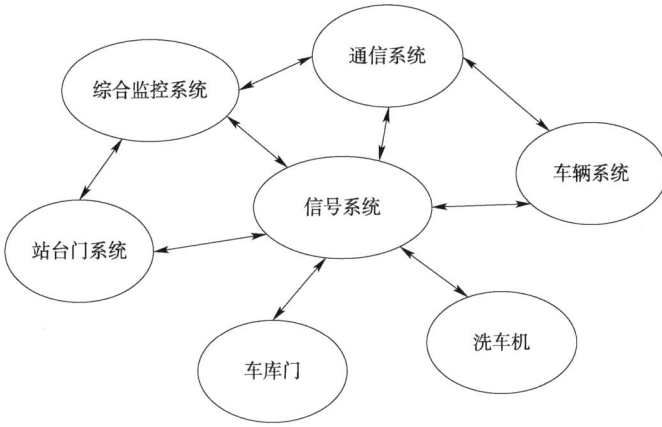

图 2-2　全自动运行系统接口示意图

课题 2.2 信号系统

一、系统概述

(一)基于联锁的 CBTC 系统架构

全自动运行线路的信号系统作为行车指挥和安全保障的重要系统,是 CBTC 系统的升级系统,主要职责是提供列车自动保护、确保运行安全、提供列车移动指令、支持离线调整和维护监测等,以实现列车精确定位、高速运行、实时跟踪和自动折返,进而缩短列车运行间隔和提高行车密度和旅行速度。

图 2-3 展示了基于联锁的 CBTC 系统架构。其中 ATP 系统功能由区域控制器(zone controller,ZC)、联锁系统与车载设备协作实现。车载设备测定列车位置与速度,采用车轴转速传感器结合地面应答器的数据校正。ATS 系统根据运营计划排列进路,联锁系统确保进路安全,区域控制器负责计算并控制列车间的安全间隔。

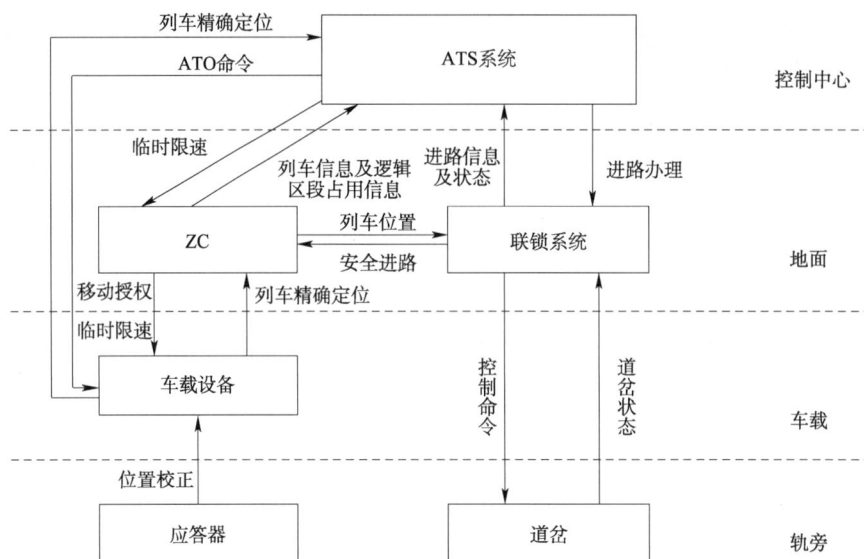

图 2-3　基于联锁的 CBTC 系统架构

ATP 系统、ATO 系统、ATS 系统、数据传输系统和计算机联锁系统的主要功能如下:

1. ATP 系统

ATP 系统是保证行车安全、防止列车进入前方列车占用区段和防止超速运行的设备。

2. ATO 系统

ATO 系统具有控制功能,如速度调节、站台停车和车门控制等。ATO 命令总是受到 ATP 系统的监督。

3. ATS 系统

ATS 系统是一个非安全型系统，为中央操作员/本地值班员提供人机界面。ATS 系统在线路显示屏上显示线路状态和各列车的位置，以用于监控。ATS 系统发出的对列车、道岔或者其他安全型系统的命令都不会影响安全。

4. 数据传输系统（data communication system，DCS）

DCS 是一个单独的网络，其主要作用是在各个系统之间传输 ATC 报文。虽然 DCS 所传输的是安全型的列车控制信息，但其本身并不是一个安全型系统，只是为各系统提供一个可靠的数据传输通道。

5. CI 系统

CI 系统将信号、道岔和轨道区段通过预定义的安全关系或逻辑关联在一起，并将敌对的信号锁在未开放的状态。CI 系统是故障-安全系统的核心和基础，其最终目的是安全地开放信号，保障行车安全。

（二）基于 CBTC 的全自动运行信号系统

图 2-4 展示了基于 CBTC 的全自动运行信号系统典型架构，该系统采用多重冗余技术来确保列车运行安全。凡涉及行车安全的核心计算机系统均采用"3 取 2"或"2 乘 2 取 2"的热备安全冗余结构，严格遵循"故障导向安全"原则，以保障在任何故障情况下系统均能自动导向最安全状态，确保列车安全运营。

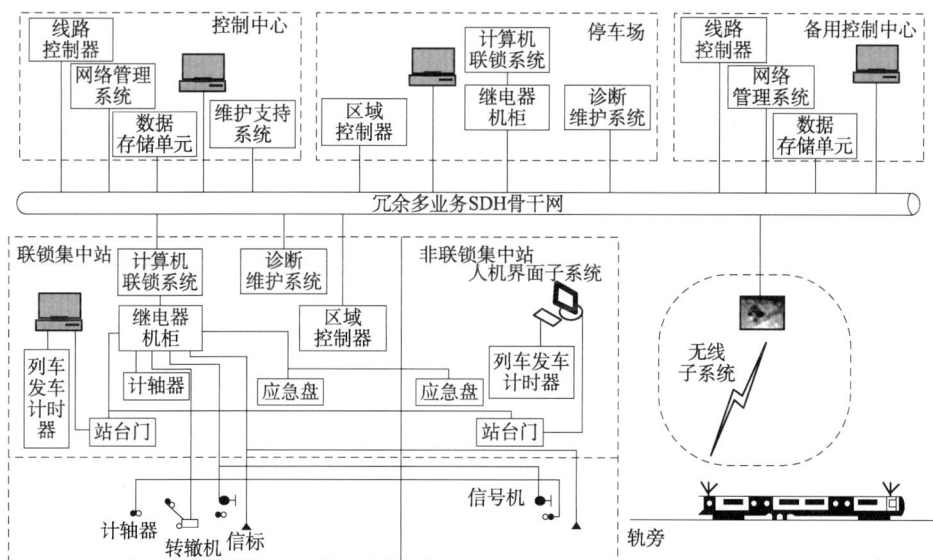

图 2-4　基于 CBTC 的全自动运行信号系统典型架构

全自动运行信号系统由控制中心、停车场、联锁集中站、轨旁及车载设备等组成。

1. 控制中心

控制中心分为主用控制中心和备用控制中心，两者监控功能相似。主用控制中心集成了列车运行监控（centralized automatic train supervision，CATS）系统、线路控制器（line controller，LC）、数据存储单元（data service unit，DSU）、网络管理系统（network management system，NMS）及维护支持系统（maintenance support system，MSS）等，分别负责列车

监控、信号设备状态反馈、数据存储、网络管理及维护支持等。备用控制中心的功能与主用控制中心相似,但省去了 MSS,增设了 ATS 培训模拟系统,以强化培训与应急能力。

2. 停车场

停车场设有列车运行监控(local automatic train supervision,LATS)系统、计算机联锁系统、区域控制器以实现无人驾驶与 ATP/ATO 功能。另外,停车场配备了两套 ATS 终端,用于连接控制中心;配套了诊断维护(service and condition monitoring,SCM)系统,用于记录信息与查询故障。

3. 联锁集中站

联锁集中站管理有岔与无岔站,内设区域控制器来控制列车移动闭塞运行,确保运行间隔。每个联锁集中站配冗余的本地 ATS 系统,用于监督控制区域设备列车,及本地联锁系统来管控轨旁信号设备,实现所管辖区域内的联锁功能。

4. 轨旁设备

轨旁设备包括信标、计轴器、信号机与转辙机。信标分有源和无源,无源信标用于列车定位,而有源信标则在 CBTC 系统未全开或降级时,向列车传递防护信息。计轴器在 CBTC 系统降级时检测列车占用情况,联锁系统据此定位列车。信号机在降级时,通过灯光指示行车信息。转辙机受联锁系统控制,负责道岔转换、锁闭及位置表示,并在故障时发出警报。

5. 车载设备

CBTC 系统为全自动运行设计了双车载 ATC 系统,为每列车配备两台车载控制器输入输出模块及传感器,采用热备模式支持 ATP 与 ATO 功能,以实现列车全自动及人工驾驶。

学习与思考

卡斯柯与泰雷兹全自动运行信号系统架构

卡斯柯和泰雷兹的全自动运行信号系统架构在核心功能上是一致的,均包含对列车运行的控制、监控和数据传输等功能,但因为两家公司技术路线和产品特性存在差异,其具体实现方式有所不同。

1. 卡斯柯全自动运行信号系统架构

卡斯柯全自动运行信号系统架构由 ATC 系统、ATS 系统、CI 系统、DCS 系统等组成。 ATC 系统是核心系统,负责列车的自动控制。 CI 系统负责联锁,即协调列车的位置和运行权限。 ATS 系统监控列车的运行。 DCS 系统则提供数据传输服务,保证各系统间的信息流通。

2. 泰雷兹全自动运行信号系统架构

泰雷兹全自动运行信号系统架构(图 2-5)包括 ATO 系统、ATP 系统、ATS 系统、计算机联锁(processor of modular interlocking,PMI)系统和 DCS 系统等。 ATP 系统和 ATO 系统是关键系统,分别负责列车的安全防护和自动驾驶。 ATS 系统则负责列车的监控。 PMI 系统提供额外的列车控制功能。 DCS 系统负责数据传输。

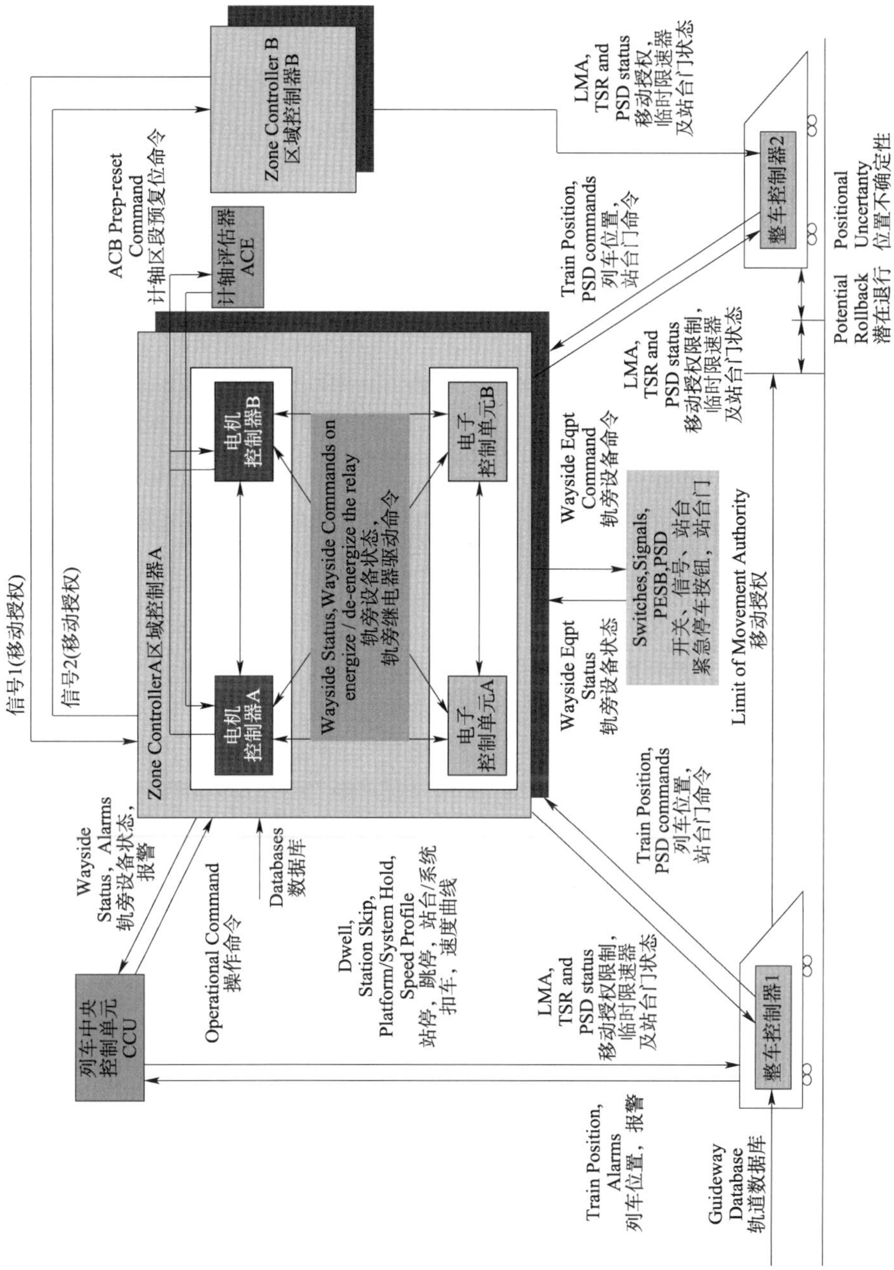

图2-5　泰雷兹信号系统架构图（上海地铁14号线）

信号1(移动授权)

信号2(移动授权)

ACB Prep-reset Command
ACB区段预复位命令

Zone Controller B
区域控制器B

计轴评估器 ACE

Zone ControllerA区域控制器A

电机控制器B

Wayside Status, Wayside Commands on energize / de-energize the relay
轨旁设备状态,
轨旁继电器驱动命令

电机控制器A

电子控制单元B

电子控制单元A

Wayside Eqpt Command
轨旁设备命令

Wayside Eqpt Status
轨旁设备状态

Switches,Signals, PESB,PSD
开关,信号, 紧急停车按钮, 站台门

Train Position, PSD commands
列车位置, 站台门命令

Limit of Movement Authority
移动授权

LMA, TSR and PSD status
移动授权权限制, 临时限速器 及站台门状态

Train Position, PSD commands
列车位置, 站台门命令

整车控制器2

LMA, TSR and PSD status
移动授权, 临时限速器 及站台门状态

Potential Rollback
潜在退行

Positional Uncertainty
位置不确定性

Databases 数据库

Wayside Status, Alarms
轨旁设备状态, 报警

Operational Command
操作命令

Dwell, Station Skip, Platform/System Hold, Speed Profile
站停, 跳停, 站台/系统 扣车, 速度曲线

列车中央控制单元 CCU

Train Position, Alarms
列车位置, 报警

Guideway Database
轨道数据库

LMA, TSR and PSD status
移动授权权限制, 临时限速器 及站台门状态

整车控制器1

模块2　城市轨道交通全自动运行系统组成 ｜ 47

二、新增系统功能

全自动运行信号系统作为列车运行的控制中枢,需拓展自动控制功能以适应全自动操作的需求。依据《城市轨道交通全自动运行系统规范 第 2 部分:核心设备产品》(T/CAMET 04017.2—2019)要求,全自动运行与非全自动运行信号系统功能差异见表 2-1。

全自动运行与非全自动运行信号系统功能差异 　　　　　表 2-1

序号	对比项	非全自动运行系统	全自动运行系统
1	运行模式	RM、编码列车驾驶模式(conded manual,CM)、AM	增加 FAM、CAM
2	早间送电	①人工上电; ②人工选取 IMS 图像,人工触发广播; ③人工打开车库门(如有)	①系统上电提示; ②自动触发联动 IMS 和 PA 等,中心远程上电; ③自动触发打开/关闭车库门(如有)
3	唤醒	①人工为列车上电,人工检查各系统设备状态; ②人工进行车门、广播、牵引制动测试	①系统自动上电; ②系统进行全方位的上电自检、静态测试及动态测试,成功后允许列车出库
4	出库及车辆基地、停车场内运行	人工驾驶列车出库及在车辆基地、停车场内运行	根据计划控制列车自动出库,并控制车辆基地、停车场内列车运行
5	空调、照明等车辆控制管理	人工设置空调、照明	系统根据工况自动设置空调、照明等
6	站台	①人工或自动控制列车精确停车,未精确停车时人工对标停车; ②人工或自动打开车门与站台门; ③站停结束后人工/自动关闭车门与站台门; ④人工驾驶列车离站或按压 ATO 启动自动出站	①系统自动控制列车精确停车,未精确停车时系统采用跳跃方式对标停车; ②系统自动打开车门与站台门; ③站停结束后系统自动关闭车门与站台门; ④条件满足后,系统自动控制列车出站
7	障碍物检测	人工瞭望并负责应急处理	检测到障碍物时触发
8	间隙探测防护	人工瞭望并负责应急处理	增加间隙探测设备,检测到障碍物时触发紧急制动停车并联动地面 ATP 进行防护
9	折返换端	①人工驾驶列车并人工换端或自动折返; ②站前折返后自动换端或人工换端	①系统自动控制列车进入折返轨、自动换端并控制列车驶入站台; ②站前折返自动换端

序号	对比项	非全自动运行系统	全自动运行系统
10	回库及休眠	①人工驾驶列车回库; ②人工断电	①系统判断运营计划结束后控制列车运行回库; ②系统根据中心设置进入清扫工况; ③系统自动休眠,并为整车断电; ④休眠唤醒单元实时与控制中心通信,汇报状态并接受控制指令
11	洗车	人工驾驶列车洗车	①根据洗车计划,为列车设置头码并触发进路; ②与洗车机交互实现全自动洗车; ③与车辆信息交互,控制车辆完成自动洗车
12	库内故障升级	人工驾驶列车向前运行,经过2个应答器定位升级	系统可静态定位,原地升级
13	车门与站台门故障	人工处理	系统对位隔离,同时联动地面设备及IMS、PIS系统
14	系统故障处理	转人工驾驶或人工处理故障	①CAM运行; ②远程复位、远程旁路
15	异常事件联动处理	发生车辆火灾、车门状态丢失、紧急操作装置激活、车辆制动故障等情况时,人工干预并应急处理	系统自动处理或由控制中心远程人工处理,并联动地面设备及IMS、PIS系统
16	恶劣天气	人工驾驶列车	①系统提示列车运行状况; ②采用雨雪模式运行

某全自动运行信号系统主要新增系统功能如下。

（一）ATS系统新增功能

1. 线路监控

ATS系统能够显示线路自动与非自动控制区域,监控人员防护开关(staff protection key switch,SPKS)状态、洗车机及车库门情况。同时,该系统可设定线路区域的全自动运行授权,灵活控制运行权限。

2. 列车监控

ATS系统能够全面管理列车从休眠至再次休眠的全过程(见图2-6),并新增多项状态与报警显示功能,以增强监控能力。它支持单列及全线列车进行全自动运行授权,并能够灵活应对故障,如FAM出现故障时可转为CAM。列车全自动运行时,ATS可以根据时刻表自动或手动下发换端指令。此外,ATS还具备远程控制能力,包括紧急制动、车门控制、环境调节、照明控制、车辆故障复位及远程旁路等功能。

3. 车辆段监控

控制中心ATS系统可监控站场,支持自动与人工控制模式及二者的相互转换。

在中控与站控模式下,ATS 系统能按计划自动触发段内进路。

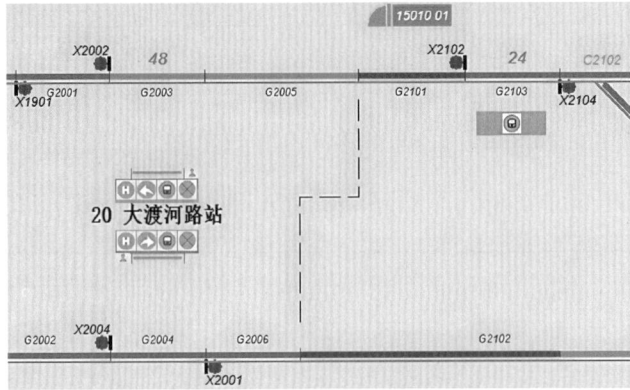

图 2-6 ATS 系统列车监控画面

4.联动控制

ATS 系统新增列车全自动运行联动控制功能,涵盖列车上电、唤醒至休眠全过程,以及火灾、紧急呼叫等应急处理等。

5.维护监测

ATS 系统全面集成车辆系统的监控功能,能够实时接收牵引、制动、电源、车门、通信及空调系统的状态、故障与报警信息。

(二)ATP/ATO 系统新增功能

1.列车休眠

ATP/ATO 设备能控制列车在预设休眠时间内自动休眠。列车抵达指定位置停车后,车载信号设备接收来自控制中心的休眠指令,完成自身休眠准备工作以及与车辆休眠相关设备交互,随后向车辆发送休眠命令,确保车辆两端车载设备同步断电,顺利进入休眠状态。

2.列车唤醒

ATP/ATO 设备负责控制休眠列车的唤醒过程,ATS 系统提前发指令至列车。列车接收到信号后唤醒车辆并进行全车上电。随后,设备会进行自检和测试,在通过自检和测试后被激活,准备进行全自动运行。

3.自动驾驶和精确停车

列车在正线及车辆段自动控制区受 ATP 系统保护,可在 ATO 系统控制下以 FAM 自动运行(见图 2-7),包括加速、巡航、制动等,实现自动调整与正线运行控制。列车自动完成车站停车、发车及折返,停车误差可达 $\pm 0.5 \mathrm{m}$,覆盖区域为正线及车辆段特定区域,如洗车库、休眠/唤醒存车线。

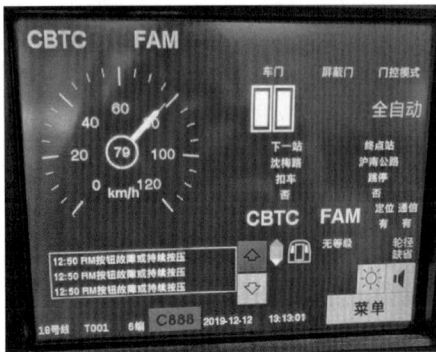

图 2-7 列车 FAM 自动驾驶界面

4.关门控制

当信号系统自动控车时,若车门未关则 ATO 系统可执行远程或站台关门命令。在全自动驾驶过程中,若需清客车站未完成清客,车载信号设备保持车门打开,待站台值班员确认后通过按钮或远程指令关门。待人工确认清客完毕解除扣车,列车自动发车。

5.折返模式

FAM 列车在折返站完成停车、乘客下车及门关闭后,会自动进入折返线,无需人工干预。随后,列车会进入发车站台,车门和站台门会自动打开。

6.对位调整

在全自动运行模式下,如列车在进站停车过程中未达到或超出了停车精度范围,ATO 系统将自动启动对位调整功能。

7.对位隔离

ATO 系统具备车门/站台门故障隔离功能。遇站台门故障,车载设备会接收并转发信息至车辆系统,列车进站后仅正常站台门打开。车门故障时,车载设备会接收并转发信息至站台门,ATO 系统会避免故障车门开启,并发送报警和隔离信息至控制中心。

8.远程功能

车载信号设备能迅速响应控制中心指令,执行包括紧急制动、制动缓解、换端、开关门等在内的关键操作(见图 2-8);支持控制中心远程设置 FAM 运行授权、复位、旁路及车辆相关参数(如空调、电加热、照明),并将这些指令转发至车辆执行;在停站清客阶段,会保持车门及站台门开启,待远程确认后自动关闭。

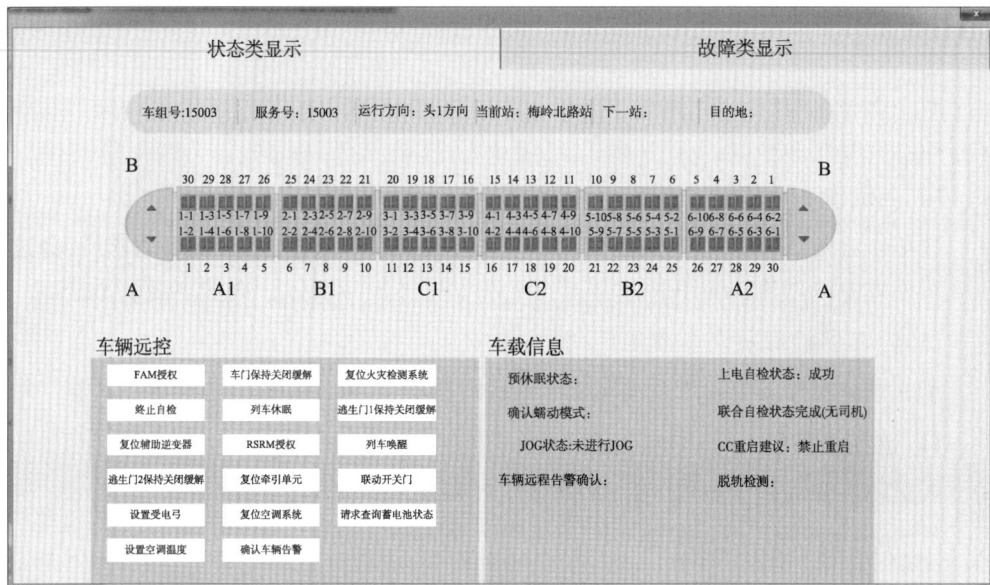

图 2-8　ATO 远程控制界面

9. 列车紧急情况处置

当列车遇紧急情况(如紧急手柄激活、车门故障、火灾、制动力丢失等)时,ATP/ATO 系统会根据运营需求采取紧急制动、常用制动、停车、切除牵引、远程扣车等措施,确保列车停于相邻安全位置(见图2-9)。

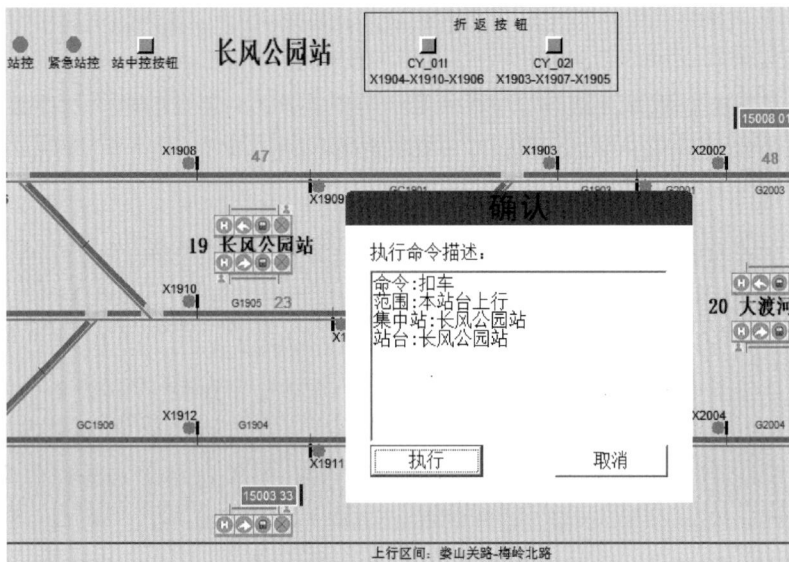

图2-9　远程扣车

10. 紧急制动

车载 ATP 设备触发紧急制动后,在列车停稳前不得进行缓解操作。紧急制动缓解方式多样,包括自动、远程人工确认缓解及司机人工操作缓解。在紧急制动及缓解操作完成后,车载 ATP 设备均会向控制中心发送报警信息。

11. 车辆鸣笛

列车控制及监控系统(train control and monitoring system,TCMS)控制列车在库内动车和入库时自动鸣笛。

12. 自动洗车

洗车作业由 ATO 系统自动控制。列车在全自动模式下接收 CI 洗车请求后,会进入洗车模式并以限速 3km/h 的速度运行。洗车时,信号系统会持续监控库门状态。

13. 停车列检库及洗车库库门防护

ATP 系统对停车列检库及洗车库库门进行防护,其移动授权会考虑库门状态。

14. 建立防护区

人员防护开关建立封锁区时,ATP 系统控制列车不移动或停车。

(三)CI 系统新增功能

1. 作业封锁区防护

联锁系统监测正线及车辆段 SPKS,通过钥匙操作来封锁轨道区段。封锁后,相关列车及调车进路将被关闭,同时联锁系统将区域封锁的信息发送至 ATP 设备。

2. 站台关门按钮状态

联锁系统监测站台关门按钮的按压情况,一旦确认按钮被按压,即迅速将该信息转发至车载信号设备。

3. 控显功能

CI 系统应能向 ATS 系统提供人员防护开关的状态、洗车机状态、停车列检库和洗车库库门状态信息。

4. 与外部系统接口功能

联锁系统与站台门系统新增了信息接口,用于传递故障的站台门和车门信息。联锁系统采集停车列检库及洗车库库门完全开启的状态,并将其纳入联锁检查条件。

三、新增系统设备

为实现全自动运行的相关要求,全自动运行下的信号系统在设备配置方面相较于传统线路信号系统有所增强。根据《城市轨道交通全自动运行系统规范 第 2 部分:核心设备产品》(T/CAMET 04017.2—2019)要求,非全自动运行与全自动运行信号系统设备差异见表 2-2。

非全自动运行与全自动运行信号系统设备差异   表 2-2

序号	对比项	非全自动运行系统	全自动运行系统
1	中心设备配置	①冗余的 ATS 实时服务器及对外接口设备; ②行调工作站	①宜设置备用控制中心、主备中心服务器及接扣设备热备冗余; ②宜增设车辆监控工作站
2	车站设备配置	配置联锁、ATS、地面 ATP/ATO、DCS、轨道检测、电源设备等	①宜增设车站专用前端处理器(front end processor,FEP),与站台门通信;设置站台开门/关门按钮、清客确认按钮及 SPKS(含旁路开关); ②增设休眠唤醒应答器(正线待避线)
3	车辆基地、停车场设备配置	配置联锁、ATS、DCS、轨道检测、电源设备等	①增设地面 ATP/ATO 设备; ②设置 SPKS(含旁路开关); ③增设休眠唤醒应答器(停车列检库内); ④增设无源应答器; ⑤宜增设车辆网关
4	车载设备配置	ATP/ATO、DCS、人机交互界面、应答器、速度传感器,雷达设备等	①增设休眠唤醒单元;测速及定位系统头尾冗余; ②宜增设 PWM 输出,直接控制车辆牵引制动

某全自动运行线路信号系统主要新增系统设备如下。

（一）车站及轨旁新增设备

新增人员防护开关为全自动列车运行时的工作人员提供安全防护。通过在 IBP 盘或站台区设置人员防护开关及相应表示灯,工作人员可转动 SPKS 来设立封锁区域,从而防止列车误入作业区。

新增站台关门按钮,便于人工控制车门与站台门的关闭。此外,为满足列车休眠、唤醒及定位需求,还在正线折返线、存车线增设了应答器设备。

（二）车载新增设备

车载设备新增了辅助驾驶设备,可实现休眠、唤醒等功能,并采用冗余 ATO 配置来提升可靠性;同时,增加与车辆输入/输出接口,以满足列车全自动运行的控制要求。

（三）车辆段新增设备

相较于传统线路车辆段,全自动运行系统车辆段增设了轨旁 ATP/ATO 设备及应答器(见图 2-10)。在停车列检库和洗车库增设了 SPKS 及表示灯,通过 ATS 工作站监控,确保人员安全。车辆段被精细划分为多个 SPKS 防护区,停车列检线(图 2-11)、洗车库及咽喉区均设置了 SPKS 防护区,实现了精准区域封锁与安全管理。

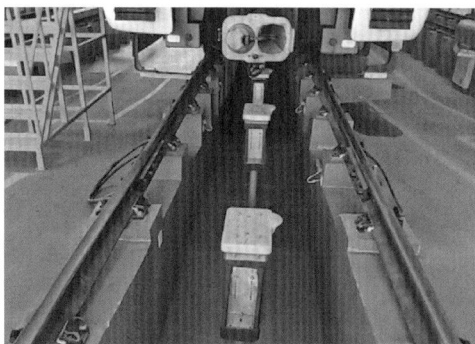

图 2-10　车辆段应答器

图 2-11　停车列检线 SPKS 防护区

（四）控制中心新增设备

控制中心新增车辆与乘客管理调度工作站设备,分别负责车辆监控与乘客服务管理。

（五）备用控制中心新增设备

备用控制中心新增冗余热备设备,设备配置与主控制中心相同。

（六）试车线新增设备

试车线新增了用于全自动运行功能测试的信号设备及相关应答器等。

四、新增系统接口

根据《城市轨道交通全自动运行系统规范　第 2 部分:核心设备产品》(T/CAMET 04017.2—2019)要求,非全自动运行与全自动运行信号系统外部接口差异如表 2-3 所示。

序号	对比项	非全自动运行系统	全自动运行系统
1	与车辆系统接口	①继电接口、紧急制动接口、牵引制动控制接口、车门控制接口等; ②通信接口,仅监视	①继电接口,增加 FAM/CAM 模式输出、休眠、唤醒等; ②冗余通信接口,用于车辆控制及车辆关键状态及故障报警; ③模拟量指令接口,用于与通信接口冗余控制
2	与综合监控系统接口	通信接口,提供列车运行信息等	通信接口中增加与综合监控系统的联动,如早间上电、车站火灾等
3	与站台门系统接口	继电接口	增加冗余的通信接口或通过综合监控系统传输对位隔离信息
4	与间隙探测设备接口	—	增加硬线接口或通过站台门系统传输探测控制及状态信息
5	与通信系统接口	通信接口,提供列车到站信息等	通信接口中增加与 IMS、PIS、PA 等系统的联动,如早间上电、车辆火灾等
6	与车辆基地、停车场工艺设备接口	—	①增加与库门(可选)接口; ②增加与洗车机接口

某全自动运行信号系统主要新增系统接口如下。

(一)信号与通信系统接口

1. 与无线系统接口

当乘客触发车上紧急呼叫按钮时,可与中心调度台通话。当列车进站停车过标时,会触发列车及站台广播。

2. 与车站广播接口

车站广播接口用于触发门对位隔离的提示信息以及轨道车经过站台、清客时的相应广播。

3. 与传输系统接口

DCS 系统与通信系统间在有线通信或长期演进技术(long term evolution for machines,LTE-M)无线通信时存在接口,且 DCS 系统与传输系统间通过两路独立网络实现冗余通信。

(二)信号与综合监控系统接口

信号系统可经综合监控系统或 ATS 系统与 PIS、PA、IMS 系统联动。车站 IBP 盘与信号系统通过硬线接口连接,增设 SPKS 开关、站台开关门按钮等,以实现车站安全防护、站台门控制及火灾联动等关键操作功能。

(三)信号与洗车机接口

洗车库装备全自动洗车机,通过继电接口与信号控制系统联动,实现无人化洗车。

洗车机与车辆段联锁系统互传状态、请求、停稳、移动指令及紧急停车信息。

(四)信号与停车列检库及洗车库库门接口

信号系统与停车列检库及洗车库库门接口实现联锁防护,确保库门安全。信号系统采集库门状态并纳入联锁系统(分界点为库门控制柜外线输出端子)。信号系统能根据需要向库门发送开关指令,实现联动控制。

(五)信号与站台门系统接口

信号与站台门系统接口通过冗余网络互传个别故障车门/站台门信息,实现两者间故障对位隔离功能。

(六)信号与车辆系统接口

信号与车辆系统接口全面管理列车控制指令、通信网络状态及远程控制命令。该接口涵盖驾驶、制动与牵引控制、车门操作等关键输入输出信息,并支持紧急制动、牵引切断等关键操作。新增的列车状态与故障报警上传功能,可使关键信息通过信号系统直接传至控制中心,使其他信息通过 LTE-M 车地通信网络传输至控制中心。

学习与思考

列车自主运行系统

2023 年 9 月 16 日,青岛地铁 6 号线列车自主运行系统(train autonomous circulation system,TACS)自主运行示范工程全场景运行及功能展示会在青岛召开。 TACS 是一种先进的列车控制系统,它通过集成多种传感器、通信技术和智能算法,实现列车的自主运行。 请查一查: 什么是列车自主运行系统? 其与传统全自动运行列车控制系统有什么区别?

课题 2.3 车辆系统

一、概述

相较于传统线路的车辆系统,全自动运行车辆系统在基本组成方面并无太大差异,主要由机械和电气部分组成,见图 2-12。其中机械部分是部件的基础结构,电气部分是部件的动力和控制来源,二者相互配合以实现具体的功能。

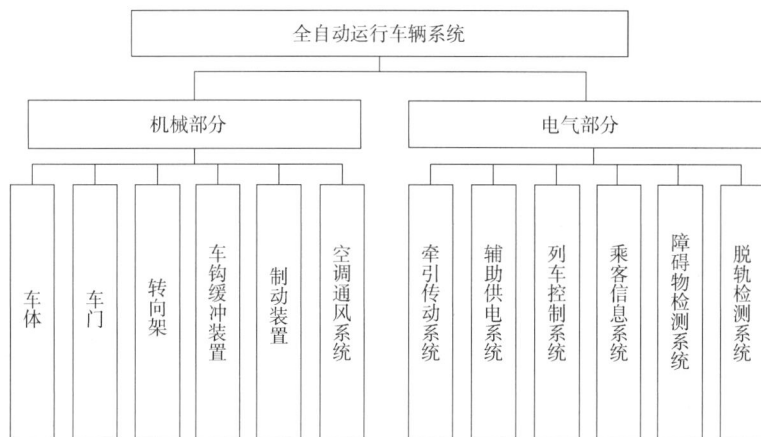

图 2-12 某线路全自动运行车辆系统基本组成

全自动运行车辆系统是在图 2-12 所示部件组成的基础上,按照无人驾驶模式进行设计,并且围绕如何替代司机的职能来新增或强化功能。全自动运行车辆系统主要组成部分及功能如下:

1. 车体

车体坐落在转向架上,包括壳体、贯通道、疏散门、车门、车窗、司机室及内饰等。其主要功能包括承载和运载乘客、承受各种载荷和应力以保护乘客安全、固定附属装置和电气设备、防火、隔音和隔热。

2. 车门

车门安装在车体的两侧,由驱动系统、机械承载机构、门页、电气控制系统四部分组成。其主要功能包括开关门、防夹、障碍物检测和紧急解锁。

3. 转向架

转向架是位于车体下方的走行装置,包括轮对轴箱装置、弹性悬挂装置、构架、制动装置、中央牵引连接装置、牵引传动装置、轮缘润滑装置和车载在线监测装置等。其主要功能包括支撑车体、导向和支撑、传递牵引力和制动力、缓和振动和冲击。

4. 车钩缓冲装置

车钩缓冲装置位于车辆的头尾两端,一般由钩头、缓冲装置、对中装置、钩尾冲击座四部分组成。其主要功能是连通电路和气路、传递和缓和列车在运行中产生的纵向力或冲击力。

5. 制动装置

制动装置安装在车辆的底架上,一般由供风系统、制动控制系统和制动执行系统组成。其主要功能包括控制列车减速,实现常用制动控制、电空联合制动控制、紧急制动控制、快速制动控制和防滑保护等。

6. 空调通风系统

空调通风系统安装在车厢顶部,由通风系统、空气冷却系统、空气加热系统、空气调节和控制系统组成。其主要功能包括调节客室内的空气温度、相对湿度和洁净度以及人体周围空气的流动速度。

7. 牵引传动系统

牵引传动系统安装在底架或顶部,由受流装置、高速断路器、牵引电机、变流设备、制动电阻等组成。其主要功能包括在牵引工况时,将变电所传递的电能转变为车辆牵引所需的动能;在电制动工况时,将车辆的动能转化为电制动力,实现再生制动或电阻制动。

8. 辅助供电系统

辅助供电系统安装在车厢内或底架上,由辅助逆变器、蓄电池、AC 380V 母线、低压 DC 110V 母线、控制器、断路器、继电器、接触器等组成。其主要功能包括为除牵引电机外的辅助设备提供电源,并根据负载需求进行电流的调节和控制。

9. 列车控制系统

列车控制系统主要安装在车厢电气柜内,由中央控制单元(central control unit,CCU)、远程输入输出单元(remote input/output module,RIOM)、人机交互单元(human machine interface,HMI)、事件记录仪(event recorder,ER)和中继器(repeater,REP)等组成。其主要功能包括实现列车的通信管理、控制与故障诊断、信息显示和事件记录等。

10. 乘客信息系统

乘客信息系统主要安装在车厢客室区域,由广播系统、视频播放系统和视频监控系统组成。其主要功能包括进行车载广播、乘客紧急对讲、多媒体信息显示以及监控视频上传等。

11. 障碍物检测系统

障碍物检测系统(被动式)安装在底架上,由检测横梁、触发装置、传感器、控制器、通信模块和主机等组成。其主要功能是检测障碍物。当检测到障碍物时,系统能够迅速触发列车紧急制动,避免列车与障碍物发生碰撞。

12. 脱轨检测系统

脱轨检测系统安装在转向架位置,由脱轨检测设备单元、控制单元和通信系统等组成。其主要功能是利用先进的算法和模型,对实时监测到的加速度、位移等参数数据进行处理和分析,向列车司机或 OCC 发出预警信号或自动触发紧急制动。

知识拓展

上海地铁 18 号线车辆实物照片

上海地铁 18 号线车辆实物照片见图 2-13。

a) 车体

b) 车门

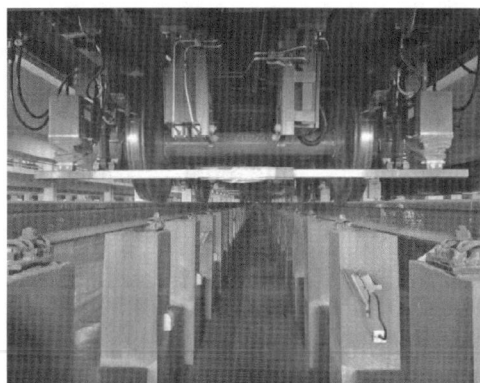

c) 转向架

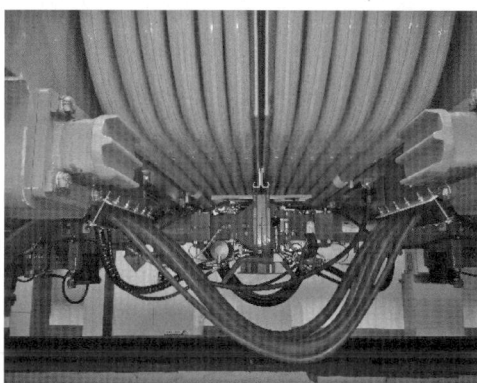

d) 车钩缓冲装置

e) 制动装置

f) 空调通风系统

图 2-13

g) 牵引传动系统

h)辅助供电系统

i) 障碍物检测系统

j) 脱轨检测系统

图 2-13　上海地铁 18 号线实物照片

二、新增系统功能

根据《城市轨道交通全自动运行系统规范　第 2 部分：核心设备产品》（T/CAMET 04017.2—2019）要求，非全自动运行与全自动运行车辆系统功能差异见表 2-4。其功能差异主要体现在运行模式、远程控制、列车联动、列车状态监控等方面。

非全自动运行与全自动运行车辆系统功能差异　　　　　　　表 2-4

序号	对比项	非全自动运行系统	全自动运行系统
1	运行模式	RM、CM、AM	增加 FAM、CAM
2	唤醒	①人工为列车上电，人工检查各系统设备状态；②人工进行制动、牵引、广播、车门系统等的测试	①列车自动上电；②列车进行全方位的上电自检、静态测试及动态测试（如有）等，成功后系统允许列车出库
3	空调系统控制管理	人工设置空调运行模式，人工启动/关闭空调	系统根据工况自动或远程控制空调运行模式

序号	对比项	非全自动运行系统	全自动运行系统
4	站台作业	①人工或自动控制列车精确停车，未精确停车时人工对标停车； ②人工或自动打开车门与站台门； ③站停结束后人工关闭车门； ④人工驾驶列车离站或按压ATO相关按钮启动自动出站	①自动控制列车精确停车，未精确停车时采用跳跃方式对标停车； ②控制车辆自动打开车门； ③站停结束后自动关闭车门； ④条件满足后，自动控制列车出站
5	回库及休眠	①人工驾驶列车回库； ②人工关断电源	①判断运营计划结束后控制列车运行回库； ②控制车辆根据设置进入清扫工况； ③自动休眠，并为整列车断电； ④车载信号设备实时与控制中心通信，汇报状态并接受控制指令
6	洗车	①人工驾驶列车洗车； ②车辆设置洗车模式开关，列车恒速运行（车速3～5km/h）	①宜设置自动洗车功能； ②根据信号系统发送的洗车工况，控制列车恒速运行
7	车门与站台门对位隔离及提示功能	①车门故障时，人工处理隔离，隔离指示灯点亮； ②对应的车门与站台门正常开关门	①应设置对位隔离功能； ②控制对应的车门与站台门自动隔离
8	车辆关键系统故障处理	转人工驾驶或人工处理故障	①TCMS处置且上传相关故障信息到控制中心； ②控制中心远程人工处理车辆远程复位、远程旁路； ③控制中心远程人工确认车辆降级运行
9	车辆异常事件联动处理	发生车辆火灾、车门状态丢失、紧急操作装置激活等情况时，人工干预并应急处理	①TCMS处置且上传事件信息到控制中心； ②系统自动处理或由控制中心远程人工处理，并联动车载视频监控系统、PIS系统，并可向乘客广播
10	恶劣天气	人工驾驶列车	①提示列车运行状况； ②采用雨雪模式运行
11	关键安全电路及元器件状态监测	监测控制电路	①关键控制电路采用冗余设计； ②实时监控各系统工作状态，增加TCMS系统输入、输出接口
12	关键安全电路故障处理	转人工驾驶或人工处理故障	①TCMS处置且上传相关故障信息到控制中心； ②控制中心远程人工处理车辆远程复位、远程旁路或远程切除； ③控制中心远程人工处理车辆降级运行

序号	对比项	非全自动运行系统	全自动运行系统
13	客室车门异常处理	发生车门障碍物检测异常事件紧急解锁等情况时,人工干预并应急处理	①TCMS处置且上传相关故障信息到控制中心; ②系统自动处理或由控制中心远程人工处理,并联动车载视频监控系统
14	端部逃生门异常处理(如有)	端部逃生门人工手动操作	①TCMS处置且上传相关异常信息到控制中心; ②端部逃生门手动解锁和打开时车辆触发紧急制动; ③控制中心远程人工允许后才能打开逃生门(可选)
15	空气制动应急处理	①停放制动的施加和缓解,由人工通过关按钮操作; ②单车转向架制动切除,由人工通过客室座椅下或电气柜内的强迫切除截断塞门进行隔离	①控制中心可远程操作停放制动的施加和缓解; ②可通过硬线电路和TCMS系统实现单车转向架制动切除、远程单车制动切除
16	空调机组通风	列车接收到内部烟火报警信息时空调机组自动关闭新风口	列车接收到内部或外部烟火报警信息时空调机组自动关闭新风口
17	车辆电笛或风笛	电笛或风笛由司机进行手动控制	电笛或风笛可根据场景自动控制
18	受电装置	受流装置由人工控制,状态显示在TCMS显示屏	①TCMS处置相关故障信息且上传故障信息到控制中心; ②应实现全列或者分组受流装置的操作,具有远程控制功能
19	乘客信息及广播系统	①列车广播和乘客信息设置在TCMS显示屏上完成,系统具有故障自检功能; ②乘客紧急呼叫仅能与司机进行通话	①可通过控制中心远程控制列车广播和乘客信息设置; ②乘客紧急呼叫系统应与控制中心进行双向通话; ③控制中心直接对车辆广播
20	障碍物检测	人工瞭望并负责应急处理	增设障碍物检测,检测到障碍物时触发紧急制动停车

某全自动运行车辆系统主要新增系统功能如下。

(一)列车控制系统

1. FAM 和 CAM

全自动运行列车在传统线路列车的驾驶模式基础上,新增了全自动运行模式(FAM)和蠕动模式(CAM)。

在 FAM 下,ATC 系统控制列车,并确保列车速度处于安全范围并维护保护区段。ATC 系统通过 MVB 网络向 TCMS 发送列车作用力命令,在超过限制时触发紧急制动、控制车门操作和设定列车方向(前进/后退)等指令。

当列车在 FAM 下,若监测到信号网络通信故障、车辆网络故障或牵引制动反馈异常等工况,经运营中心授权后,列车可进入 CAM,以不高于 25km/h 的速度自动运行到下一站,并自动扣车,由运营中心派工作人员登车处置。在 CAM 运行期间,车辆自动防护系统会持续监督运行速度,若超速,车辆将进行紧急制动。

2. 自动唤醒和休眠功能

相比传统线路车辆,全自动运行车辆具备自动唤醒和休眠功能。在 FAM 下,车辆的唤醒和睡眠均通过车载蓄电池提供电能,并由信号系统控制。

列车自动唤醒的前提条件是:列车处在休眠状态,同时两个司机室的主控器处于空挡位置、主控钥匙已断开、系统已选择 FAM。唤醒请求由信号系统发出,通过车辆唤醒单元的数字输出启动唤醒程序。唤醒序列由列车侧的 TCMS 管理。车辆收到唤醒指令后执行上电及自检流程。上电自检成功后,车辆执行运转状态自检,同时车辆在信号系统主导下进行联合自检。自检界面见图 2-14,自检时序见图 2-15。待自检完成并确定无异常后,TCMS 将升弓命令传送至受电弓控制电路,完成受电弓自动升弓。

图 2-14　全自动运行车辆自检界面

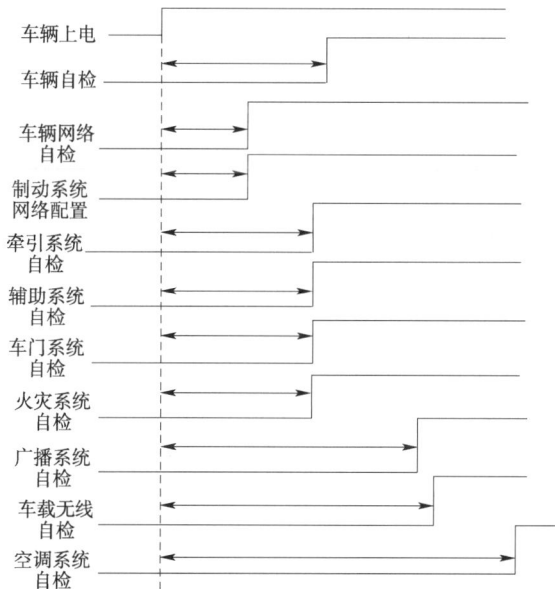

图 2-15　自检时序图

在 FAM 下,列车的休眠序列由信号系统发出的命令触发,车辆的 TCMS 收到信号发出自动休眠请求后,会启动车辆侧的休眠操作流程。TCMS 首先检查列车是否处于静止状态。如果处于静止状态,则发出车载电子测试的自检命令,在此期间,车辆还会启动制动器自检,包括常用制动、紧急制动、防滑保护(wheel slide protection,WSP)。列车自检后依据子系统状况采取措施:若任一子系统异常(显示"NOK"),列车将通报 ATC 系统并维持供电,关闭非必要设备(如空调与照明),等待人工介入。若所有子系统自检合格,列车则报告 ATC 系统"OK"并进行降弓,随后在无司机室激活时使车辆网络休眠。若列车未按时休眠或受电弓未按时降下,列车将自动报告故障,等待维护处理。

3. 自动控制列车精确停车

在 FAM 下,如果发生欠停或过停小于5m(即列车未到停车点或者越过停车点导致无法开门时),信号系统需要控制列车进行短距离的移动,以使列车挪动至授权开门区域,此功能被称为 JOG(跳跃)。如果 JOG 后车辆仍无法对位或过停超过 5m,则由中央调度员确定是否需要跳过本站。

JOG 功能触发时,车辆会设定一个固定制动级位,即"轻制动级位",并保证该级位在各种情况下均能保持一致的制动性能。在实施 JOG 功能时,信号系统会向车辆输出牵引指令、制动指令、轻制动指令等。当信号指令发生变化时,车辆可以在不同的状态之间进行转换。

4. 自动洗车

全自动运行系统(GoA4)车辆具备自动洗车功能,当车辆被预设定为待洗列车时,由行车调度员(简称行调)确认洗车后,系统将自动触发前往洗车库的进路,并按照以下顺序执行自动洗车命令:

(1)车辆控制列车恒速(3km/h)运行,运行至前端洗位精确停车(误差为 ±1m)。此时,车载控制器(vehicle on-board controller,VOBC)通过联锁向洗车机发送列车在前端洗位停稳的信息。

(2)洗车机收到前端洗位停稳信息后,执行前端洗车作业,洗车完毕后,洗车机通过联锁系统向 VOBC 发送前端洗车完成并允许移动的指令。VOBC 收到移动指令后,控制列车继续向前运行至后端洗位,并精确停车(误差为 ±1m)。

(3)洗车机确认后端已停稳后,执行后端洗车作业。后端洗车完毕后,通过联锁系统向 VOBC 发送移动指令。VOBC 收到移动指令后控制列车继续向前移动至折返轨区段停稳,随后 VOBC 退出洗车工况,VOBC 不再向 TCMS 发送网络洗车模式信号。

(4)退出洗车工况后,列车完成折返换端,继续以 FAM 运行,并根据信号指示驶离洗车库。洗车结束后,洗车机自动或通过人工关闭。

5. 车辆状态自动监测

传统线路列车由司机监控运行。当列车出现故障时,由司机处置并报告行车调度员,行车调度员依据司机报告的列车状态进行运营组织决策。对于全自动运行系统,为了远程监视列车运行状态,需在地面设置列车调度工作站来替代行车监控功能。列车调度工作站通过车-地无线通信传输通道来接收全线列车实时的状态信息,并对全线列车的运行状态进行实时监控,根据列车发生的故障情况进行及时处理。

6. 车辆故障远程处理

传统列车的电气设备由司机操控。为实现行车控制,全自动运行列车的电气设备增加了应用于列车故障排除的远程复位功能和远程旁路功能。

远程复位功能仅在列车处于零速状态且司机盖板关闭时才能使用。通常,该功能通过远程复位空开(见图2-16)来实现对各专业控制设备的故障清除和恢复。特别是一些冗余设备主备故障切换后,需要对原主用设备复位。如果发生设备空开跳开故障,空开自复位2次。当复位次数超过2次仍未成功,系统将故障信息上传至OOC,OCC可进行远程复位。

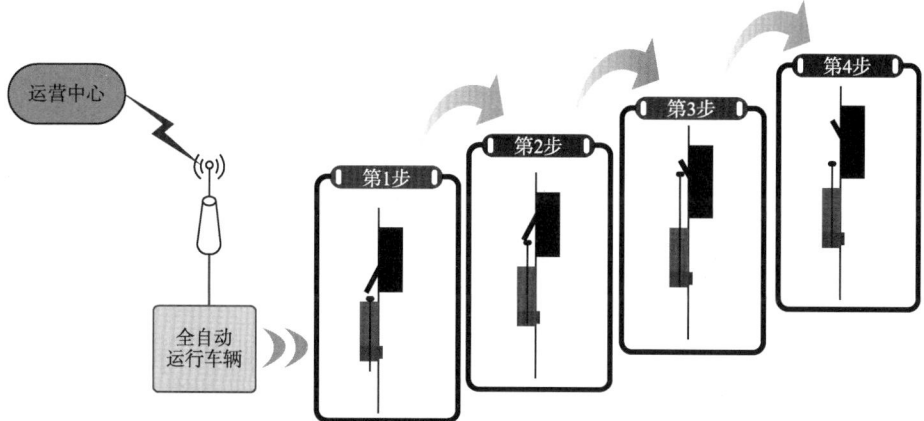

图2-16 远程复位空开操作

远程旁路功能仅在列车处于零速状态且司机盖板关闭时才能使用。当车辆发生一些故障导致无法动车影响运营时,地面控制中心可通过实时车辆状态信息进行判定,并发出某个旁路指令,以提高车辆在正线运营的运行效率。

(二)空调通风系统

1.空调远程控制

在全自动运行系统中,运营控制中心可对单车、单列车或整个车队的空调(heating, ventilation and air condition,HVAC)系统进行远程集控,包括对车辆的空调进行模式转换、温度调节、新风门调节,见图2-17。

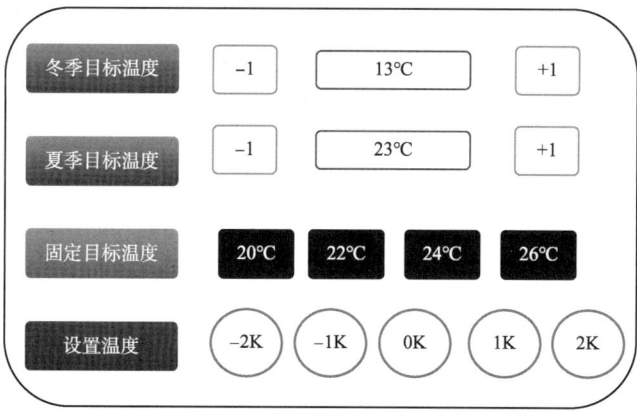

图2-17 全自动运行车辆空调远程集控界面

2.空调火灾模式

全自动运行系统车辆的空调系统新增火灾模式功能。当空调系统收到火灾模式信号时,会立即进入火灾模式。火灾模式分为车内火灾模式与车外火灾模式。车内火灾模式下,整列车的空调机组停机,新风门关闭。车外火灾模式下,所有新风门关闭,整车的空调处于全回风状态,这一设置旨在避免区间火灾产生的浓烟被吸入列车内部。待列车通过火灾区域后,系统将取消火灾信号,使空调系统恢复正常运行。

(三)车门系统

1. 车门与站台门自动对位隔离

当车辆在正线运行中发生一个或几个车门故障且不能执行开门动作时,车门的电子门控单元(electronic door control unit,EDCU)会向车辆系统发送"门切除开关状态"以及"EDCU 故障"信号作为提前预判车门无法打开的状态信息,车辆系统随后将车门的状态信息发给信号系统,信号系统随后禁止对位的站台门开门。

2. 站台门与车门自动对位隔离

为增强系统安全性,车辆系统中增加了"禁止开门信号"。当站台门发生故障无法开门时,车辆系统收到该信号后,会向对应的车门发送"禁止开门信号",车门在执行正常开门时会受到该信号限制。在车门与站台门发生故障隔离时,车辆系统不仅会生成、记录并发送故障车门的信息至控制中心,也会触发车门故障信息广播,及时向乘客播报相关信息。

(四)辅助供电系统

辅助供电系统会根据列车运行工况自动打开或关闭照明和空调,具体如下:

(1)当列车在洗车、待命与段/场运行工况下,照明、紧急照明与空调辅助设备处于关闭状态。

(2)当列车执行正线服务工况下,照明与空调处于开启状态。

(3)列车关门后,信号系统发出折返工况指令,照明与紧急照明处于关闭状态,空调处于开启状态。

(4)当列车执行清客与退出正线服务时,在列车关门且收到信号系统发出的退出正线服务工况指令后,列车将关闭照明、紧急照明与空调辅助设备。

(五)乘客信息系统

全自动运行车辆乘客信息系统具备与车辆异常事件联动处理的功能,以应对列车运行中可能出现的紧急情况。这些异常事件包括但不限于乘客紧急对讲请求、车门紧急解锁、车门状态丢失、车门检测到障碍物、逃生门盖板被打开、司机操纵台盖板被打开、电气柜门被打开、灭火器被移动、感烟或温烟组合探测器检测到火灾等。

当车上发生上述异常事件时,车载视频监控系统及车载乘客信息系统立即启动联动功能,系统会定位并触发报警区域的摄像头,通过车地无线通信传输通道将实时画面传送至控制中心调度台,供调度人员第一时间掌握现场情况。同时,列车控制及监控系统会将对应的告警信息同步发送至控制中心的各调度台。

三、新增系统设备

根据《城市轨道交通全自动运行系统规范　第 2 部分:核心设备产品》(T/CAMET

04017.2—2019）要求,非全自动运行与全自动运行车辆系统设备差异如表2-5所示。

非全自动运行与全自动运行车辆系统设备差异　　　　表2-5

序号	对比项	非全自动运行系统	全自动运行系统
1	障碍物和脱轨检测系统	①转向架前端可设置排障器; ②人工瞭望并负责应急处理	①设置障碍物检测装置; ②宜设置车辆脱轨检测装置;发生异常时车辆紧急停车
2	走行部在线检测系统	①可设置走行部在线检测系统; ②走行部在线检测系统自成体系,不上传状态、故障	①宜设置走行部在线检测系统; ②在线实时检测走行部关键部位,上传信息到TCMS及控制中心
3	弓网检测系统	①可设置受电弓检测系统; ②受电弓检测系统自成体系,不上传状态、故障	①采用受电弓受流的车辆宜设置受电弓检测系统; ②采用受流器受流的车辆应实现受流器的本地及远程自动升降靴控制; ③在线实时检测受电情况,上传信息到TCMS及控制中心
4	蓄电池管理系统	①充电机可监控蓄电池充电状态; ②蓄电池容量满足应急用电45min需求	①宜设置蓄电池管理系统; ②电池容量满足休眠后可靠唤醒列车需求或者应急用电需求
5	照明系统	①照明设备由司机手动控制; ②可设客室照明亮度自适应调节的智能照明系统; ③前照灯由司机手动控制	①客室照明系统具有手动控制、控制中心远程控制、自动控制功能; ②设置亮度自适应调节的智能照明系统; ③上传状态至TCMS及控制中心; ④前照灯可手动控制或自动控制
6	司机室内装设备	①司机座椅; ②后端墙系统; ③全高结构电气柜; ④司机操纵台器件操作区(不封闭); ⑤外露电气件,如左、右侧屏等	①取消或可配置折叠隐藏座椅; ②取消或可配置易拆卸后端墙系统,同时设置司机隔离区; ③配置半高结构电气柜,可在柜顶设防滑条; ④司机操纵台全封闭,有锁闭装置且具备防水防尘功能; ⑤取消或封闭司机室外露电气件
7	司机操纵台防护盖	不设置司机操纵台防护盖	应配置司机操纵台防护盖打开报警提示
8	电气柜柜门	可设电气板柜门打开报警提示	宜配置电气柜柜门打开报警提示
9	司机室侧	①配置司机室侧门,便于司机上下车; ②配置司机室侧门手动开关门操作设备	①可取消司机室侧门; ②配置可取消手动关门操作的司机室侧门,上传状态信息到TCMS及控制中心
10	客室紧急操作装置	不配置客室紧急操作装置	宜配置客室紧急操作装置,上传报警信息到TCMS及控制中心,上传联动视频信息到控制中心

某全自动运行车辆系统新增系统设备如下。

(一)障碍物检测系统

全自动运行车辆的头车前部转向架上配备有障碍物检测装置(图 2-18、图 2-19),该装置用于检测列车前方是否有障碍物,并确保列车运行安全。一旦检测到影响车辆运行安全的轨面障碍物,车辆将立即切除牵引并触发紧急制动,同时,车辆把该状态信号发送至信号系统。

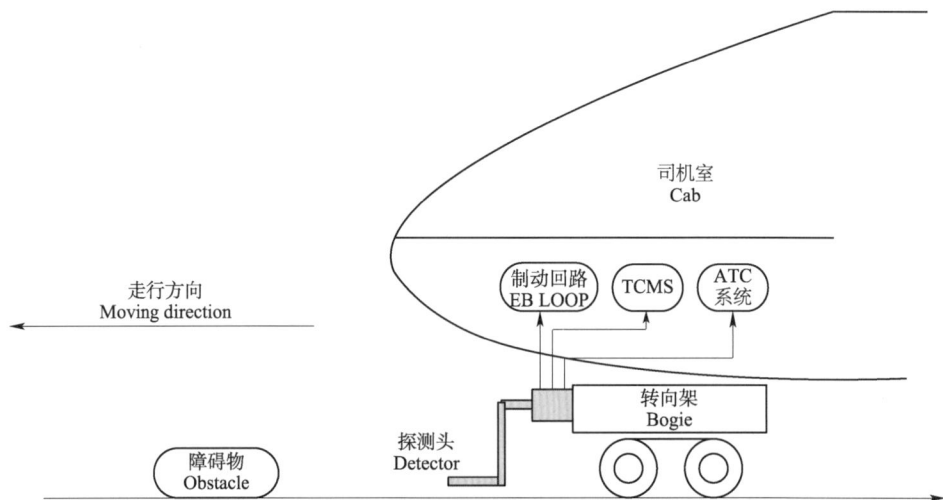

图 2-18　障碍物检测装置原理图

图 2-19　障碍物检测装置

障碍物检测装置的机械部分固定在转向架上。当列车与障碍物发生碰撞后,一部分动能将通过检测装置转化为弹簧的弹性势能,弹簧产生与运动方向相反的位移。位移超过设定阈值时,会触发列车紧急制动。该状态信息通过触点传送给 TCMS 和 ATC 系统。

(二)脱轨检测系统

脱轨检测系统(见图 2-20)借助安装在走行部旋转部件的检测设备开展工作。在进行脱轨检测时,该系统通过安装在轴端的三向振动检测设备对轴箱振动和冲击信号进行实时获取与分析,同时通过轴温检测设备对车轴温度进行监控。一旦该系统识别并监测到列车脱轨,会迅速发出报警信号,并详细记录过程数据。

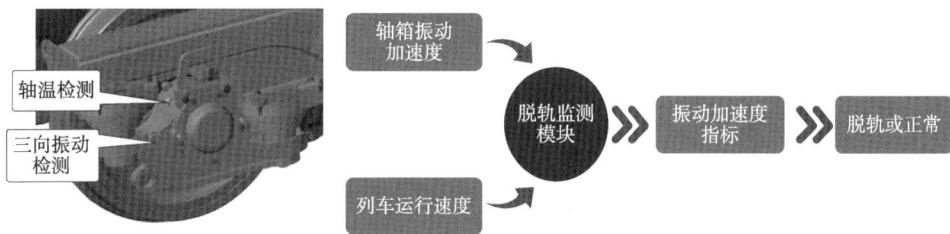

图 2-20　脱轨检测系统

(三)弓网检测系统

全自动运行车辆配备的弓网检测系统由车载弓网检测装置和地面数据管理装置构成,主要用于检测受电弓、接触网和弓网关系的参数。车载弓网检测装置主要用于对受电弓、接触网、弓网关系等状态进行实时成像,使用图像分析的方式分析弓网可能的缺陷。地面数据管理装置主要用于对车载设备进行数据管理,向人机界面提供数据,输出系统报表。

(四)司机室内装设备

全自动运行车辆取消了司机室间壁,将操纵台更改为可封闭的结构,且不设司机室侧门(见图 2-21)。为保障运行安全,在司机操纵台盖板边缘与操纵台接触处设置了监控电触点。工作人员可以在控制中心实时监视车辆司机操纵台盖板的闭合状态。前端司机室设置了逃生通道,以确保在紧急状况下乘客能迅速且安全地疏散,不过,逃生通道的打开需经运营中心授权。

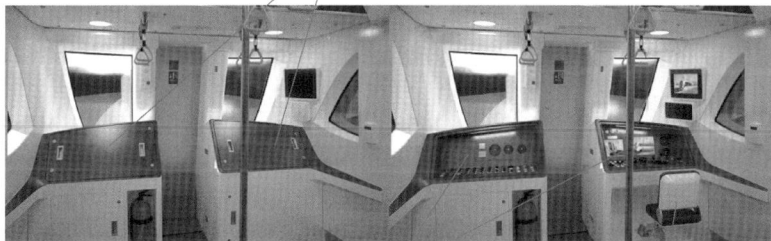

无人值守时,司机操纵台盖板密封

有人驾驶时,司机操纵台盖板固定在司机操纵台侧面,方便实用

司机座椅可折叠并隐藏在司机操纵台下,有人驾驶时拉出使用

图 2-21　司机室内装设备示意图

(五)司机室前端设备

全自动运行车辆前端新增外部泛光灯(图 2-22)、外部模式指示灯与司机室前部摄像头。车辆的两个头车各自配备一个可自动控制的外部泛光灯。

(1)当本地司机室的逃生门打开时,该头车的外部泛光灯将亮起。

(2)当逃生门关闭时,外部泛光灯将关闭。

(3)当选择 FAM 时,列车的外部模式指示灯点亮。

图 2-22　外部泛光灯

（4）当救援模式开关未激活时，如果外部模式指示灯的输出可用，则外部模式指示灯将以绿色点亮。

四、新增系统接口

根据《城市轨道交通全自动运行系统规范 第2部分:核心设备产品》(T/CAMET 04017.2—2019)要求，非全自动运行与全自动运行车辆系统接口差异如表2-6所示。

非全自动运行与全自动运行车辆系统接口差异   表2-6

序号	对比项	非全自动运行系统	全自动运行系统
1	与信号系统接口	①继电接口，用于紧急制动、牵引制动控制、车门控制等； ②通信接口，用于监视； ③模拟量接口	①继电接口，用于增加FAM/CAM模式输出、休眠、唤醒等； ②冗余通信接口，用于车辆控制及车辆关键状态及故障报警； ③模拟量信息，用于CAM和紧急牵引
2	与通信系统（含PIS、IMS、RAD系统）接口	通信接口，提供各种多媒体信息（视频、图片、文字）以及列车到站信息等	通信接口中增加与IMS、PIS、RAD等系统的联动，如紧急呼叫激活、紧急操作装置激活，车辆火灾模式激活等
3	与综合监控系统接口	—	通信接口包括与联合监控系统的联动，如紧急呼叫激活、紧急操作激活、早间上电模式激活、车辆火灾模式激活等

（一）车辆与车地无线通信系统接口

车辆通过与车地无线通信系统的车载接入单元(train access unit,TAU)接口相连，实现列车状态信息上传至控制中心的功能。

（二）车辆与专用无线通信设备接口

专用无线车载设备能向车辆TCMS发送自检信息，并升级与车载广播接口的连接。升级后的接口不仅支持控制中心向列车发起紧急广播，还新增了控制中心调度员与客室乘客之间的紧急对讲功能，同时增设了向车辆传送自检故障信息的功能接口。

（三）车辆与列车视频监控系统接口

车辆在紧急情况下可联动列车视频监控系统的摄像机，并增加向车辆传送自检故障信息的功能接口。

学习与思考

全自动运行市域列车

郑许线是一条全自动运行线路，列车采用全自动运行最高等级（GoA4）的全自动运行技术。请查找相关资料，对比一下全自动运行市域列车和全自动运行地铁列车在车场、车站和区间会有哪些运营场景差异。

课题 2.4 通信系统

一、系统概述

全自动运行通信系统是传递语音、图像、文字、数据等各种信息的综合通信系统。它为调度人员提供传输运行车辆现场图像、故障信息的通道，并支持调度人员下发相关联动调度指令。通信系统主要包括专用通信系统和公安通信系统（本文不做介绍），其中专用通信系统包括传输系统、车地无线通信系统、专用无线系统、专用电话系统、乘客信息系统、视频监控系统、广播系统、公务电话系统、时钟（CLK）系统、集中告警系统等，见图 2-23。

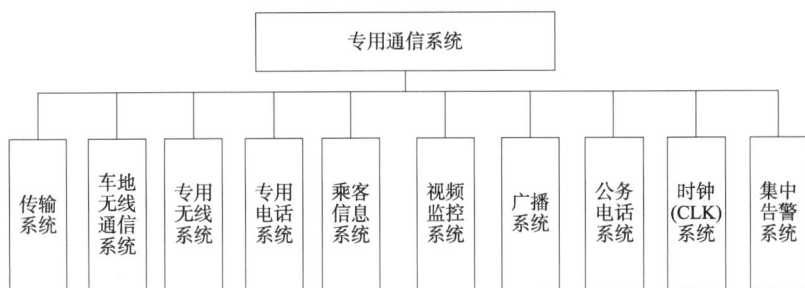

图 2-23　专用通信系统组成部分

全自动运行通信系统各组成部分的功能描述如下：

1. 传输系统

传输系统是通信系统的核心组成部分，为各类业务提供有力支撑。它可传输语音、文字、数据、图像等信息。该系统覆盖车站、车辆基地、控制中心等，形成环形结构。

2. 车地无线通信系统

车地无线通信系统是 CBTC 的基础支撑，它构建了列车与地面间稳定高效的无线通道，能承载列车控制数据、列车状态数据、视频监控数据、紧急文本等业务信息。其技术形式涵盖无线局域网（wireless local area network，WLAN）、LTE-M、5G 及自由空间光通信（free space optics，FSO）等。

3. 专用无线系统

专用无线系统主要用于实现车地间调度语音信息的实时传输，是控制中心调度员与车辆基地值班员控制列车运行、发布命令以及乘客在紧急情况下与控制中心对讲的重要通信系统。该系统支持单呼、组呼、全呼及紧急呼叫等多种调度模式，并配备录音功能。

4. 专用电话系统

专用电话系统是列车运营、供电、维护、防灾及票务管理的关键通信工具，能为相关岗位提供有线固定电话服务。该系统支持调度员与车站值班员间的单呼、组呼、全呼、紧急呼叫等操作，并具备录音功能，可保障站内、站间及区间实现直接通话。根据运营需求，专用电话系统一般设置调度电话、站内电话、站间电话、区间电话、专用维护电话。

5. 乘客信息系统

乘客信息系统借助多媒体网络技术，通过车站和车载终端为乘客提供运营信息、公共媒体信息及紧急疏散提示。在正常情况时，该系统会展示多种信息，如乘车须知、列车首末班车服务时间、列车到站时间；在非正常情况下会动态提示运营变化（如晚点、清客等）信息、疏散信息（如火灾、阻塞或恐怖袭击处置信息）等。此外，该系统在列车运行中可实时接收控制中心信号，同时监控车厢内情况，必要时上传视频至控制中心。

6. 视频监控系统

视频监控系统监控车站客流、列车运行、乘客行为及环境设备，为控制中心调度员、车站值班员等提供列车运营、防灾、乘客疏导等视频信息。在全自动运行系统中，因为乘务人员及站务人员数量减少，列车与地面设置的视频监控设备成为工作人员了解现场实况的重要工具。

7. 广播系统

广播系统一般用于控制中心调度员或车站值班员发布公众语音广播、通告服务信息、作业通知及命令等。此外，在突发事件发生时（如火灾），广播系统也可切换为消防广播模式。

8. 公务电话系统

公务电话系统主要服务于城市轨道交通企业内部，旨在促进部门间的电话沟通，支持运营、管理、维护等。同时，该系统与市话网相连，通过提供语音、数据及传真服务，实现内外通信，满足日常公务需求。

9. 时钟系统

时钟（CLK）系统在通信系统中至关重要，它能确保运营的标准时间统一，为各子系统和设备提供同步时间信号。这种同步机制保障了信息传递的时序准确性和时效性，从而增强了通信系统的准确性和可靠性。

10. 集中告警系统

集中告警系统依托网络技术和硬件平台，可 24 小时不间断采集通信系统各子系统的告警信息，并将这些信息集中显示于监视终端，实现故障分级显示、声音告警等，以便企业迅速组织力量对设备进行维护，确保通信畅通和设备功能恢复。

二、新增系统功能

根据《城市轨道交通全自动运行系统规范　第 2 部分：核心设备产品》（T/CA-MET 04017.2—2019）要求，非全自动运行与全自动运行通信系统功能差异如表2-7所示。

对比项	非全自动运行系统	全自动运行系统
专用电话系统	行车调度员、环境调度员、防灾工作人员等实现各调度台及终端电话间的通话功能	通过增加的车辆监控、乘客服务实现各调度台及终端电话间的通话功能
无线通信系统	列车司机检查无线通信系统车载设备的加电状态及设备运行状态	①车载设备可自动检测,并将自检结果及状态信息传送至车载 TCMS 系统; ②具备控制中心对任意列车广播功能、乘客与中心调度员双向语音对讲功能
乘客信息系统	无联动功能	新增车辆清客提示、火灾报警、车门紧急解锁、紧急操作装置激活、紧急呼叫激活、紧急情况下跳站等联动功能

某全自动运行通信系统主要新增系统功能如下。

(一)乘客信息系统

1. 乘客与 OCC 的紧急通话

全自动运行系统通过专用无线系统语音通道,实现乘客与 OCC 调度员的紧急通话,并具备录音功能。乘客与调度台之间的话音信号通过紧急对讲设备与车载台间音频通路进行传输。

2. 远程车载广播

专用无线系统语音通道支持 OCC 行车调度员通过行车调度员调度台向在线列车发起广播,在紧急情况下对乘客进行远程指导。调度员可灵活选择广播对象,包括本线、上行/下行列车或指定列车,以及车辆基地内的列车或特定区域内的无线用户。广播内容既可以是即时的人工广播,也可以是预录信息,且人工广播享有更高优先级。

3. OCC 触发车载预录广播

OCC 调度员在控制中心通过调度台广播菜单触发列车预录广播,将操作信息以短消息形式发送至车载台。车载台随后将待播放语音编号转发至列车广播系统,列车广播系统调取并播放预设语音。播放完成后,车载台向调度端发送确认信息。此外,调度员还能将预录广播进行重复播放。

4. 车站、车辆基地播放预录广播

车站、车辆基地的广播系统,一旦接收到 ATS 系统转发的列车行车数据(如进站、区段接近数据等),即自动处理这些数据;随后通过逻辑判断触发预录语音信号,进行包括列车进站、区段接近、轨道车运行或人员撤离等多种内容的预告广播。这些语音信号的播放时间可灵活延迟,且延迟时长可根据需求调整。

5. OCC 触发车载紧急文本信息显示

在紧急情况下,如发生车站事故、区间障碍、列车火灾或严重故障,OCC 调度员可通过调度台触发车载 PIS 显示紧急信息。这些信息以报文形式经 LTE-M 网,或同时以短消息形式经陆上集群无线电(terrestrial trunked radio,TETRA)网发送给 TAU 及车

载台。车载 PIS 通过车载交换机接收这些信息后,立即进行显示。

(二)视频监控系统

控制中心调度台利用车载 TAU 与 IMS 间的数据接口,实现对列车 IMS 图像的远程调看。调度员查看特定列车图像时,通过调度台发送报文至 LTE-M 网,再经车载 TAU 转发至 IMS。IMS 随即推送客室或驾驶台区域的视频流至控制中心调度台,或根据调度台指令从地面媒体服务器调用视频。

三、新增系统设备

全自动运行通信系统需为调度人员提供运行车辆现场图像、故障信息以及相关联动调度指令下发的传输通道,涉及视频监控、车地无线通信以及无线通信(语音)三个系统。根据《城市轨道交通全自动运行系统规范 第 2 部分:核心设备产品》(T/CA-MET 04017.2—2019)要求,非全自动运行与全自动运行通信系统设备差异如表 2-8 所示。

非全自动运行与全自动运行通信系统设备差异 表 2-8

序号	对比项	非全自动运行系统	全自动运行系统
1	专用电话系统	控制中心设置行车调度员、环境调度员、防灾工作人员等席位	增加车辆监控、乘客服务设备
2	无线通信系统	控制中心设置行车调度员、环境调度员、防灾工作人员等席位	增加车辆监控、乘客服务设备
3	视频监控系统	控制中心设置行车调度员、环境调度员、防灾工作人员等席位	增加车辆监控、乘客服务设备
4	广播系统	控制中心设置行车调度员、环境调度员、防灾工作人员等席位	增加乘客服务设备

某全自动运行通信系统主要新增系统设备如下。

(一)列车司机操纵台及客室摄像机

为了提升列车监控水平,在每个司机室与客室增设高清数字摄像机。这些摄像机配备高清编码器,以全面覆盖列车前后方及客室区域;大幅度扩展了车载视频主机的解码、存储功能并提升了网络交换机的处理能力,以确保视频数据传输与处理效率。

(二)区间线路视频监控摄像机

在车辆基地周界防护基础上,于高架线路区间增设间隔摄像机,用于控制中心与车站监控。全自动运行通信系统可进行视频分析,并通过综合监控系统(integrated supervisory control system, ISCS)的冗余以太网接口推送信息至控制中心,以综合评估驾驶条件。

(三)列车紧急对讲设备

紧急情况下,为了在乘客与控制中心建立直接语音通话,客室车门旁设紧急对讲电话。乘客触发该设备后,不仅能与控制中心通话,还能联动视频系统,将现场视频画面上传至控制中心的相关调度台或监视终端。

（四）乘客、车辆调度员通信设备

全自动运行系统中，乘务员的部分职责由系统接管，其余则转移至控制中心调度员。为应对此变化，控制中心增设了乘客调度员和车辆调度员岗位，赋予其远程控制列车、监测车辆状态及优化乘客服务的能力。为此，控制中心升级了专用电话与无线系统，增设了对应的调度台与分机，以确保高效沟通。广播系统增设寻呼台，视频监控系统新增乘客调度员与车辆调度员控制终端及监视器，以实现更全面的监控与调度支持。

四、新增系统接口

根据《城市轨道交通全自动运行系统规范　第 2 部分：核心设备产品》（T/CAMET 04017.2—2019）要求，非全自动运行与全自动运行通信系统接口差异如表 2-9 所示。

非全自动运行与全自动运行通信系统接口差异　　　　　　表 2-9

序号	对比项	非全自动运行系统	全自动运行系统
1	无线通信系统与综合监控系统接口	—	与乘客双向对讲
2	无线通信系统与车辆广播系统接口	接收车辆位置信息	增加控制中心与乘客双向语音对讲功能
3	无线通信系统与车载系统接口	—	增加上报自检信息功能
4	综合监控系统与广播系统接口	通信接口集成行车广播系统功能	对广播系统调度员终端进行界面集成
5	列车 TCMS 与乘客信息系统接口	无联动功能	增加联动功能

某全自动运行通信系统主要新增系统接口如下。

（一）专用无线通信系统与广播系统的接口

全自动运行系统对无线通信系统与列车广播系统接口进行了升级。升级后，实现了控制中心向列车广播和特定手持台向列车广播的功能。传统线路仅支持向列车发送紧急广播内容，现扩展至控制中心与乘客的紧急对讲，并增设故障自检信息传输至车辆接口功能。

（二）车载视频监控系统与车载广播系统的接口

车载视频监控系统与广播系统联动，应急时启动摄像机并上传自检故障信息；列车过站时，自动触发列车与站台联动广播。

学习与思考

5G 通信在轨道交通中的应用

5G 通信作为新一代无线通信技术，为各种智慧平台的建设提供了传输途径，其特点为高宽带、广连接和超低延时。请查找相关资料，思考 5G 通信在全自动运行系统中的应用可能性，以及该技术相较于现有的 LTE-M 网的优势。

课题 2.5　综合监控系统

一、系统概述

全自动运行综合监控系统是基于集成技术的自动化系统,旨在通过系统化集成与互联技术,将多个关键专业系统融合为统一的监控平台。综合监控系统将变电所综合自动化(supervisory control and data acquistion,SCADA)系统、BAS、ATS 系统、FAS、门禁系统(access control system,ACS)、PA 系统、CCTV、TETRA 系统、安全门控制系统、PIS、AFC 系统等联结为一个有机整体,纳入统一的应用平台,实现各专业系统之间的信息互通、资源共享,提高各系统的协调配合能力,实现系统间的高效联动。某全自动运行综合监控系统架构图如图 2-24 所示。

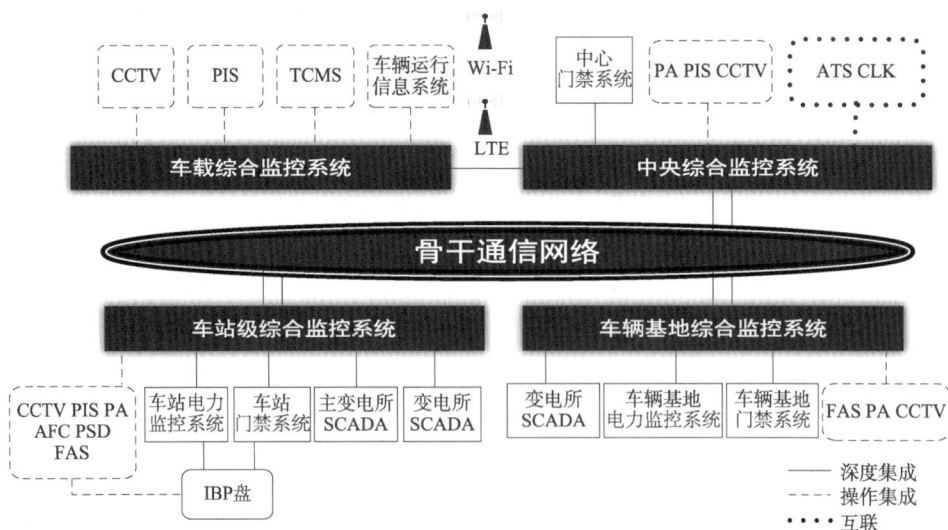

图 2-24　某全自动运行 ISCS 整体系统架构图

全自动运行综合监控系统由中央综合监控系统、车站级综合监控系统、车辆基地综合监控系统、车载综合监控系统和其他辅助功能子系统等多个部分组成。这些部分通过综合监控系统骨干网把车站、车辆段与中央的各级综合监控系统连接到一起,形成一个整体。各个组成部分的功能描述如下:

1. 中央综合监控系统

中央综合监控系统(central integrated supervision and control system, CISCS)设置于控制中心,它通过骨干网络汇聚各车站监控信息,并与 PIDS、AFC、PA、CCTV、CLK 等多个系统互联,实现综合监控。CISCS 实时收集处理全线重要监控数据,以多种形式呈现给调度员。调度员可依据数据,自动或手动发送控制命令至各站点,实现对全线机电设备的集中监控,确保列车运营的高效性与安全性。

2. 车站级综合监控系统

车站级综合监控系统(station integrated supervision and control system, SISCS)集成各车站机电系统,并与 CCTV、PA 系统、PIS 等互联。SISCS 实时收集站内监控对象数据,通过图形、表格、文本展示给车站值班人员。该系统支持自动或人工发送控制命令,如模式控制和程序控制等,实现对站内机电设备的全面监控与管理。

3. 车辆基地综合监控系统

车辆基地综合监控系统(depot integrated supervision and control system, DISCS)是车站级综合监控系统的一部分,专用于车辆基地的监控管理。DISCS 具备实时数据采集处理、控制命令发送、监控及报警等功能,能确保车辆基地内设施设备得到有效监控与管理。

4. 车载综合监控系统

车载综合监控系统(train integrated supervision and control system, TISCS)利用无线传输(如 LTE/Wi-Fi)网与地面控制中心交互,并采用热备冗余服务器设计(图 2-25)。TISCS 负责监控列车及车载设备状态,包括设备运行、故障报警、应急触发等,并远程控制 CCTV、PA、PIS。同时,TISCS 还负责管理车地无线通信,并监控通道状态与流量。TISCS 可提供多级动态图形显示、历史记录查询与统计报表功能。

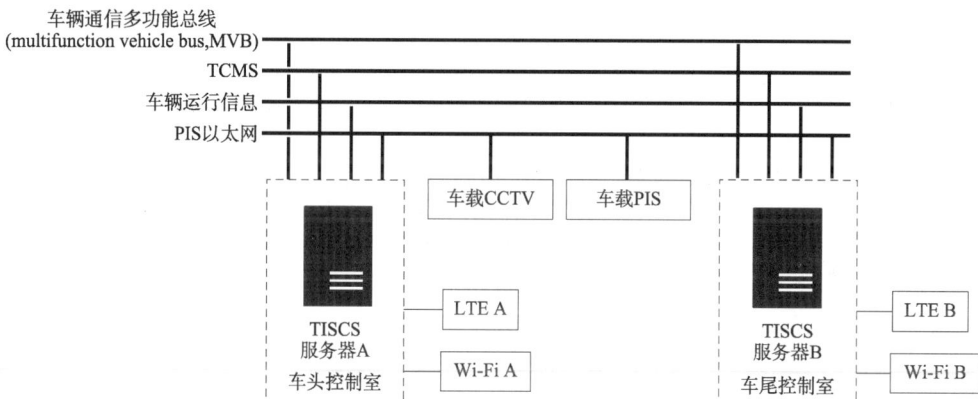

图 2-25　TISCS 架构图

知识拓展

上海地铁 15 号线综合监控系统

上海地铁 15 号线综合监控系统配置有丰富的界面,包括中心界面、车站界面和车载界面。中心界面如图 2-26 ~ 图 2-30 所示,车站界面如图 2-31 ~ 图 2-34 所示,车载界面如图 2-35 和图 2-36 所示。

二、新增系统功能

全自动运行综合监控系统在原有系统功能的基础上,进一步强化与全自动驾驶相关的监控功能和联动功能,并实现各专业系统之间联动。根据《城市轨道交通全自动运行系统规范　第 2 部分:核心设备产品》(T/CAMET 04017.2—2019)要求,非全自动运行与全自动运行综合监控系统功能差异如表 2-10 所示。

图 2-26　中心总览图

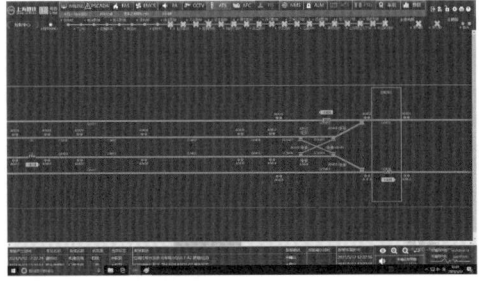

图 2-27　列车正线线路图

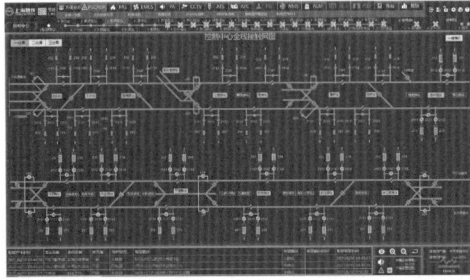

图 2-28　中心全线电力一次图

图 2-29　中心全线列车总览界面

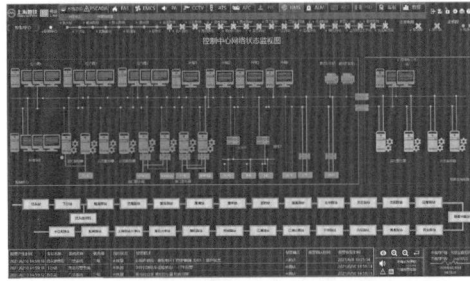

图 2-30　中心网络管理系统界面

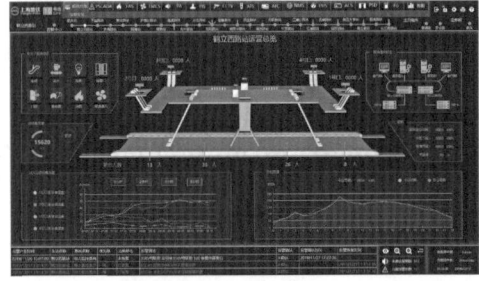

图 2-31　车站总览图

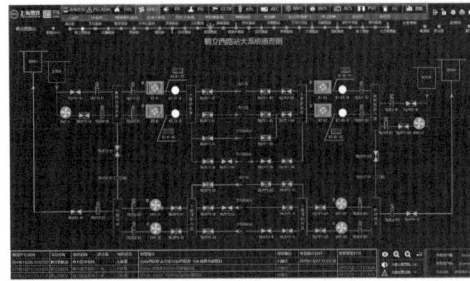

图 2-32　环控大系统界面

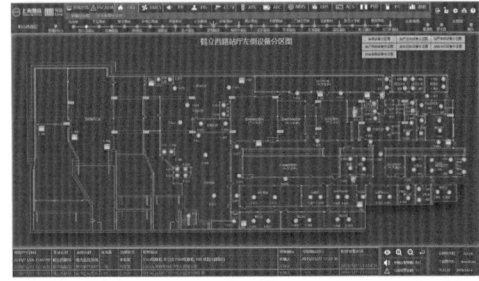

图 2-33　火灾布点界面

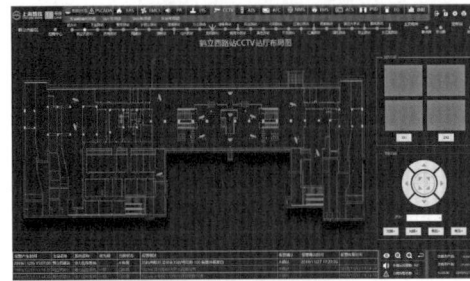

图 2-34　视频监控调用界面

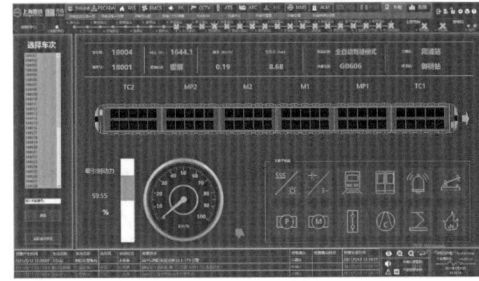

图 2-35　车载界面示例

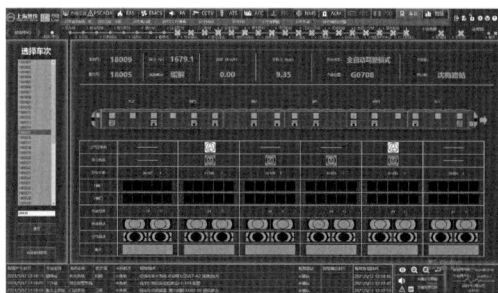

图 2-36　车载综合监控系统界面示例

非全自动运行与全自动运行综合监控系统功能差异　　　　表 2-10

对比项	非全自动运行系统	全自动运行系统
联动功能	①停、送电没有自动申请； ②无站台门故障后与 IMS 的联动； ③车站火灾联动	①自动接收停电、送电申请； ②站台门故障后，自动联动 IMS 与 PA 系统； ③增加车站火灾多系统联动

某全自动运行综合监控系统主要新增系统功能如下。

(一)中央综合监控系统

1. 指挥线路运营

全自动运行系统以行车指挥为核心。中央综合监控系统通过对 ATS 系统的集成，监控行车运营并绘制运行图。CISCS 可全面监视线路、停车区域、供电及车站状况，通过灵活调度，确保紧急情况下线路的降级运营。同时，CISCS 依据运营计划监控车站运行，实施车辆唤醒、休眠等控制。

2. 监视车辆的安全运行

CISCS 全面监控列车及保护系统状态，包括驾驶模式转换、紧急制动、运行报警等。CISCS 还监视列车在正线及停车区域的启停状态，以及自动驾驶无人区的安全状况、线路供电和消防防灾信息等，为车辆安全运行提供重要辅助。

3. 远程辅助控制车辆应急疏散门

在 FAM 下，若车辆遇事故无法行驶，需启动乘客疏散程序。调度员在控制中心可通过 CISCS 先对供电设施实施停电，随后解锁车辆应急疏散门。乘客可于车厢内手动开门撤离。此远程断电操作属于高级权限范畴，须在总调度员或高级运营负责人监督下进行，以确保安全有序地完成乘客疏散工作。

4. 对车辆发送应急模式命令

在车辆遭遇故障或灾害时，CISCS 会根据严重程度向车辆发出应急模式命令，以此控制车载视频、广播、PIS 及疏散设备。由于车辆设备和 CISCS 信息传输采用无线方式，为确保命令执行的可靠性，控制中心会采用手动方式来控制这些模式命令。

5. 向车辆乘客发布语音、文字信息

FAM 下，控制中心调度员需通过 CISCS 对车载广播进行监控。人工语音通过 TETRA 无线终端发送至车辆。同时，控制中心能通过接口向车载 PIS 发布文字信息，

这些信息通过无线通道传递至车载 PIS 控制器。

6.调取车辆视频监控画面

CISCS 新增车载视频调取功能。此功能通过与视频监控系统的中心级接口实现互联,将车载视频信息纳入视频监控系统覆盖范围。视频调取指令可借助 PIS 或信号系统的车地无线通信系统发送至车载视频监控控制器。

7.监视车辆基地无人区人员安全

全自动运行系统车站轨行区及车辆基地被明确划分为无人与有人区,并以围栏和门禁系统进行分隔管理。车辆在无人区行驶无需司机。一旦有人进入无人区,CISCS 即时与门禁互联,获取人员出入信息,并通知行车与电力调度员。同时,人员闯入报警与信号、供电系统的联锁保护在现场设备间进行,CISCS 对此进行状态监视。

(二)车载综合监控系统

1.对车辆运行信息和故障信息进行监视

在全自动运行无人驾驶模式下,控制中心需全面监视列车运行状态。车载综合监控系统实时收集车辆数据,并侧重安全信息与故障报告。TISCS 经无线通道向 CISCS 发送数据。控制中心增设车辆调度员,并配备相应功能终端用于列车运行信息监视。

2.对车辆设备进行参数初始化和复位控制

TISCS 不仅监控车辆状态,还可由控制中心车辆调度员远程执行空调、照明、广播等系统的初始化。针对可远程复位的故障,TISCS 可向车辆信息管理系统发送控制命令。TISCS 所有数据传输均可通过车地无线通信系统实现。

三、新增系统设备

根据《城市轨道交通全自动运行系统规范 第 2 部分:核心设备产品》(T/CAMET 04017.2—2019)要求,非全自动运行与全自动运行综合监控系统设备差异如表 2-11 所示。

非全自动运行与全自动运行综合监控系统设备差异 表 2-11

对比项	非全自动运行系统	全自动运行系统
中心配置	①只有主控中心,无备用中心; ②无乘客服务的工作站	①宜设置备用控制中心,主备中心服务器及接口设备热备冗余; ②宜设置乘客服务工作站

某全自动运行综合监控系统主要新增系统设备如下。

(一)车辆调度员工作终端

控制中心增加了专门负责车辆状态监控的车辆调度员,综合监控系统在车辆调度员席位上配备相应的工作站终端,实现对车辆状态的实时监控,便于车辆调度员对列车的故障进行处置。

(二)乘客调度员工作终端

全自动运行系统控制中心设置乘客调度员岗位,该岗位人员主要负责与乘客进行语音沟通、发布广播信息及通过车载视频监控列车内部。综合监控系统乘客调度员席位配备了终端设备,以确保调度员能全面监控。

(三)系统人机监控界面显示

综合监控系统增加了行车指挥监控功能,优化了人机界面,整合了行车、电力、设备监控,拓展了行车辅助信息。通过这些举措,实现了多专业集成监控,提升了调度员的交互效率与应急处理能力。

四、新增系统接口

根据《城市轨道交通全自动运行系统规范 第 2 部分:核心设备产品》(T/CAMET 04017.2—2019)要求,非全自动运行与全自动运行综合监控系统接口差异如表 2-12 所示。

非全自动运行与全自动运行综合监控系统接口差异 表 2-12

序号	对比项	非全自动运行系统	全自动运行系统
1	与 PIS 接口	—	增加车载 PIS 接口功能
2	与无线通信系统接口	—	增加无线通信系统接口功能
3	与 IMS 接口	—	增加车载视频监控系统接口功能
4	与 ATS 接口	①不传送送电、停电申请; ②不传车站火灾信息	①传送送电、停电申请; ②传送车站火灾信息

某全自动运行综合监控系统主要新增系统接口如下。

(一)综合监控系统与车辆系统接口

综合监控系统与车辆系统接口见图 2-37。

综合监控系统与车辆系统的接口功能涵盖多方面:

(1)通过 TISCS 与 TCMS 的通信,实时及离线上传车辆运行与故障报警数据,包括环境状态、关键设备状态、联动信息及离线数据等,并反馈系统状态至车辆,同时支持数据转发至专家系统。

(2)TISCS 与车载 CCTV 的连接,实现了视频监控管理,包括视频调阅、状态监控、故障报警接收、指令转发及应急视频调用等。

(3)TISCS 与车载 PIS 的连接,能确保 PIS 状态监控信息下发。

(4)TISCS 还负责转发车辆离线数据及采集车载以太网状态,并向相关服务器反馈通信状态。

(二)综合监控系统与 LTE 车地无线通信系统接口

综合监控系统与 LTE 车地无线通信系统接口见图 2-38。

该接口主要功能包括:

(1)建立 CISCS 与控制中心 LTE 网络的通信连接,实现车载信息的传输。

(2)建立 TISCS 与 LTE 车载设备的通信连接,实现车载信息的传输。

(3)建立 CISCS 与 LTE 运维管理系统(简称网管)的通信连接,实现 LTE 设备状态和车地无线通信状态的监视。

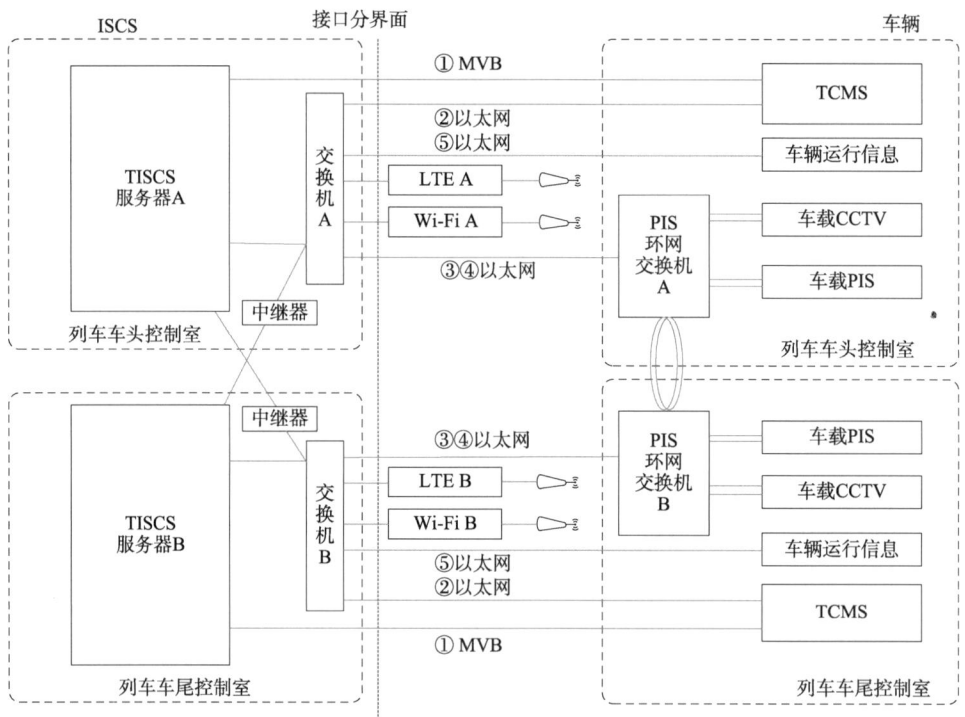

图 2-37 综合监控系统与车辆系统接口

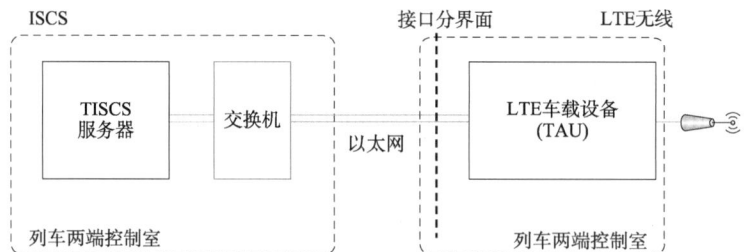

图 2-38 综合监控系统与 LTE 车地无线通信系统接口

(三)综合监控系统与 Wi-Fi 车地无线通信系统的接口

综合监控系统与 Wi-Fi 车地无线通信系统的接口见图 2-39。

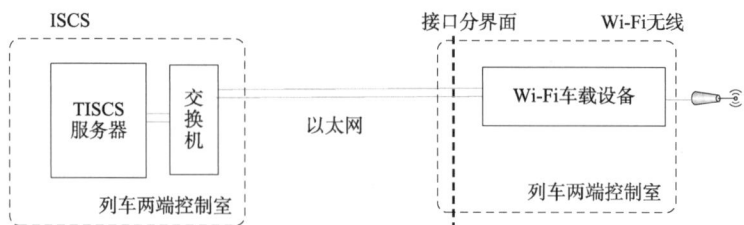

图 2-39 综合监控系统与 Wi-Fi 车地无线通信系统接口

该接口主要功能包括:

(1)建立 CISCS 与控制中心 Wi-Fi 网络的通信连接,实现车载信息的传输。

(2)建立 TISCS 与 Wi-Fi 车载设备的通信连接,实现车载信息的传输。

(3)建立 CISCS 与 Wi-Fi 网管的通信连接,实现 Wi-Fi 设备状态和车地无线通信状态的监控。

基于云平台的城市轨道交通综合监控系统

请查找相关资料，分析基于云平台的综合监控系统相较于传统技术的综合监控系统有哪些优势和劣势。

课题 2.6　站台门系统

一、系统概述

全自动运行系统中的站台门分全高式和半高式两种类型。全高式站台门全面隔离轨行区与站台,保障乘客安全,隔绝空气流动,有助于节能。半高式站台门不完全隔离轨行区与站台,无法阻断气流与噪声交换。全自动运行系统中的站台门主要由机械结构和监控系统组成,其门体类型包括滑动门、固定门、应急门、端门等,如图 2-40所示。

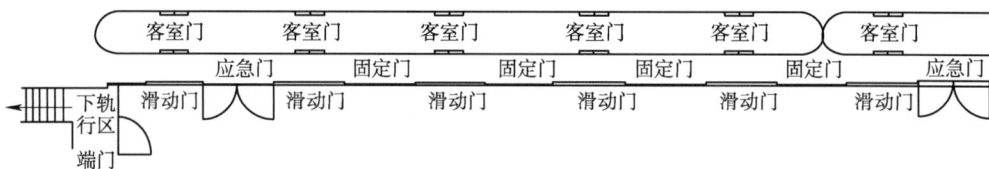

图 2-40　全自动运行站台门系统示意图

(一)机械结构

全自动运行系统站台门机械结构各组成部分如下:

1. 滑动门

滑动门采用中分对开设计形式,具有障碍物探测功能。在关门过程中,若遇到障碍物,滑动门会尝试释放关门力量。滑动门配有手动解锁装置,紧急情况下轨道侧扳手或站台侧钥匙均可用于激活该装置。

2. 固定门

固定门为站台门主要隔断设备,设于滑动门之间,采用钢化玻璃材质。在列车停靠站台时,固定门对应列车车窗位置。

3. 应急门

应急门主要用于紧急情况下的人员疏散和救援。紧急情况下,站台人员可用钥匙开启应急门,乘客可通过推压轨道侧推门杆来打开应急门门体。应急门配行程开关,用于监控其状态并指示开闭。正常运营时,应急门紧闭以确保安全。通常,站台门系统为每节车厢设一道应急门,其安装位置依实际项目需求而定。

4. 端门

端门位于站台两端,为乘务人员及站务人员提供进出站台与轨道的通道,其垂直于站台门边线,能有效隔离乘客与设备,并防止非授权人员进入隧道。

5. 顶箱

顶箱安装于门体上方,由盖板、框架、门机梁等部件构成。顶箱内部承载着门体及门控单元。

6.承重结构

承重结构不仅承担着站台门的垂直重量,还负责将列车行驶过程中产生的振动及环控系统产生的风压有效传递至站台的土建结构中。

7.门机系统

门机系统是站台门的核心部件,负责滑动门的开关操作。该系统集成了电机、传动装置、锁紧解锁机构及行程开关等组件。

(二)监控系统

全自动运行系统的站台门监控系统集成信息交换、滑动门控制、开关门同步及状态监测等功能,可确保站台门与信号系统、综合监控系统协同工作。站台门监控系统各组成部分如下:

1.中央控制盘

中央控制盘(platform screen doors central interface panel,PSC 盘)作为站台门控制系统的核心,集成控制与监视功能,同时是信号系统与综合监控系统的接口中心。

2.就地控制盘

每侧站台常设一台或两台就地控制盘,安装于站台首尾。PSL 盘面板集指示灯、钥匙开关、操作模式显示及开关门按钮于一体。

3.综合后备盘

综合后备盘(integrated backup panel,IBP 盘)安装于车控室,当遇到紧急情况(如人员疏散)时,站务人员可通过 IBP 盘控制车站整侧站台门打开和关闭。

4.门控单元

门控单元(door control unit,DCU)是站台门系统的关键部件,负责电机驱动、逻辑控制及通信。通常,每套全高式站台门配一台 DCU,每套半高式站台门需配两台 DCU并分主从设备。

5.本地控制盒

本地控制盒(local control box,LCB)用于应对门控单元、滑动门故障或系统调试,安装于滑动门门楣附近。其有旋转开关或开关加按钮两种模式。

(三)控制模式

站台门有以下五种控制模式:

1.系统级控制(SIG 控制)

正常运营模式下,站台门系统采用系统级控制模式。该模式优先级最低,一旦其他四种控制模式启动即自动失效,以确保系统可灵活应对各种运营需求。

2.站台级控制(PSL 控制)

在人工驾驶且信号系统故障时,站台人员或司机可通过 PSL 盘控制站台门。PSL盘激活后,会屏蔽信号系统指令,使信号系统仅接受 PSL 盘指令。若个别滑动门故障,在确保安全前提下,可激活 PSL 盘"互锁解除",使信号系统允许列车离站。

3. 站台级控制(IBP 控制)

紧急运行模式下,车站值班员可通过车控室 IBP 盘控制整侧站台门开关。经授权的站务人员激活 IBP 盘后,信号系统屏蔽信号及 PSL 盘指令,仅响应 IBP 盘操作。

4. 手动操作(LCB 控制)

该模式下,LCB 仅控制单套滑动门,适用于调试或故障处理,不具备整侧站台门操作能力。

5. 手动紧急操作

该模式下,电源或门机系统故障时,站台人员可用钥匙解锁开门,同时,乘客也可在轨行区拉动把手来解锁开门。该模式会触发限位开关,门控单元响应后会将电机设为自由状态、允许滑动门在外力下自由滑动。

二、新增系统功能

根据《城市轨道交通全自动运行系统规范　第 2 部分:核心设备产品》(T/CAMET 04017.2—2019)要求,非全自动运行与全自动运行站台门系统功能差异如表 2-13 所示。

非全自动运行与全自动运行站台门系统功能差异　表 2-13

序号	对比项	非全自动运行系统	全自动运行系统
1	信号系统对站台门的控制	控制站台门的整侧滑动门单元的开、关门	①控制站台门的整侧滑动门单元的开、关门; ②有故障车门和站台门的对位隔离功能; ③有故障站台门和车门的对位隔离功能
2	车门对位隔离站台门	—	车门被隔离后,列车运行至站台后自动隔离对应的站台门,站台门对位隔离车门后不执行开门动作
3	站台门对位隔离车门	—	站台门被隔离后,列车运行至站台后自动隔离对应的车门,车门对位隔离站台门后不执行开门动作
4	车门与站台门间隙防护	—	具备车门与站台门之间间隙防护功能

某全自动运行站台门系统主要新增系统功能如下。

(一)站台门与列车之间间隙的检测

全自动运行系统的站台门普遍采用多种间隙安全防护装置,包括滑动门底部防站人挡板、防夹挡板、红外与激光光幕探测器等,以应对列车与站台门间隙可能夹人夹物的风险。在无人驾驶模式下,这些装置替代了司机的人工检查,确保间隙无人或无物。间隙探测系统在接收到 ATC 关门信号后启动,并持续工作至列车离站,其状态直接关联站台门系统安全回路,是列车进出站的必要联锁条件。

(二)防夹人检测功能

在非自动运行模式下,城市轨道交通防夹人检测装置智能化不足,误报频繁,未纳入安全回路,仅作为人工判断的辅助手段。而在全自动模式下,防夹人检测装置的检测结果与站台门"门关闭锁紧"指令一起作为发车的先决条件。

(三)对位隔离功能

全自动运行模式对位隔离功能,是指车门或站台门故障时,对应的站台门或车门可以保持与之相应的关闭状态,其包括车门故障对位隔离和站台门故障对位隔离。

1.车门故障对位隔离

非全自动运行模式下,站台门整侧同步开关,单车门故障不影响站台门开启,但乘客需绕行。全自动运行模式下,若列车车门故障,列车与站台广播将提前通知乘客及候车者相关车门不开启,需改选其他车门。列车到站时,故障车门对应的站台门亦不开启。

2.站台门故障对位隔离

非全自动运行模式下,单个站台门故障需站务人员现场手动开启,列车门正常运作,乘客可正常上下车。全自动运行模式下,面对故障,站台与列车广播会提前通知乘客相关车门不开启,引导乘客使用其他车门。列车到站时,故障站台门对应的车门亦不开启。

三、新增系统设备

根据《城市轨道交通全自动运行系统规范 第2部分:核心设备产品》(T/CAMET 04017.2—2019)要求,非全自动运行与全自动运行站台门系统设备差异如表2-14所示。

全自动运行与非全自动运行站台门系统设备差异 表2-14

对比项	非全自动运行系统	全自动运行系统
车门、站台门间隙探测设备	—	①增设车门与站台门间隙探测设备; ②站台中部增设 PSL 盘

某全自动运行站台门系统主要新增系统设备如下。

(一)车门与站台门间隙探测设备

全自动运行系统强调站台门系统需配备障碍物检测装置,实时监控车辆与站台门间隙,并与信号系统硬线接口联动。一旦发现障碍物,全自动系统将阻止站台门关闭锁紧,保障乘客与设备安全。

(二)多套 PSL

每侧站台两端及中部均需配置 PSL 盘,以确保人工控制的全覆盖,并满足全自动及降级运行需求。同时,站台门与信号、综合监控系统间设置冗余通信接口,以应对故障情况,实现车门与站台门的精准对位隔离。

上海地铁 15 号线站台门 PSL 盘面板

上海地铁 15 号线站台门 PSL 盘面板见图 2-41。

上海地铁 15 号线站台门系统每侧站台设置 3 套 PSL 盘,分别设置在站台的头端、尾端和站台中间。该 PSL 盘面板具有如下功能特征:

(1)集成多种指示灯与操作元件,包括同侧互锁、IBP 授权、轨道占用、操作允许、滑动门(automatic sliding door,ASD)状态及所有门状态指示,还有开门、关门、互锁解除控制按钮与旋钮。

(2)特别设置联动操作与清客确认功能,专为信号系统服务。

(3)配备车厢报警指示灯、蜂鸣器、单门及整侧红外旁路开关,以及灯测试按钮,全面覆盖安全监控与应急操作。

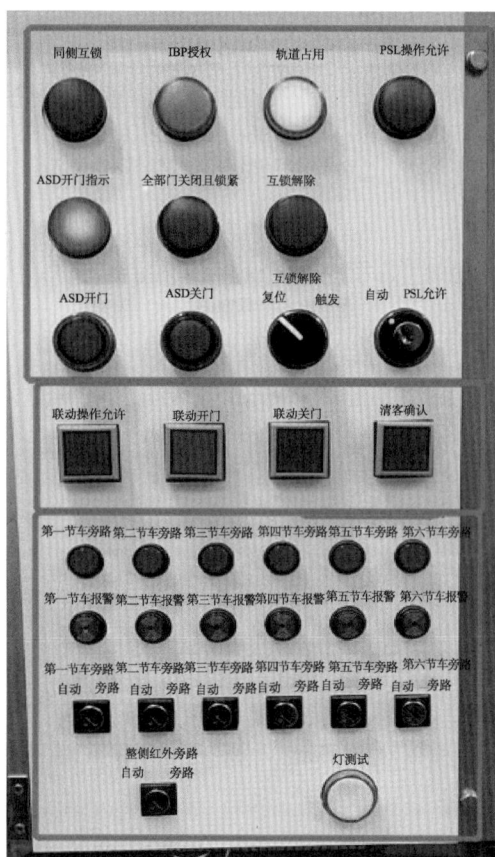

图 2-41 上海地铁 15 号线站台门 PSL 盘面板

四、新增系统接口

根据《城市轨道交通全自动运行系统规范 第 2 部分:核心设备产品》(T/CAMET 04017.2—2019)要求,非全自动运行与全自动运行站台门系统接口差异如表 2-15 所示。

非全自动运行与全自动运行站台门系统接口差异　　　　表 2-15

对比项	非全自动运行系统	全自动运行系统
与信号系统接口	设置站台门与信号系统的硬线接口	①增加站台门与信号系统冗余通信接口（或综合监控接口）； ②增加间隙探测设备与信号系统的硬线接口

某全自动运行站台门系统主要新增系统接口如下。

（一）站台门与信号系统接口

列车到站后，信号系统首先向站台门系统发出"开门"信号，随后滑动门开启供乘客上下车。待乘客完成上下车后，信号系统再发"关门"指令，滑动门随之关闭。若所有车门及站台门均安全关闭，防夹装置确认无异物后，站台门系统向信号系统反馈"门关闭且锁紧"，列车准备发车。若检测到异物，站台门系统启动声光报警，待站务人员处理完毕并确认或手动通过 PSL 盘发送"互锁解除"信号后，列车方可继续运行。

当系统故障或通信中断导致无法确认车门与站台门的状态时，站务人员需通过 PSL 盘发送"互锁解除"信号，以确保列车正常运行。对于个别车门或滑动门故障，系统会相互通知故障信息，确保故障门不开启，保障乘客安全。具体而言，信号系统会将车门故障信息告知站台门系统，使其在开门时不激活故障车门对应的滑动门；反之，站台门系统也会将滑动门故障信息发送给信号系统，确保到站列车相应车门不开启。

（二）站台门与综合监控系统接口

站台门系统已全面集成至综合监控系统（ISCS），可为其提供详尽的门状态及故障信息，包括整侧与单个滑动门的开关状态、故障编号、应急门与端门状态、防夹人检测装置的工作与报警情况等。车控室 IBP 盘则赋予综合监控系统远程操控站台门的能力，如选择性地开启特定侧站台门或首末滑动门。此外，综合监控系统还为站台门系统提供同步时钟服务。

站台门系统的工作状况处于综合监控系统的监视之下，监视范围包括设备状态、报警、通道及电源等多维度信息。为确保信息传输的可靠性与冗余性，中央控制盘内置工控机，通过双路独立但内容一致的接口与 ISCS 的主前端处理机及备份前端处理机相连，实现信息的实时汇总、处理与同步交换。

学习与思考

站台门与列车间隙异物检测技术

目前地铁站台门与列车间隙异物检测装置广泛采用激光对射和红外光幕技术。请查找资料，对比分析这两项技术之间的差异以及对于全自动运行系统的适用性。

城市轨道交通全自动运行系统概论

技能工作页

姓名：_____ 班级：_____ 小组_____ 学号_____

1. 任务书

全自动运行系统在技术层面主要侧重于车辆、信号、通信、综合监控、站台门等核心系统，并从可靠性、安全性、可用性以及可维护性方面进行加强，以实现列车正常、故障、应急等情况下的全过程自动化运行。请小组合作、查阅资料，完成如下任务：

（1）结合自动化等级特点正确判断全自动运行系统的架构配置。

（2）根据全自动运行线路新增运营场景，分析无人驾驶 CBTC 新增功能和接口关系。

（3）分析全自动运行系统车辆驾驶模式转换过程。

（4）从安全相关性分析车辆远程控制命令的控制源。

（5）绘制全自动运行系统车辆乘客紧急对讲联动视频的流程图。

（6）根据全自动运行通信系统架构判断不同通信方式的信息流。

（7）完成全自动运行综合监控系统各区域系统结构集成。

（8）结合 ISCS 特点，分析全自动运行系统视频监控联动过程和车辆火灾联动过程。

（9）分析全自动运行系统站台门优先控制顺序。

（10）正确判断全自动运行系统站台门新增功能和新增设备。

2. 任务分组

建议成立 5~6 人的学习小组，明确任务分工（表 2-16），共同完成相关任务。

学生任务分配表　　　　表 2-16

序号	组别	姓名	学号	任务分工	备注
1					
2					
3					
4					
5					
6					

3. 任务准备

（1）阅读《城市轨道交通全自动运行系统规范　第 1 部分：需求》(T/CAMET 04017.1—2019)有关全自动运行系统架构的内容。

（2）阅读《城市轨道交通全自动运行系统规范　第 2 部分：核心设备产品》(T/

CAMET 04017.2—2019)有关全自动运行与非全自动运行的差异。

（3）复习传统轨道基于联锁的 CBTC 体系结构及其各子系统功能。

（4）收集上海城市轨道交通全自动运行列车由全自动运行模式切换为列控巡视人工驾驶模式的故障案例。

（5）调研全自动运行系统列车上由乘客触发后可与 OCC 联系的远程通信设备。

（6）复习综合监控系统集成互联的弱电系统及其功能。

4. 获取信息

引导问题1：全自动运行系统依托于_____的无线数据通信技术，将信号、车辆、综合监控、通信、站台门系统整合为五大核心子系统。这些子系统在架构、功能接口及设备配置上均较传统线路有显著增强。

引导问题2：为了实现列车从起始到终点的全自动控制，全自动运行系统的相关设备被精心部署在多个位置，包括_____、_____、_____、_____以及_____本身。它们协同工作，确保整个运行过程的安全与高效。

引导问题3：全自动运行线路信号系统，作为行车指挥与安全保障的基石，是_____系统功能的进一步升级。在控制中心信号设备中，_____负责监控全线的列车运行状态，确保列车运行的安全与效率。同时，_____子系统负责存储软件版本和线路的静态数据。在场段信号设备中，_____系统用于实现停车场内的联锁控制，确保列车在停车场内的安全运行。在轨旁信号设备中，_____分为有源信标和无源信标两种，无源信标主要用于列车定位。

引导问题4：全自动无人驾驶车辆主要由_____和_____组成，二者相互配合实现具体功能。全自动运行车辆系统中的_____，安装在车体两侧，具有开关门、防夹、障碍物检测和紧急解锁等功能。转向架作为车辆的支撑走行装置，其主要功能之一是_____，以确保列车在轨道上平稳运行。空调通风系统安装在车厢顶部，主要功能是调节客室内的_____、相对湿度和洁净度以及人体周围空气的流动速度。辅助供电系统的主要功能是为_____提供电源，并根据负载需求进行电流的调节和控制以及故障保护。

引导问题5：通信系统为调度人员提供_____、故障信息及相关联动调度指令下发的传输通道。车地无线通信系统是 CBTC 列车控制的基础，它承载了列车控制数据、列车状态数据、_____视频监控数据、紧急文本等业务。专用无线集群通话系统具有单呼、组呼、全呼、紧急呼叫等_____功能和录音功能。公务电话系统不仅能实现轨道交通企业内部通信，还能与市公用电话网连接，为轨道交通用户提供包括_____和传真在内的多种通信服务业务。

引导问题6：综合监控系统是基于_____的、服务于轨道交通运营与管理的、实时和安全的自动化系统。综合监控系统由_____、_____、_____、_____以及其他辅助功能子系统等多个部分组成。

引导问题7：站台门的主要作用是从物理上将轨行区与站台候车区_____，以防止人员跌落轨道产生意外事故。滑动门是站台门功能的主要承担者，它具备_____功能，能在关门过程中探测到障碍物并作出相应反应。站台门监控系统包括中央控制盘、站台就地控制盘、综合后备盘、门控单元以及_____等组成部分。在站台门控制模式中,优先级最高的控制模式是_____,它通常用于紧急情况,如需要疏散人员时。

5.任务实施

实施任务1:系统架构配置

关于全自动运行系统架构配置,请根据所学内容,判断下述描述的正确性:

(1)FAO系统控制中心应具备列车监控和乘客服务功能。　　　　　(　　)

(2)FAO系统设置备用控制中心。备用控制中心的信号系统设备、综合监控设备应与主用控制中心互为冗余热备。　　　　　　　　　　　　　　　(　　)

(3)FAO系统应配置大容量的车地单向通信系统。　　　　　(　　)

(4)FAO系统应具备智能化综合运维功能,实现完善的车辆和系统设备的状态监测、健康评估和故障自诊断。　　　　　　　　　　　　　　　(　　)

(5)FAO系统应具备列车内的视频监控功能,可上传至控制中心。　　(　　)

(6)FAO系统列车关键设备的运行状态、故障报警应实时上传控制中心,以使运营人员及时掌握列车及关键设备运行情况。　　　　　　　　　　(　　)

实施任务2:认识全自动运行系统运营场景

已知某城市新开通一条全自动运行线路,全自动运行系统新增运营场景如图2-42灰底框所示,传统CBTC系统既有场景如白底框所示。

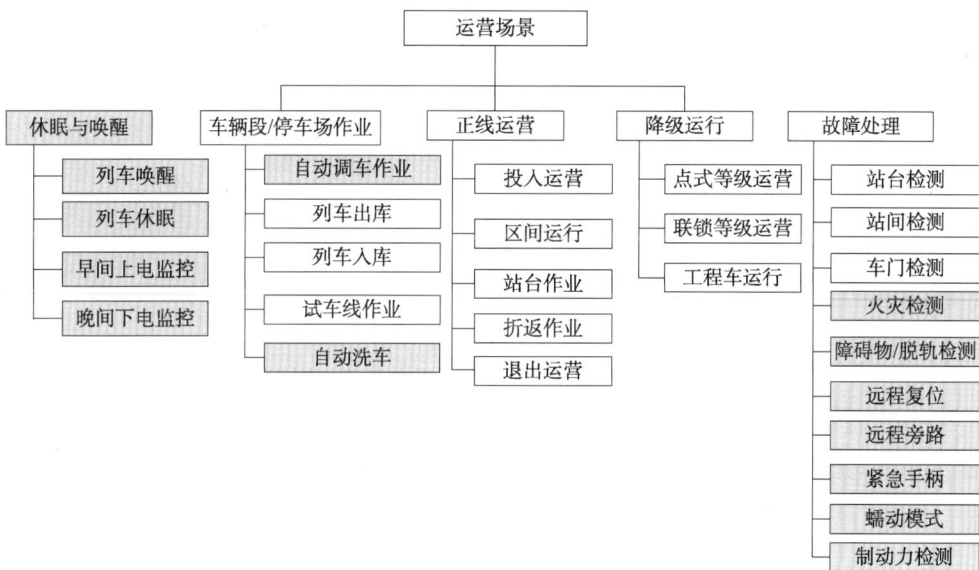

图2-42　某全自动运行系统运营场景

(1)请结合图2-42新增运营场景,在图2-43空白方框中补充全自动运行信号系统相较于传统CBTC系统可能新增的功能。

(2)请根据图2-44,将"ATS""CI""MSS""ATP/ATO"和"DCS"填写在对应的方框中。

实施任务3:认识全自动运行车辆系统

1)相比非全自动驾驶车辆,全自动运行车辆系统新增多个驾驶模式,如FAM和

CAM。请根据图 2-45 所提供的信息，将"FAM""CAM""休眠模式""自动驾驶模式""人工驾驶模式""受限人工驾驶模式""非受限人工驾驶模式"填入相应的框内。

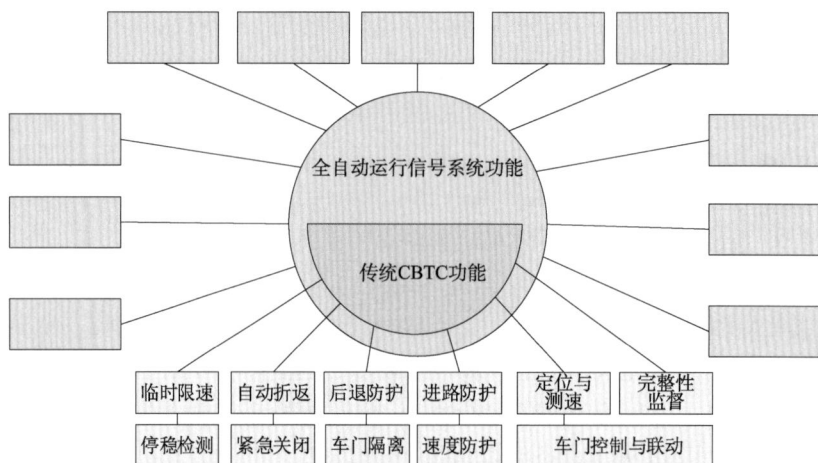

图 2-43 全自动运行信号系统功能

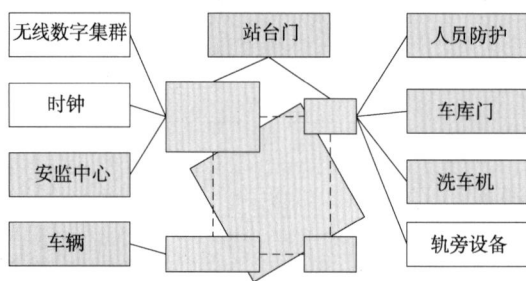

图 2-44 全自动运行信号系统接口

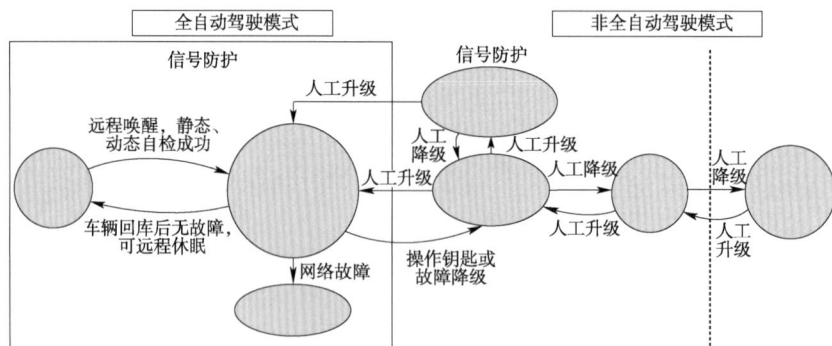

图 2-45 全自动运行车辆系统运行模式转换

2）全自动运行车辆系统远程控制命令传输路径见图 2-46。对于安全相关的命令须在安全协议的防护下，先由控制中心的 ATS 系统将命令下达到车载控制器，再由车载控制器通过 TCMS 转发到车辆；对于非安全相关的命令可由控制中心车辆调度工作站直接下发至车辆。

请根据上述信息完成表 2-17 车辆远程控制功能列表中"控制源"一栏。

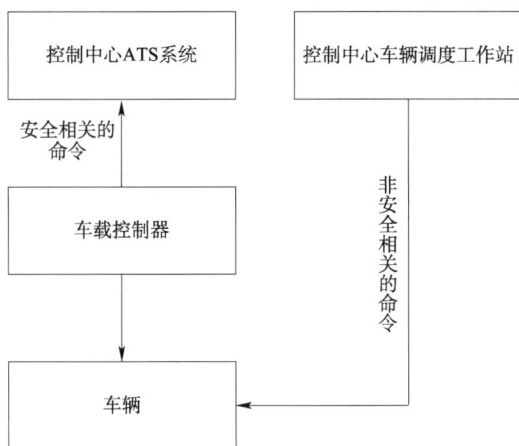

图 2-46　车辆远程控制命令传输路径

车辆远程控制功能列表　　　　　　　　　表 2-17

序号	远程控制功能	控制源
1	牵引及辅助系统远程软复位	
2	远程控制空调	
3	ATS 远程控制客室门	
4	远程火灾报警复位/消音	
5	远程控制照明	
6	远程操控受电弓	
7	远程复位断路器	

3）乘客紧急对讲及联动相关设备主要包括乘客紧急对讲终端、车载 PIS 主机、无线车载台、ISCS 工作站、CCTV 监视器、车辆调度工作站。当全自动运行系统车辆乘客触发紧急对讲功能时，ISCS 根据乘客紧急对讲告警信息联动对应视频画面（列车客室摄像头监控画面），给 CCTV 发送视频联动指令，CCTV 响应联动指令，并将视频推送至控制中心 CCTV 监视器上显示。当无线系统采用 LTE-M 数字集群系统时，乘客紧急对讲设备和控制中心建立通话后，相关视频也可在控制中心乘客调度员无线调度台显示。请根据上述描述绘制出全自动运行车辆乘客紧急对讲联动视频的两种方式的流程图。

实施任务 4：认识全自动运行通信系统

全自动运行通信系统包括传输系统、车地无线通信系统、专用无线系统、专用电话系统、乘客信息系统、视频监控系统、广播系统、公务电话系统、时钟系统、集中告警系统等，其整体架构见图 2-47。

请完成下列单项选择题。

（1）乘客与 OCC 的紧急通话是如何实现的？（　　　）

　　A. 利用普通电话线　　　　　　　　B. 利用专用无线系统语音通道

　　C. 利用互联网视频通话　　　　　　D. 利用短信服务

（2）在远程车载广播中,哪个岗位有权对在线的全部列车或单列列车进行广播？
（　　）

    A. 车辆基地调度员　　　　　　　B. 乘客

    C. OCC 行车调度员　　　　　　　D. 列车司机

（3）OCC 触发车载预录广播的过程中,哪项描述是错误的？（　　）

    A. 调度台将预录语音编号通过短消息发送到车载台

    B. 车载台直接将预录语音发送到广播系统

    C. 广播系统从广播主机中调取预录语音进行广播

    D. 车载台向调度发送确认信息

（4）在 OCC 调看车载视频的过程中,哪个设备负责将调度员的操作信息传送到
IMS？（　　）

    A. 车载 TAU　　　　　　　　　B. LTE-M 综合承载网

    C. 车载 IMS　　　　　　　　　D. OCC 通信调度台

（5）当 OCC 调度员需要查看某列车的视频时,哪个网络负责传输调度台的指令？
（　　）

    A. 车地无线网络　　　　　　　B. 车载局域网

    C. LTE-M 综合承载网　　　　　D. TETRA 网络

（6）关于列车司机室及客室摄像机的描述,哪个选项是正确的？（　　）

    A. 只在司机室增设了摄像机,客室没有

    B. 司机室和客室都增设了高清数字摄像机,但没有增加编码功能

    C. 司机室和客室都增设了高清数字摄像机(含高清编码器),并扩展了车载视
      频主机和交换机的处理能力

    D. 只在客室增设了高清数字摄像机,司机室没有

（7）专用无线通信与车辆广播的接口有何新增功能？（　　）

    A. 实现了中心对列车广播的升级

    B. 增加了特定手持台对列车广播的功能

    C. 实现了控制中心调度员与客室乘客的紧急对讲功能接口

    D. 增强了向车辆传送自检故障信息的功能接口

（8）车载视频监控系统与车载广播系统的接口在哪种情况下会触发联动？（　　）

    A. 列车正常行驶时　　　　　　B. 列车进站停车过标时

    C. 列车出站时　　　　　　　　D. 列车发生自检故障时

实施任务5:认识全自动运行综合监控系统

1）ISCS 集中管理全线各站、各区间的电力、机电、消防、通信、广播、门禁和车载系统等所有设备的运行,并具备向中心调度员、车站值班员和维保单位提供正常运营或降级运营的调度管理模式。某全自动运行 ISCS 集成的子系统包括:车载 ISCS、环境与设备监控系统(BAS)、变电站自动化系统、门禁系统、广播系统(PA)、乘客信息系统(PIS)、视频监控系统(CCTV)、维保支持系统和大屏幕系统;另外, ISCS 互联了信号系统、站台门(PSD)系统、自动售检票(AFC)系统和火灾自动报警系统(FAS)等。这些子系统设备分散在沿线的各车站、区间和控制中心、备用控制中心的建筑内。请填写图2-48。

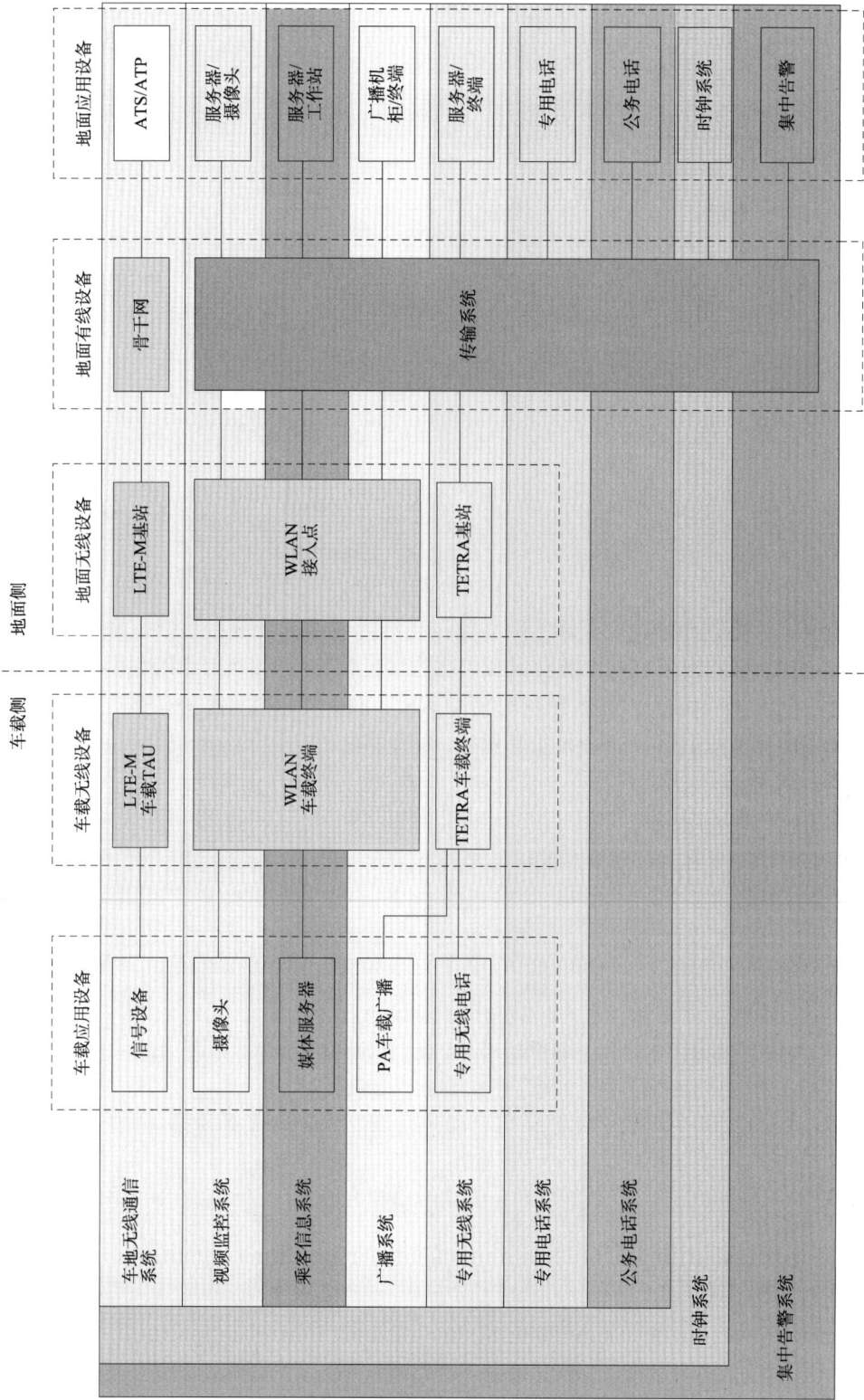

图2-47 全自动运行通信系统整体架构

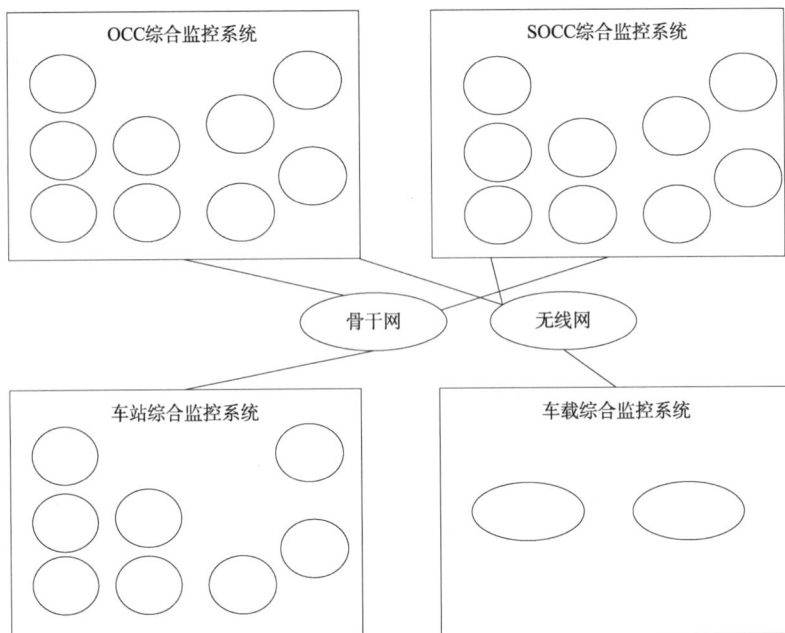

图 2-48 全自动运行线路 ISCS 系统集成结构

2）在全自动无人驾驶线路中，视频监控与综合监控、车载 CCTV 场景联动有助于中央调度员获悉行车情况。车载 CCTV 通过车地无线通信系统将数据传输到视频监控系统，ISCS 会从视频监控系统获取视频图像信息，同时视频监控系统也会主动推送图像信息至大屏幕系统；信号系统从车辆 TCMS 获取车载 CCTV 报警信息，并将收集的报警信息发送给 ISCS。请根据上述描述，将"TCMS""ATS""ISCS""视频监控系统"填入图 2-49 中。

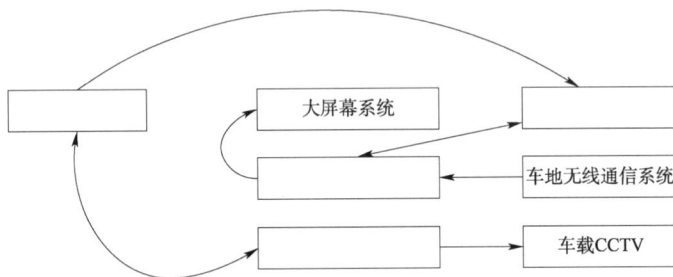

图 2-49　视频监控联动系统

3）请在图 2-50 中用数字标记某全自动运行线路车辆火灾场景联动顺序，并描述联动过程。

_____

_____

_____

_____

实施任务 6：认识全自动运行站台门系统

1）根据所学内容，请按照优先控制顺序将"信号系统""IBP""LCB""PSL""站台人员用钥匙"填入图 2-51。

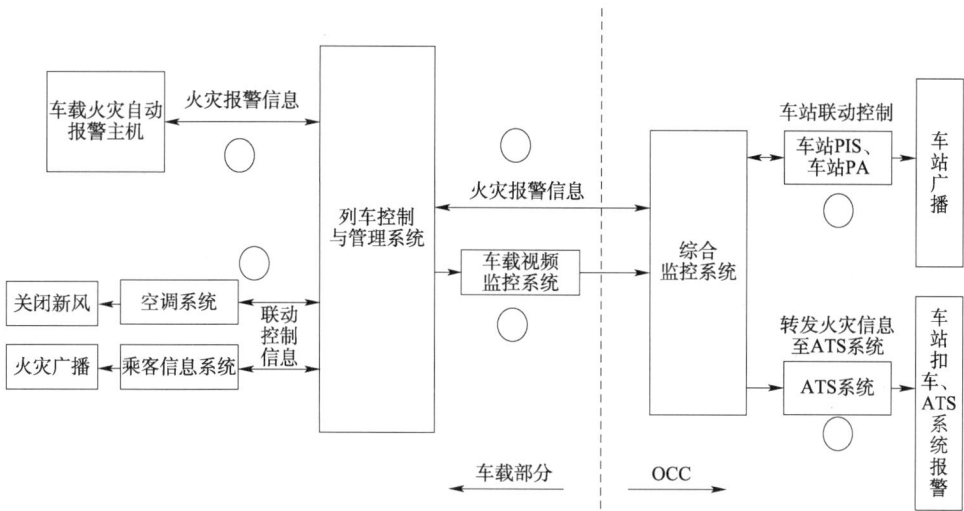

图 2-50 某全自动运行线路车辆火灾联动过程

图 2-51 全自动运行站台门系统优先控制顺序

2）关于全自动运行站台门系统新增功能，请判断下列说法的正确性：

（1）全自动运行站台门系统只采用滑动门底部防站人安全挡板作为间隙安全防护装置。 （ ）

（2）在全自动运行系统中，由于列车上不设司机，因此必须完全依赖滑动门底部防站人结构来确保间隙无人或无物，以保障行车安全。 （ ）

（3）间隙探测系统在收到 ATC 系统给站台门系统的"关门"信号后立即停止工作。 （ ）

（4）全自动运行模式下，防夹人检测装置的探测结果成为与站台门"门关闭锁紧"指令同等重要的信号发车前提条件。 （ ）

（5）在全自动运行模式下，当列车上某个车门发生故障时，故障车门对应的站台

门(滑动门)也会保持关闭状态,以确保乘客安全。   (   )

(6)非自动运行模式下,若单列车的单个车门发生故障,站台门会相应关闭故障车门对应的部分,以阻止乘客使用。   (   )

(7)在全自动运行模式下,若单个车站的单个滑动门无法开启,列车到站时对应的车门也不会开启。   (   )

3)关于全自动运行站台门系统新增设备,请判断下列说法的正确性:

(1)全自动运行系统要求站台门系统必须安装障碍物检测装置,并且只有当确认车辆与站台门间隙内无障碍物时,站台门系统才能给出关闭且锁紧的信息。   (   )

(2)每侧站台门只需在中部设置一套 PSL 盘即可满足全自动运行及其降级时的使用需求。   (   )

(3)站台门系统中的安全相关功能必须符合安全完整等级 SIL 4 的要求,并且站台门系统与信号系统或综合监控系统之间设置非冗余通信接口。   (   )

4)关于全自动运行站台门系统新增接口,请判断下列说法的正确性:

(1)在乘客上下车完毕并准备发车时,信号系统首先发送"车门全部关闭"信息给站台门系统,然后站台门系统才开始关闭滑动门。   (   )

(2)如果防夹人检测装置检测到异物,站台门系统会立即发送"门关闭且锁紧"信息给信号系统。   (   )

(3)当站台门系统或其与信号系统的通信发生故障,导致无法发送"门关闭且锁紧"信息时,必须由站务人员操作 PSL 盘发送"互锁解除"信息给信号系统以允许列车发车。   (   )

(4)当个别车门发生故障时,信号系统会直接控制对应的站台门(滑动门)不打开。
                        (   )

(5)站台门系统的"整侧滑动门开启"和"整侧滑动门关闭"状态信息是通过综合监控系统直接控制的。   (   )

(6)在综合监控系统中,通过车控室 IBP 盘上的操作按钮可以实现对站台门(单个滑动门)的远程开启控制。   (   )

6.评价反馈

请填写表 2-18,对任务实施效果进行评价。

任务评价表   表 2-18

序号	评价指标	分值(分)	自我评价(40%)	教师评价(60%)
1	引导问题答案正确率 90% 以上	10		
2	能够结合自动化等级特点正确判断全自动运行系统架构配置	5		
3	根据全自动运行线路新增运营场景,正确分析无人驾驶 CBTC 新增功能和接口	10		
4	能够正确分析全自动运行车辆系统驾驶模式转换过程和正确分析车辆远程控制命令的控制源	10		

序号	评价指标	分值（分）	自我评价（40%）	教师评价（60%）
5	能够正确绘制全自动运行车辆系统乘客紧急对讲联动的流程图	10		
6	能够根据全自动运行通信系统架构判断不同通信方式的信息流	10		
7	能够完成全自动运行综合监控系统各区域系统结构集成	10		
8	能够结合 ISCS 特点，分析全自动运行系统视频监控联动过程和车辆火灾自动报警系统联动过程	10		
9	能够分析全自动运行站台门系统优先控制顺序	10		
10	能够正确判断全自动运行站台门系统新增功能和新增设备	10		
11	能够通过团队协作的方式完成任务	5		
合计		100		

7. 总结反思

城市轨道交通全自动运行系统概论

模块 3

城市轨道交通全自动运行系统实施保障

模块描述

　　全自动运行线路具备高度自动化特性，可通过减少人工干预的方式来提升智能化水平。同时，这类线路对设备的安全性要求更高。为降低系统失效风险，需对关键设备实施全生命周期安全保障措施。全自动运行线路系统功能验证以运营规则和运营场景为指导，复杂度高、接口多和信息量大。为满足全自动运行线路初期运营条件，需要提前对线路组织架构、人员配置及规章制度进行完善，以确保线路能够顺利开通。

　　本模块基于上海地铁 10 号线建设与运营资料编写，介绍了全自动运行线路系统安全保障方法，并阐述了独立安全评估作为提升设备可靠性和安全性的重要手段所发挥的作用；梳理了全自动运行线路系统功能验证的目的、条件和要求；列举了全自动运行线路初期运营需满足的基础条件。

　　本模块涉及的城市轨道交通全自动运行系统岗位主要包括运营调度员（含行车调度员、乘客调度员、车辆调度员、车场调度员）、设备调度员（含环控调度员、电力调度员、维修调度员）、多职能站控员、多职能巡视员、多职能列控员、设备检修员。

学习目标

◎知识目标

1. 了解全自动运行线路系统安全保障的背景和意义。

2. 理解全自动运行线路系统安全保障的两种不同方法。

3. 了解全自动运行线路独立安全评估的概念、类别、活动及其交付物。

4. 了解全自动运行线路系统功能验证的目的、条件和要求。

5. 了解全自动运行线路初期运营需满足的基础条件。

◎能力目标

1. 能够识别不同运营场所危害和提出应对的措施和安全保障方法。

2. 能够根据全自动运行系统产品开发特点区分独立安全评估类别。

3. 能够分析全自动运行线路以运营场景为导向的系统功能验证模型。

4. 能够判断全自动运行线路系统功能验证的基本条件。

5. 能够完成全自动运行线路某一项系统功能验证过程。

6. 能够判断全自动运行线路初期运营需满足的基础条件。

◎素质目标

1. 培养对于复杂系统的安全保障理念。

2. 培养分工协作和桌面演练的能力。

3. 培养系统性思维。

◎建议学时：5 学时

案例导入

某地铁乘客被夹事件

某日 16：30 左右，一名乘客下车时被站台门夹住，工作人员上前试图帮助该乘客脱困，后经送医抢救该乘客仍不幸身亡。

交通运输部随即强调加强城市轨道交通运营安全管理，特别是全自动运行系统的安全保障。要细化设施设备维护规程，确保日常巡查到位，防范设施异常引发事故。对于全自动运行线路，需全面审视系统联动与人员操作逻辑，初期运营应配驾驶人员值守，确保故障及时处置。新线开通前，需严格评估设施设备与人员能力，优化岗位职责与规章制度，覆盖所有运营场景及风险点。同时，完善应急预案，强化应急演练与值守，确保突发事件迅速响应与处置。此外，加强风险管控与隐患排查，及时公开信息，回应社会关切，共同保障人民生命财产安全。

（摘编自澎湃网，2022 年 1 月 25 日）

课题 3.1　系统安全保障

全自动运行线路中列车唤醒、休眠、出入库、正线运行、折返等作业均由系统自动控制完成，工作人员的介入相对较少，系统的智能化、自动化以及复杂程度高，对系统安全保障提出了较高的要求。因此，为了降低系统失效所引发的风险，需要对全自动运行线路影响行车安全的关键设备开展全生命周期的系统安全保障工作。

一、概述

系统安全保障方法最早在国外应用于军事项目。20 世纪后期，国际上逐渐将风险理论引入轨道交通建设和运营的系统安全管理，建立起较完善的安全保障体系。近年来，国际电工委员会提出了生命周期、安全完整性等级和功能安全的概念，将安全保障和风险分析引入标准中。随后，欧洲标准化组织在铁路领域推出了《铁路应用：可靠性、可用性、可维护性和安全性规范与证明》（EN 50126）、《铁路应用：铁路控制和防护系统的软件》（EN 50128）、《铁路应用：安全相关电子系统》（EN 50129）等标准，如图 3-1 所示。

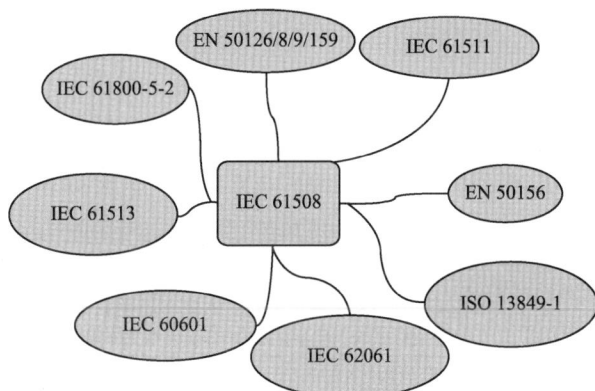

a) 国际电工委员会安全保障标准

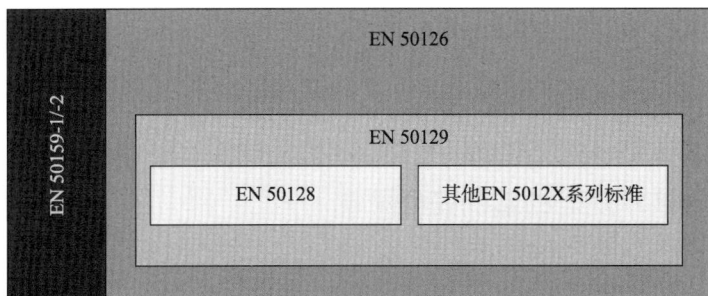

b) 欧洲标准化组织安全保障标准

图 3-1　安全保障标准

安全保障的核心理念是对轨道交通全生命周期的风险进行管理。基于 EN 50126 的安全保障全生命周期如图 3-2 所示。目前轨道交通系统主要通过两种方法开展系统安全保障工作。一种是制定详细的技术规范,通过遵守技术规范保证系统达到安全的目标,如机械安全;另一种是以风险分析方法为基础,进行安全控制,如功能安全。前者是根据经验制定技术规范,一旦发生安全事故,则修改技术规范;后者是基于风险分析方法,采取预防事故的方式,尽可能将事故扼杀在早期阶段。

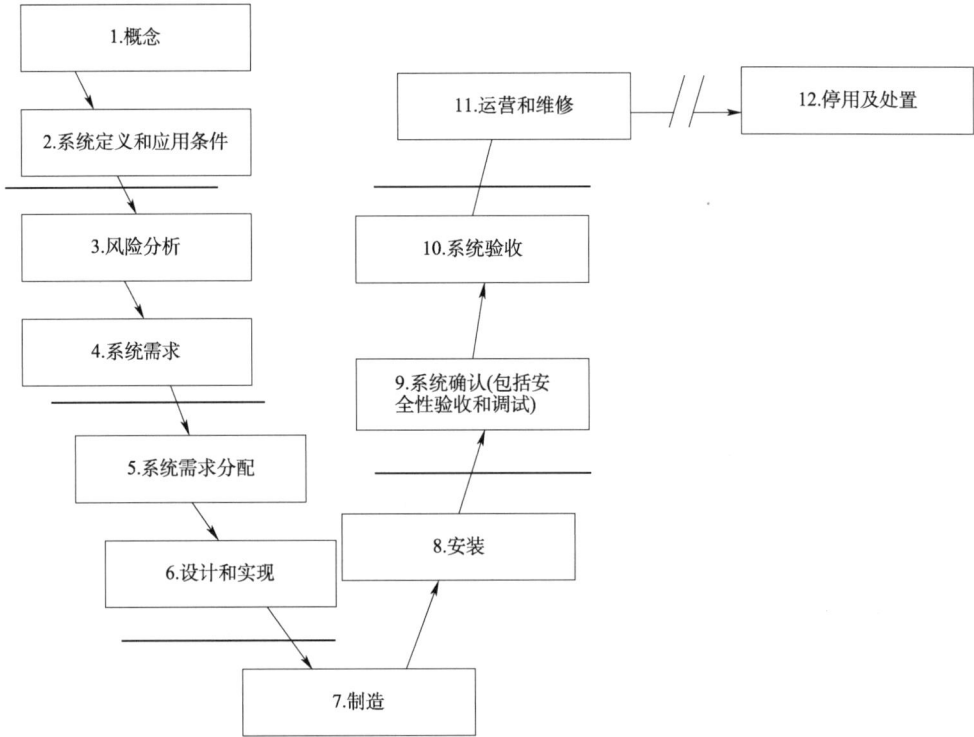

图 3-2　基于 EN 50126 的安全保障全生命周期

系统安全保障一般由工程实施团队,可靠性、可用性、可维护性和安全性(reliability,availability,maintainability,safety,RAMS)安全保障团队和独立安全评估(independent safety assessment,ISA)团队通过横向协同机制共同完成闭环管理,如图 3-3所示。工程实施团队主要负责工程的建设,负责系统设计、施工、集成、调试等工作。RAMS 安全保障团队主要负责安全分析、风险管理、质量管控,确保工程交付是在正常的、安全的轨道上进行。ISA 独立安全评估团队是从专业的角度审视系统的技术安全,评估工程实施团队和 RAMS 安全保障团队的工作是否按标准、按计划、按要求来执行。

二、基于技术规范的系统安全保障

基于技术规范的系统安全保障是指正确运用行业内广泛认可的技术规范来开展相关工作,主要适用于以机械产品、硬件的故障为危害原因的风险控制。如果全自动运行系统中一个或多个危险符合技术规范,则与这些危险相关的风险被视为可接受,且无需对这些风险做进一步分析。以全自动运行车辆为例,可以采用基于技术规范(图 3-4)实施安全保障的系统。

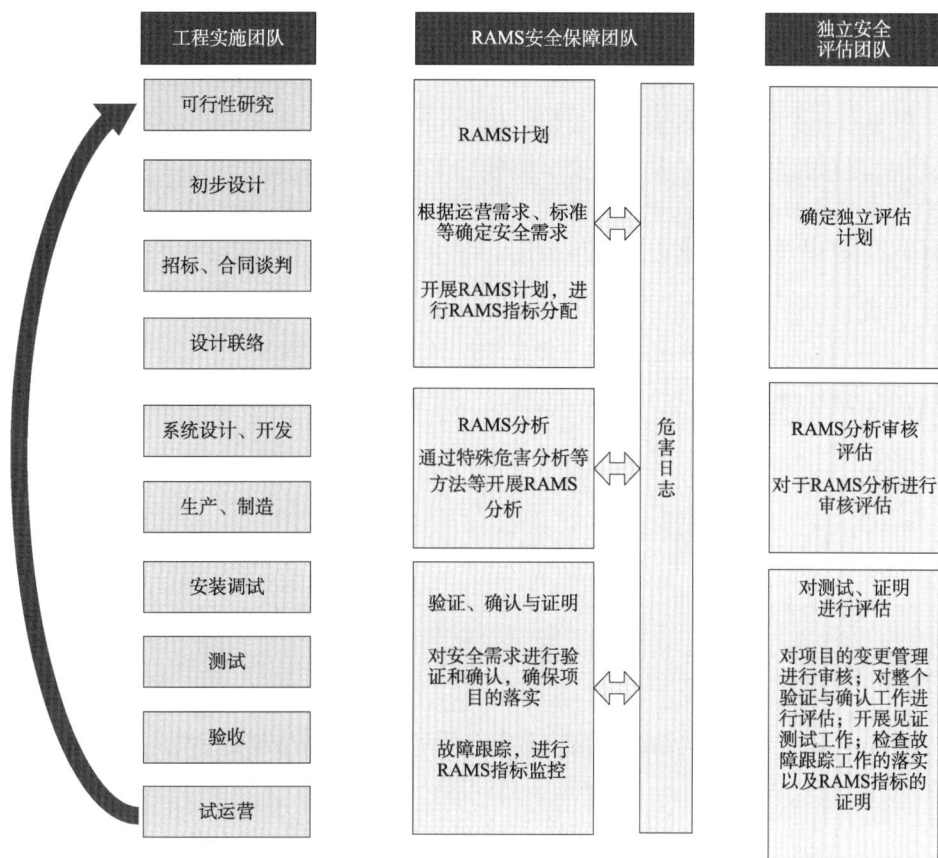

图 3-3　系统安全保障团队分工

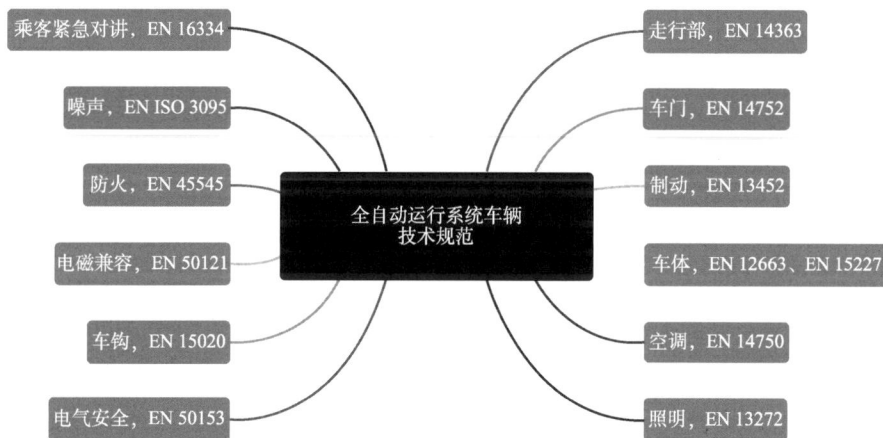

图 3-4　全自动运行系统车辆技术规范

三、基于风险的系统安全保障

基于风险的系统安全保障是指采用定量或者定性的方式评定风险的可接受性,其工作内容包括安全计划、隐患分析、安全需求规范、安全验证、隐患管理等,适用于电子/电气/可编程电子器件、软件失效等危害的风险控制。一般按照 EN 50126、EN 50128 和 EN 50129 等标准规范,在全生命周期中开展风险分析,落实安全需求,将风险控制在可接受的安全水平。

（一）安全完整性等级

以全自动运行信号系统车载设备为例，其主要功能是保证行车安全和提高运营效率，属于安全相关系统，需要通过安全完整性等级（safety integrity level, SIL）来管控因外界环境变化引起的随机性失效和人为错误引起的系统性失效。安全完整性等级包括4个等级，数字越大，则安全等级越高。安全完整性等级与可接受的危害频率的关系见表3-1。

安全完整性等级与可接受的危害频率的关系　　　　　　　　表 3-1

安全完整性等级	容许功能危险失效率（tolerable functional failure rate, TFFR）
SIL 4	$10^{-9} \leqslant TFFR < 10^{-8}$
SIL 3	$10^{-8} \leqslant TFFR < 10^{-7}$
SIL 2	$10^{-7} \leqslant TFFR < 10^{-6}$
SIL 1	$10^{-6} \leqslant TFFR < 10^{-5}$

知识拓展

全自动运行系统通用产品的安全完整性等级

全自动运行系统通用产品的安全完整性等级见表3-2。

全自动运行核心系统安全完整性等级　　　　　　　　表 3-2

系统	子系统或设备	安全功能	安全完整性等级
车辆系统	制动系统	紧急制动	4级
		制动管理	2级
		常用制动	2级
		车轮防滑	2级
	牵引控制系统	运行方向	1级
		动力制动	2级
		牵引切除	2级
	车门控制单元	车门防夹	2级
		开关门控制	2级
	列车网络控制和管理系统	故障告警	2级
		紧急控制	2级
	紧急疏散门	紧急疏散门控制	4级
	车载 PIS	紧急广播	2级
		紧急对讲功能	2级
	火灾和烟雾监测装置	火灾报警	2级
	障碍物及脱轨检测装置	障碍物检测	1级
		脱轨检测	1级

系统	子系统或设备	安全功能	安全完整性等级
信号系统	列车自动防护系统	—	4级
	(计算机)联锁系统	—	4级
	列车自动监控系统	—	2级
	列车自动运行系统	—	2级
	计轴设备	—	4级
通信系统	LTE车地无线通信系统	—	2级
	专用无线通信系统	—	1级
站台门系统	DCU软件	—	2级
综合监控系统	行车安全有关功能子系统	—	2级

(二)安全完整性等级的实现

基于 EN 50129 的安全完整性等级实现过程如图 3-5 所示。

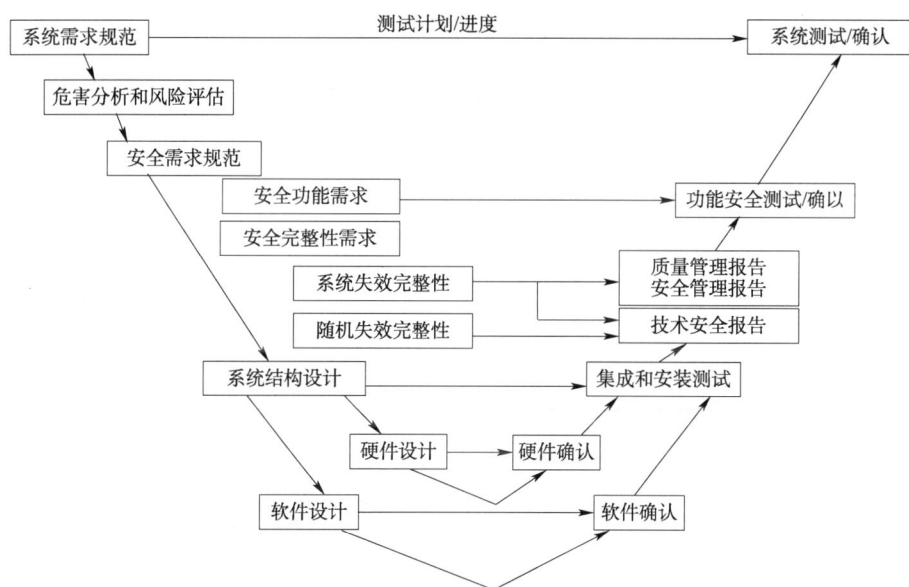

图 3-5　基于 EN 50129 的安全完整性等级实现过程

某全自动运行系统安全完整性等级的实现过程包括系统定义、危害识别、风险分析、危险控制、安全完整性需求分配、系统设计、安装集成和系统确认。安全完整性等级实现过程各个阶段的主要任务如下:

1. 系统定义

明确目标系统,包括描述系统任务、界定系统边界、梳理影响系统的应用环境以及开展系统危害分析。

2. 危害识别

对产品/过程/系统或者一个组织进行系统分析,以辨别其在整个生命周期过程中可能出现的危害,这些危害包括可能造成人员伤亡、破坏环境或造成经济损失。危害识别的方法包括初步危害分析、系统危害分析、子系统危害分析、操作及支持危害分析、接口危害分析、故障树分析、事件树分析、共因失效分析、失效模式及影响分析等。

3. 风险分析

对已识别的危险要进行定性或定量的风险分析。风险分析对象一般包括危险事件发生的频率(或概率)与它的后果。该阶段旨在确定每一个危害事件的风险等级及其风险目标值。

4. 危险控制

将危险的风险水平与目标风险值进行比较,确定必要的风险降低措施和对应的安全功能,并根据目标风险值确定该安全功能的安全完整性等级。

5. 安全完整性需求分配

将安全完整性需求分配给执行相应安全功能的一个或多个子系统,并进一步分配给组成该子系统的硬件和软件。硬件用于管控随机性失效,软件用于管控系统性失效。

6. 系统设计

硬件和软件根据所分配的安全完整性等级要求,依据 EN 5012X 系列标准,从质量管理条件、安全管理条件以及技术安全条件等方面,按照产品开发流程进行设计。

7. 安装集成

对含有硬件和软件的子系统开展安装集成测试工作,包括室内测试和室外测试。

8. 系统确认

系统确认包括系统需求确认、安全需求及危险源确认。系统需求确认可保证产品符合用户的需求。安全需求及危险源确认可判断证据材料是否有效,对于不能确认的安全需求或危险源提出相关安全限制条件并移交给运营方。

四、独立安全评估

为提高全自动运行系统核心设备的可靠性和安全性,全自动运行系统项目一般由具备相关资质的第三方评估机构对信号、车辆、通信、综合监控和站台门等核心设备开展独立安全评估工作(independent safety assessment, ISA)。该工作依据 EN 50126-1 安全管理过程,结合设备系统生命周期各阶段要求,从系统概念及系统定义阶段识别风险或隐患,并在产品的各个阶段对已识别的风险进行控制,将其降低到可以接受的程度,以确保设备安全可靠,满足全自动运行系统的要求。

(一)独立安全评估的概念

独立安全评估是国内外轨道交通行业普遍采用的系统安全保障管理方法,其本质是确定系统/产品是否符合规定的安全需求,并判断系统/产品是否适合其与安全有关的预期用途的过程。独立安全评估独立于系统设计、开发、运行和维护人员(图 3-6),是增强系统安全的重要手段。独立安全评估的依据为 EN 5012X、采购合同、用户需求书和技术规格书等文件。

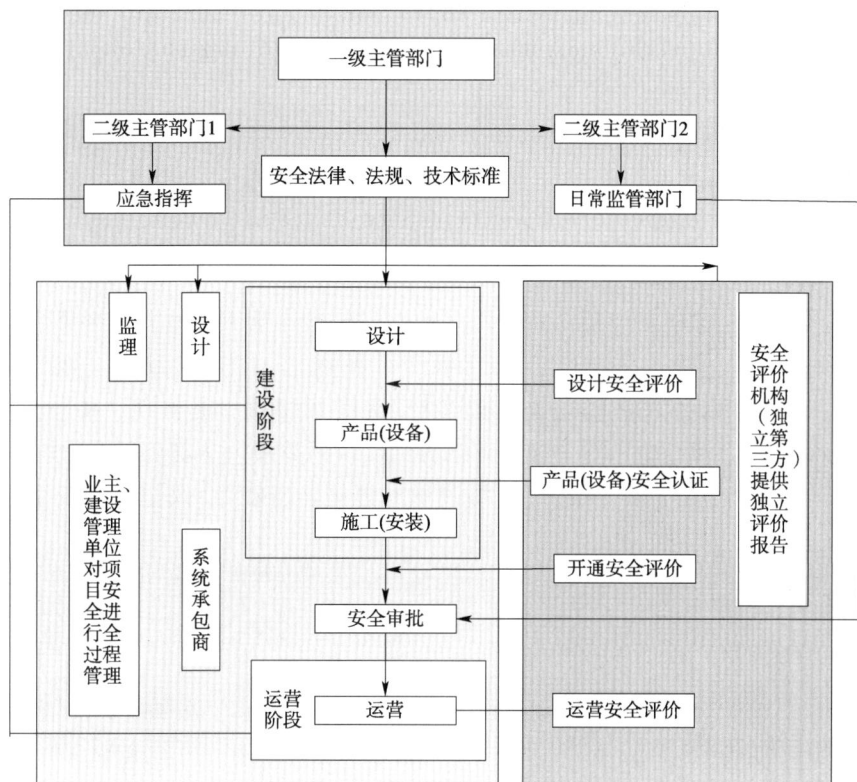

图 3-6　独立安全评估流程

(二)独立安全评估类别

独立安全评估包含通用应用层面和特定应用层面安全评估。其中,通用应用层面包括通用产品、通用应用安全评估,即产品层安全评估;特定应用层面安全评估即通用产品特定应用于工程的工程层安全评估。通用层面安全评估是特定应用层面安全评估的输入依据,特定应用层安全评估要对通用层安全评估进行相互认可,以判断通用产品或通用应用是否满足特定工程应用的要求。

(三)独立安全评估活动

独立安全评估活动是基于系统生命周期阶段开展的。独立安全评估活动主要包括安全审核与安全审计。

1. 安全审核(safety review)

安全审核基于被评估方所提供的证据材料,评价安全活动是否将相关的安全风险降低到所需的水平,并对证据材料所声明的安全性论证结论作出可信性判断。安全审核活动的主要类型是文档审核和测试见证,包括项目计划、安全计划、质量计划、配置管理计划、系统需求说明书、测试规格书、测试计划和测试报告等。

2. 安全审计(safety audit)

安全审计基于被评估方所提供的证据材料(一般是体系或者流程管理类证据材料),评价其是否符合指定的标准或者规范。安全审计的目的是检查所实施的项目安全管理是否适当、是否与安全计划相一致,正在实施的项目是否符合安全计划所表述的需求。安全审计活动主要包括质量管理和安全管理审计。

（1）质量管理审计:该部分的审计工作旨在确保被评估对象的全生命周期活动的质量都通过一个有效的质量管理体系加以保证。

（2）安全管理审计:该部分的审计工作包括该项目安全计划的实施;危险识别及分析;确定适用的标准,并评估与这些标准的符合性;维护危害日志;编制安全论据。

通过这些审计,可以确保该项目交付风险降至足够低。

(四)独立安全评估交付物

独立安全评估需要将评估活动的产出物交付给被评估方以及其他安全利益相关方,这些交付物既记录了安全评估活动的执行过程,也反映了评估方对于被评估方所提供的关于被评估对象的各类相关证据的接受程度,更重要的是体现了基于上述信息所形成的最终安全性结论。独立安全评估方的交付物类别包括安全评估计划、安全通知、文档审核报告、安全审计报告、现场测试见证报告、技术会议纪要和安全评估报告等。

学习与思考

独立安全评估机构

请查一查: 国内外有哪些城市轨道交通领域的独立安全评估机构? 这些机构在评估范围、评估流程方面有哪些差异?

课题 3.2 系统功能验证

传统线路的系统功能验证一般以标准、规范作为依据来确定验证项目。而全自动运行线路的系统功能验证是以运营规则为导向,通过运营场景分解出各个场景所包含的关键系统功能、多系统联动功能以及所要实现的系统设计性能,并以此为验证项目进行系统功能验证。因此,全自动运行线路的系统功能验证具有功能复杂、接口多、信息交换量大等特点,相较于非全自动运行线路,其测试周期更长、调试难度更大。

一、验证目的

全自动运行系统功能验证,主要是对全自动运行系统中与行车组织密切相关的信号、车辆、综合监控、通信及站台门等核心系统是否符合全自动运行系统设计和系统需求以及是否符合线路全自动运行运营场景和运营规则要求而进行的功能验证,以确保全自动运行系统的功能满足运营需求。其主要目的为:

(1)检验各系统设备和相关设计在正常运营和故障应急情况下能否协调、有序地工作,实现轨道交通系统的综合集成。

(2)全面系统地检验各系统的实际功能是否达到开通运营的设计标准,验证各系统间是否可按设计要求协同运作。

(3)充分发现各系统存在的问题,结合运营需要及时对各系统的技术参数进行调整与修改,以满足运营场景和运营规则的要求。

二、验证条件

全自动运行系统功能验证一般在各核心系统完成单系统调试、系统间接口调试和综合联调,并具备合格的调试报告后开展。同时,需在线路开展初期运营前确保设备设施、系统运行、人员安全等条件均已满足。一般而言,全自动运行系统功能验证条件包括设施设备、验证组织和验证内容三个方面。

(一)设施设备方面

设施设备方面需要满足的验证条件如下:

(1)各核心系统单系统调试、系统间接口调试和综合联调完成并具备合格的调试报告。

(2)信号系统具备合格的单车、多车和试运行动车调试第三方独立安全评估报告。

(3)车辆、通信、综合监控及站台门系统具备合格的第三方独立安全评估报告。

(二)验证组织方面

验证组织方面需要满足的验证条件如下:

(1)全自动运行系统功能验证组织架构建立且相关人员到位,牵头组织验收单位、设计单位以及各核心系统供应商应参加验证工作。

（2）全自动运行系统验证方案及验证计划已编制且发布，其中系统验证项目应符合线路工程特点及设计文件对系统功能的要求，系统验证记录表应符合特定的全自动运行线路系统设计要求。

（3）各核心系统供货商现场技术服务落实完毕。

（4）全自动运行系统验证应急预案编制完毕并发布。

（5）全自动运行系统验证各参与人员已完成培训。

(三)验证内容方面

全自动运行系统功能验证内容应涵盖全自动运行期间从列车唤醒、出入库、正线运行、清客、自动折返和休眠等一整日正常运行功能，状态监控和远程处置等运营管理及监测监控功能，以及紧急状态检测与运营处置等功能；同时，全自动运行系统功能验证还可对系统关键性能进行测试评估，以便用于初期运营的运营组织及运营计划编制。

1.正常运行功能

相比传统有人驾驶线路，全自动运行系统功能验证可增加验证项目有：列车唤醒(含综合自检)、列车自动鸣笛、列车自动出入库、列车站台自动对位、列车蠕动模式、列车自动开/关门、车门防夹防护、站台门间隙探测、列车站台自动发车、列车障碍物检测、系统自动扣车、列车自动折返、站台自动清客、列车休眠、列车自动洗车等功能。

2.运营管理及监测监控功能

相比传统有人驾驶线路，全自动运行系统功能验证可增加验证项目有：列车远程在线检测、列车模式指示灯、列车工况模式自动转换、列车工况模式人工设置、远程临时清客、站台列车车门控制、站台中部 PSL 盘远程再次开关门、紧急制动自动缓解、远程限制驾驶模式、中心远程停车、工作人员防护开关等功能。

3.紧急状态检测与运营处置

相比传统有人驾驶线路，全自动运行系统功能验证可增加验证项目有：列车与中心联动、中心远程广播及乘客信息发布、中心远程车载视频图像调用、列车乘客紧急对讲、车门/站台门对位隔离、信号授权释放逃生门等功能。

4.系统关键性能

系统关键性能方面一般可开展列车车站折返能力、列车出库能力、列车区间追踪能力、列车分叉能力(列车分叉能力是指列车在分叉轨道处能够准确、安全地从一条轨道切换到另一条轨道的能力)、列车汇合能力、列车自动唤醒等验证测试。

三、功能验证要求

(一)正常运营功能验证要求

1.列车唤醒(含综合自检)功能

（1）全自动运行系统应具备三种列车唤醒方式：自动唤醒、远程人工唤醒、就地人工唤醒。其中自动唤醒和远程人工唤醒由中心 ATS 对列车下发唤醒指令。就地人工唤醒由操作人员在车内人工操作唤醒列车,可在自动唤醒及远程人工唤醒失败时使用。

(2)测试内容及目的:在全自动运行系统的停车库或正线休眠区(站台、存车线和折返线)对休眠列车开展自动唤醒、远程人工唤醒和就地人工唤醒测试,测试列车唤醒(含综合自检)功能是否符合设计要求和运营场景需求。

(3)测试结果:系统或人工能对成功休眠的列车实施上电、启动作业,系统按设计要求完成综合自检程序,且 ATS 界面显示系统自检及联合测试结果。控制中心 ATS 界面显示列车唤醒成功或失败的信息。

2. 列车自动鸣笛功能

(1)测试内容及目的:测试列车在车辆基地内全自动运行模式动车前自动执行鸣笛功能是否符合设计要求和运营场景需求。

(2)测试结果:列车在停车场内全自动运行模式动车前自动鸣笛。

3. 列车自动出入库功能

(1)测试内容及目的:测试列车按照 ATS 运营计划时间自动出入库及列车运行情况等是否符合设计要求和运营场景需求。

(2)测试结果:列车根据出入库计划执行停车列检库与正线之间的全自动运行。

4. 列车站台自动对位功能

(1)测试内容及目的:测试列车站台自动对位功能是否符合设计要求和运营场景需求。

(2)测试结果:若列车到站对位不准,列车在允许误差范围内(如欠停距离 0.5 ~ 5.5m 或过停距离 0.5 ~ 4.5m)自动执行站台对位;若列车过停距离超过系统设计范围或站台自动对位进行 3 次后仍未完成自动对位,列车自动向下一站运行或于站台停车不自动发车。

5. 列车蠕动模式功能

(1)测试内容及目的:列车区间运行时模拟列车故障需采用蠕动模式运行,测试列车蠕动模式功能是否符合设计要求和运营场景需求。

(2)测试结果:当车载控制器与 TCMS 通信故障时,车载控制器自动向控制中心发出进入蠕动模式的请求,控制中心授权列车进入蠕动模式,列车以不超过 20km/h 的速度自动运行至下一站,到站后停车等待。

6. 列车自动开关门功能

(1)测试内容及目的:列车在站台停准后观测车门及站台门状态,测试列车自动开关门功能是否符合设计要求和运营场景需求。

(2)测试结果:列车停站后自动打开车门,站台门联动打开,乘降作业完毕后列车根据运行计划自动关闭车门,站台门联动关闭。

7. 车门防夹防护功能

(1)测试内容及目的:测试车门防夹防护功能是否符合设计要求和运营场景需求。

（2）测试结果：列车以 ATO 模式或 FAM 运行情况下，车门探测到障碍物后触发防夹模式，待障碍物移除后，车门关闭。

8. 站台门间隙探测功能

（1）测试内容及目的：测试站台门间隙探测功能是否符合设计要求和运营场景需求。

（2）测试结果：控制中心显示站台门间隙探测装置报警信息，列车无法离站。

9. 列车站台自动发车功能

（1）测试内容及目的：列车停站时间结束后，测试列车站台自动发车功能是否符合设计要求和运营场景需求。

（2）测试结果：列车可根据运行计划，在满足发车条件且停站时间结束后自动发车离站。

10. 列车障碍物检测功能

（1）测试内容及目的：测试列车障碍物检测功能是否符合设计要求和运营场景需求。

（2）测试结果：障碍物探测装置检测到异物侵限时，列车自动触发紧急停车模式。

11. 系统自动扣车功能

（1）测试内容及目的：测试区间列车数量需要调整时，列车运行情况、列车车门与站台门、PIS 及广播系统等是否符合设计要求和运营场景需求。

（2）测试结果：列车数量大于系统参数时，列车在站台自动扣车，列车车门与站台门自动打开并保持打开，车辆 PIS、车辆广播自动显示/播报扣车信息。列车数量小于系统参数时，系统自动取消扣车，车辆 PIS、车辆广播自动取消显示/播报扣车信息，列车车门与站台门自动关闭，列车自动离站。

12. 列车自动折返功能

（1）测试内容及目的：测试站前折返、站后折返（含退出运营）列车运行以及车门与站台门状态是否符合设计要求和运营场景需求。

（2）测试结果：列车折返时，根据运行计划自动触发折返进路，并在折返点自动匹配新的运行计划以及自动换端后自动发车。列车在站前折返换端时保持开门状态，同时根据运行计划自动匹配工况模式。

13. 站台自动清客功能

（1）测试内容及目的：测试列车进入和确认完成站台自动清客模式后，列车车门与站台门、车辆 PIS 及车辆广播等功能是否符合设计要求和运营场景需求。

（2）测试结果：列车到达运行计划终点站后自动执行到站清客广播（终点站广播）。列车到站后自动清客并自动扣车，车辆 PIS 自动显示清客信息，车辆广播自动播放清客广播，列车自动转换为"退出正线服务"工况。当运营调度员确认完成清客并取消站台扣车或清客确认按钮被激活后，列车自动取消扣车，并自动发车回库或进入停车线。

14. 列车休眠功能

（1）全自动运行系统应提供三种列车休眠方式：自动休眠、远程人工休眠、就地人工休眠。其中自动休眠和远程人工休眠功由中心 ATS 对列车下发休眠指令,就地人工休眠由操作人员在车内人工操作休眠列车,可在自动休眠及远程人工休眠失败时使用。

(2)测试内容及目的:测试自动休眠、远程人工休眠和就地人工休眠三种方式是否符合设计要求和运营场景需求。

(3)测试结果:列车根据运行计划自动休眠,或远程人工休眠/就地人工休眠,且在列车休眠前自动断开除信号 DCS 和唤醒单元外的所有设备电源。控制中心 ATS 显示列车休眠相关状态信息。

15. 列车自动洗车功能

(1)测试内容及目的:测试列车自动洗车功能是否符合设计要求和运营场景需求。

(2)测试结果:列车自动从停车列检库运行至洗车线,转换洗车工况后,自动执行洗车程序。

(二)运行管理及监测监控功能验证要求

1. 列车远程在线检测功能

(1)测试内容及目的:在列车上分别设置关键系统和设备故障,核验与运营安全相关信息的显示是否符合设计要求和运营场景需求。

(2)测试结果:控制中心对列车设备状态、列车关键设备故障信息进行实时监控和告警,列车各关键系统和设备与运营安全相关信息在控制中心实时显示,其余信息回库传送或可下载。

2. 列车模式指示灯功能

(1)测试内容及目的:测试列车模式指示灯功能是否符合设计要求和运营场景需求。

(2)测试结果:列车外侧指示灯的指示信息可提示列车当前是否处于全自动运行模式。列车处于全自动运行模式/非全自动运行模式时,全自动运行模式指示灯根据设计要求进行显示。

3. 列车工况模式自动转换功能

(1)测试内容及目的:测试列车根据运行计划自动执行工况模式转换(包括唤醒、待命、正线服务、退出正线服务和洗车模式等)是否符合设计要求和运营场景需求。

(2)测试结果:列车根据运行计划自动转换工况模式,并根据不同工况模式控制列车车厢内照明和空调;控制中心 ATS 显示列车工况执行情况。

4. 列车工况模式人工设置功能

(1)测试内容及目的:测试列车通过人工远程设置工况模式(包括唤醒、待命、正线服务、退出正线服务和洗车模式等)是否符合设计要求和运营场景需求。

(2)测试结果:列车通过人工远程设置工况模式控制列车车厢内照明、空调及开关门设备。

5. 远程临时清客功能

(1)测试内容及目的:测试确认完成远程临时清客后,列车车门与站台门、车辆

PIS 及车辆广播是否符合设计要求。

（2）测试结果：列车到站后自动清客并自动扣车，车辆 PIS 自动显示清客信息，车辆广播自动播放清客广播。当运营调度员确认完成清客并取消站台扣车或清客确认按钮被激活后，列车自动取消扣车并自动发车离站。

6. 站台列车车门控制功能

（1）测试内容及目的：控制中心 ATS 对停站列车/站台设置车门控制命令（如保持关闭、允许开左/右门等）后，测试列车停站后列车车门控制功能是否符合设计要求和运营场景需求。

（2）测试结果：列车车门及站台门执行车门控制指令，保持关闭、单侧开门或双侧开门。

7. 站台中部 PSL 远程再次开关门功能

（1）测试内容及目的：通过激活站台中部 PSL 盘的再次开关门按钮，测试站台中部 PSL 盘远程再次开关门功能是否符合设计要求和运营场景需求。

（2）测试结果：通过操作站台中部的 PSL 盘，控制停站列车的车门和站台门联动打开、关闭。

8. 紧急制动自动缓解功能

（1）测试内容及目的：列车运行期间信号故障或恢复正常情况下，测试紧急制动自动缓解功能是否符合设计要求和运营场景需求。

（2）测试结果：信号设备发生故障时，信号系统自动触发紧急制动；信号设备故障恢复正常时，信号系统自动缓解紧急制动。

9. 远程限制驾驶模式功能

（1）测试内容及目的：测试远程限制驾驶模式功能是否符合设计要求和运营场景需求。

（2）测试结果：列车停在区间，对车载设备失去定位后控制中心设置列车进入远程限制驾驶模式，列车以低速运行并进行速度安全防护，重新建立定位后自动恢复 FAM 运行。

10. 中心远程停车功能

（1）测试内容及目的：测试中心远程停车功能是否符合设计要求和运营场景需求。

（2）测试结果：控制中心调度员可使列车停车。

11. 工作人员防护开关功能

（1）测试内容及目的：作业人员进入轨行区特定区域作业之前，需激活工作人员防护开关，防止列车进入作业区域，保护作业人员安全。激活和恢复正线轨行区或车辆基地全自动区域工作人员防护开关后，测试列车运行状态是否符合设计要求和运营场景需求测试工作人员防护开关相关状态在控制中心 ATS 的显示是否符合设计要求。

（2）测试结果：激活正线轨行区或车辆基地全自动区域工作人员防护开关后，列车执行自动防护；恢复正线轨行区或车辆基地全自动区域工作人员防护开关后，列车恢复全自动运行。控制中心 ATS 系统显示工作人员防护开关相关状态。

(三)紧急状态检测与运营处置功能验证要求

1. 列车与控制中心联动功能

(1)测试内容及目的:测试列车与控制中心联动功能是否符合设计要求和运营场景需求。

(2)测试结果:车辆相关安全设施设备触发(列车乘客紧急对讲、车门紧急解锁装置、火灾报警、逃生门请求装置等)后,车载视频监控系统与控制中心实现联动,控制中心显示报警信号和位置,并联动车辆相关区域的 CCTV 视频图像。

2. 控制中心远程广播及乘客信息发布功能

(1)测试内容及目的:测试控制中心远程广播及乘客信息发布功能是否符合设计要求和运营场景需求。

(2)测试结果:控制中心能够对列车发布语音及文字信息,车辆执行远程人工广播,车辆 PIS 显示文字信息。

3. 控制中心远程车载视频图像调用功能

(1)测试内容及目的:测试控制中心远程车载视频图像调用功能是否符合设计要求和运营场景需求。

(2)测试结果:控制中心可远程调用车辆 CCTV 图像,对列车车厢进行实时监控。

4. 列车乘客紧急对讲功能

(1)测试内容及目的:测试列车乘客紧急对讲功能是否符合设计要求和运营场景需求。

(2)测试结果:列车乘客紧急对讲按钮被激活后,控制中心与列车建立实时双向通话,可对乘客紧急对讲通话录音。多个乘客紧急对讲按钮被激活后,控制中心显示对讲需求。通话结束后,控制中心可完成复位。

5. 车门/站台门对位隔离功能

(1)测试内容及目的:设置车门/站台门故障隔离,测试车门/站台门对位隔离功能是否符合设计要求和运营场景需求。

(2)测试结果:列车进站前收到车门、站台门的故障或关闭切除信息后,列车到站停准,对应的站台门或车门保持关闭,其他车门和站台门可正常打开。

6. 信号授权释放逃生门功能

(1)测试内容及目的:列车于正线区间或车站未停准时,激活逃生门对应紧急解锁手柄,测试信号授权释放逃生门功能是否符合设计要求和运营场景需求。

(2)测试结果:列车逃生门请求装置被激活后,手柄为锁闭状态,需要信号授权才可通过手柄打开逃生门。

四、系统关键性能验证要求

全自动运行的高效率运作能提升整体运营性能。全自动运行系统功能验证还可对系统关键性能进行测试评估,以便为初期运营的运营组织及运营计划编制提供依据。由于各线路的系统设计和线路特点存在差异,不同全自动运行线路的验证科目及性能要求有所不同。大体而言,性能验证项目有如下方面:

1.列车车站折返能力测试

(1)测试内容及目的:测试列车在折返站进行站前、站后无人自动折返时,折返时间是否符合设计要求;根据列车折返时间判断折返能力是否达标。

(2)测试结果:列车在车站站前、站后折返能力符合系统设计要求。

2.列车出库能力测试

(1)测试内容及目的:列车在车辆基地按 ATS 系统时刻表出库,以 FAM 运行至正线,与正线计划相匹配。根据不同进路计算出库时间,测试列车出库能力是否符合设计要求。

(2)测试结果:列车出库能力符合系统设计要求。

3.列车区间追踪能力测试

(1)测试内容及目的:列车根据运行计划以最高运营等级在正线运行,在运行期间进行车站自动开关门和自动发车。计算列车平均列车追踪时间,测试列车区间追踪能力是否符合设计要求。

(2)测试结果:列车区间追踪能力符合系统设计要求。

4.列车分叉能力测试

(1)测试内容及目的:列车在正线道岔区域按运行计划以 FAM 运行。第一辆车在分叉站道岔正向通过后继续正线运行,第二辆车在分叉站道岔侧向进行折返后继续向另一个方向正线运行,第三辆车在分叉站道岔正向通过后继续正线运行。计算平均分叉能力时间,测试列车分叉能力是否符合设计要求。

(2)测试结果:列车分叉能力符合系统设计要求。

5.列车汇合能力测试

(1)测试内容及目的:列车在正线道岔区域按运行计划以全自动模式运行。第一辆车在汇合站道岔正向汇合后继续正线运行,第二辆车在汇合站道岔侧向汇合后继续正线运行,第三辆车在汇合站道岔正向汇合后继续正线运行。计算平均汇合能力时间,测试列车汇合能力是否符合设计要求。

(2)测试结果:列车汇合能力符合系统设计要求。

6.列车自动唤醒测试

(1)测试内容及目的:在车辆基地停车列检库区域,通过时刻表对多列正常休眠无故障列车进行唤醒。查看列车唤醒情况,测试自动唤醒能力是否符合设计要求。

(2)测试结果:列车自动唤醒符合系统设计要求。

学习与思考

对比全自动运行线路与非全自动运行线路系统联调差异

请以"列车站台发车"场景为例,对比全自动运行线路与非全自动运行线路系统联调差异。

课题 3.3　初期运营的基础条件

一、运营管理条件

1. 试运行期间关键指标条件

依据交通运输部发布的《城市轨道交通初期运营前安全评估技术规范》(T/SHJX 0019—2020)规定,线路在正式投入初期运营前,需完成不少于 3 个月的试运行流程。鉴于全自动运行系统在安全技术层面较传统运营线路提出了更高标准,全自动运行线路在试运行阶段,应严格遵循初期运营时的列车运行图,以 FAM 连续行车达 20 日以上,同时,与全自动运行相关的关键指标通常需满足如下标准:

(1)列车运行图兑现率不低于 99%。

(2)列车正点率不低于 98.5%。

(3)列车服务可靠度不低于 12 万列公里/次。

(4)列车退出正线运行故障率不高于 0.3 次/万列公里。

(5)车辆系统故障率不高于 1 次/万列公里。

(6)信号系统故障率不高于 1 次/万列公里。

(7)供电系统故障率不高于 0.2 次/万列公里。

(8)站台门故障率(含探测装置)不高于 0.6/万次。

(9)全自动运行系统休眠唤醒成功率不低于 99.5%。

2. 规章制度基础条件

全自动运行线路运营单位应建立健全适应于全自动运行的规章制度体系,保障各部门职责明确、分工合理、衔接紧密、运转高效。全自动运行线路规章制度体系应在《城市轨道交通初期运营前安全评估技术规范》要求的安全管理类、行车制度类、客运服务类、设备维护类和应急处置类等规章制度基础上,更贴合全自动运行系统的运营特点,具体如下:

(1)规章制度体系应包括正常场景、故障场景、应急场景的场景说明书,以及与其对应的运营管理规章、操作办法及场景作业指导书等。

(2)规章制度体系应适应于不同运行模式下的正常、非正常和应急运营场景,并明确 FAM 运行及降级模式下各岗位人员的职责与处置流程。

(3)规章制度体系中的运营管理规定,应根据全自动运行列车人员值守方式和管理模式,明确远程处理与现场处置优先级、全自动运行与值守人员驾驶转换原则、现场运营人员登乘无人值守列车的原则和全自动运行列车退出运营的原则等。

(4)规章制度体系中列车运行计划、列车运行交路、行车间隔、停站时间等运行参数应与列车的运行模式及值守方式相匹配。

(5)设置了备用控制中心的全自动运行线路,应制定主备控制中心控制权转换、应急人员调配等相关管理办法与流程。

（6）应急处置类制度宜对全自动运行系统运营风险进行评估，构建运营风险库并拟定管控措施，且应针对该系统运营风险明确降级运营条件。应急预案亦需充分考量全自动运行系统的设备特性、可能出现的故障情形及各类应急场景。

3. 运营组织基础条件

全自动运行线路在运营管理上一般采用高度集中的管理模式，实现调度指挥、列车驾驶、客运组织、应急处置等核心管理业务的统一管理、协同运作。相比传统有人驾驶模式线路，全自动运行线路在运营组织上有以下基本要求：

（1）采用运营控制中心集中调度指挥模式，正常情况下应以系统自动运行为主，非正常或应急情况下可转为传统非全自动运行的调度指挥模式。

（2）列车应能按要求在规定位置实现自动唤醒，并按照列车运行计划自动上线运行。

（3）列车有人值守时，调度员和车上值守人员监护列车全自动运行；遇非正常及应急情况时，车上值守人员优先现场处置，调度员远程配合；调度员在进行故障或灾情远程确认及复位前，应与车上值守人员、现场运营人员或乘客核实现场情况。

（4）列车无人值守时，调度员远程监护列车运行；非正常及应急情况时，调度员根据预案及处置方案进行远程处置或现场配合处置；无法远程处置时，现场运营人员根据预案做好登车前安全防护工作后登车进行处置。

（5）车站对全自动运行的新增风险点和车站行车相关设备进行监控，对乘客乘降过程进行监视，发现故障或异常应及时处理；在控制模式由运营中心控制改为车站控制时，车站人员应加强列车运行监控，并根据调度命令及时开展相关行车组织工作。

（6）车站客运服务质量管理、客运组织方案及突发事件处置程序应满足不同运行模式的需求。

（7）车站站台关门按钮、站台急停按钮、清客确认按钮、站台门与列车间防夹探测装置及 PSL 盘等全自动运行辅助设备的故障处置应满足客运组织的需求。

二、人员条件

全自动运行系统是多专业、多系统的高度集成互联的系统，给运营人员的岗位设置、处置流程等带来了变化。特别是在 FAM 下，部分故障处置、应急处置的职责被分配给控制中心调度员和车站多职能人员，各岗位需要掌握的专业范围也相应扩大，人员的能力要求也有明显提升。

1. 一般要求

（1）全自动运行线路各专业岗位人员应符合《城市轨道交通初期运营前安全评估技术规范》要求，经过系统岗位培训后持证上岗。涉及特种作业要求的人员应参加专业培训，并取得相关部门颁发的特种作业操作证或特种设备作业人员证方可上岗。

（2）全自动运行线路人员应熟悉全自动运行系统特有的相关知识、全自动运行系统新增风险点及操作事项,掌握岗位职责和技能,具备异常情况下处置运营突发事件的能力。

(3)全自动运行线路人员应在相关岗位经验丰富人员指导和监督下进行过操作,操作时长符合相关管理规定、技术规范要求。

(4)全自动运行线路应结合全自动运行系统故障应急响应时间要求配备多职能人员和专业维护队,人员覆盖程度应能满足应急响应时间的要求。

2. 控制中心调度员

全自动运行线路控制中心一般设置多个专业的调度人员,并根据运营需求合理设置调度岗位。全自动运行线路调度岗位人员应达到相应的理论及技能培训要求:

(1)承担行车管理职责的调度员应接受调度工作规则、行车组织规程、列车故障远程处置、施工管理规程及运营场景相关规章等相关内容培训,并通过理论知识考试和岗位技能考试。

(2)承担乘客服务职责的调度员应接受客运组织、乘客沟通与服务等相关内容培训,并通过理论知识考试和岗位技能考试。

(3)承担电力设备监控职责的调度员应接受电力作业安全规则、电力操作规程、电力故障和事故应急处置等相关内容培训,并通过理论知识考试和岗位技能考试。

(4)承担环控专业设备监控职责的调度员应接受环控、站台门、防灾报警等机电设备的规程、有关环控设备故障和事故应急处置等相关内容培训,并通过理论知识考试和岗位技能考试。

(5)承担维护(车辆)故障处置职责的调度员应接受设施设备的维护规程、列车故障远程排查和处理规定、本线路的故障处置流程和非正常场景下的维护指挥规定等相关内容培训,并通过理论知识考试和岗位技能考试。

(6)承担车辆基地调度职责的调度员应接受车辆基地内行车组织、施工管理等相关内容的培训,并通过理论知识考试和岗位技能考试。

3. 车站多职能人员

(1)车站多职能队长应接受车站管理、设备巡视、行车管理等相关内容培训,并通过理论知识考试和岗位技能考试。

(2)车站多职能队伍(行车)应接受行车管理、客运服务等相关内容培训,并通过理论知识考试和岗位技能考试。

(3)车站多职能队伍(巡视)应接受车站供电模块、通信及信号模块、机电模块、站台客运服务模块等相关内容培训,并通过理论知识考试和岗位技能考试。

4. 列车多职能人员

(1)应接受系统的列车驾驶培训和全自动运行专项培训,掌握突发事件应急处置流程。培训需涵盖正常情况下的出退勤作业、列车整备和出入场作业、正线和车辆基地作业、列车设备基本操作等,非正常情况下的列车故障应急处置和救援、乘客紧急疏散等。

(2)应根据全自动运行系统的值守方式,接受乘客问询与帮助、服务礼仪、急救、车厢设备巡检等方面的知识与技能培训。

5. 设施设备维护人员

（1）应接受全自动运行系统相关知识的学习与培训，掌握全自动运行区域内相关维护作业的流程、要求以及相应的安全防护措施。

（2）应接受全自动运行系统相关设备发生故障时的应急处置培训。

（3）宜加强本专业外相关专业知识与技能的培训，满足维护人员岗位的复合需求。

6. 其他人员

全自动运行线路可根据现场情况配置 RAMS 管理人员，此类人员应接受相关 RAMS 标准、RAMS 管理等内容的培训，对全自动运行系统实施系统化的 RAMS 管理。

三、系统设备条件

1. 一般要求

（1）全自动运行系统初期运营前，信号系统应进行安全评估并出具安全评估报告和安全证书，系统功能应达到设计要求的安全完整性等级，安全限制条件应得到有效输出。车辆、综合监控、站台门、通信系统可进行相应安全评估。

（2）全自动运行各核心系统完成单系统调试、系统间接口调试和综合联调并具备合格的调试报告，全自动运行系统功能应完成验证并满足全自动运行条件。

（3）全自动运行系统应具备兼容性，以满足全自动运行与非全自动运行的运营需求。

（4）全自动运行涉及行车安全的系统应遵循故障-安全原则。

2. 信号系统

相比传统线路，全自动运行信号系统主要增加了如下条件：

（1）主用控制中心与备用控制中心的信号系统、综合监控系统设备应互为冗余热备，通信系统设备宜互为冗余热备。

（2）轨旁设备增加开/关门按钮、清客确认按钮及 SPKS 按钮、休眠唤醒应答器；车载设备增加休眠唤醒单元。

（3）增强自诊断及远程监控功能，增加自动休眠/休眠、FAM/CAM、工况管理、停车列检库静态定位、全自动洗车、车库门联锁联动、站台对位调整等功能。

（4）与车辆系统增加全自动驾驶相关继电器接口，与综合监控系统增加信号联动信息传输，与站台门系统增加对位隔离、间隙探测等接口，与通信系统增加行车联动信息传输接口，与车辆基地车库门、洗车机、门禁系统等增加接口。

3. 车辆系统

相比传统线路，全自动运行车辆系统主要增加了如下条件：

（1）增强车辆关键系统冗余配置，增加客室紧急手柄、障碍物检测、受电弓检测、电池管理等系统。

（2）增加车辆自动唤醒、自检、自动休眠、障碍物检测、列车脱轨检测、低压系统恢复供电/故障隔离、列车状态/故障报警信息上传、车辆远程控制等功能。

（3）与信号系统增加 FAM/CAM 模式输出、休眠唤醒等接口中，与通信系统增加联动信息传输接口，与综合监控系统增加车站火灾联动信息传输接口。

（4）增加车辆制动、车门、TCMS 等子系统安全完整性等级要求的相关技术指标。

4. 通信系统

相比传统线路，全自动运行通信系统主要增加了如下条件：

（1）系统功能方面。

①增加车辆监控、乘客服务设备：

a. 专用电话系统实现各调度台及终端电话间的通话功能；

b. 无线通信系统实现控制中心对列车广播、乘客与控制中心调度员双向语音对讲功能；

c. 视频监控系统实现各调度台及终端视频监控设备间的视频推送功能。

②无线通信系统车载设备增加自动检测功能，并能将自检结果及状态信息传送至 TCMS。

③乘客信息系统增加车辆清客提示、火灾报警、车门紧急解锁、紧急操作装置激活、紧急呼叫激活、紧急情况下跳站等联动功能。

（2）无线通信系统与综合监控系统接口增加调度台与乘客双向对讲功能；无线通信系统与车辆广播系统接口增加控制中心与乘客双向语音对讲功能；列车 TCMS 与乘客信息系统接口增加联动功能。

5. 综合监控系统

相比传统线路，全自动运行综合监控系统主要增加了如下条件：

（1）配置备用控制中心，主用控制中心与备用控制中心的信号系统、综合监控系统设备应互为冗余热备，通信系统设备宜互为冗余热备。

（2）具备联动其他系统自动接收停电、送电申请的功能。

（3）具备联动其他系统处理站台门故障的功能。

（4）具备联动其他系统处理车站火灾的功能。

（5）提高遥控指令和设备状态传送的实时性。

6. 站台门系统

相比传统线路，全自动运行站台门系统主要增加了如下条件：

（1）增设车门与站台门间隙探测设备，检测到障碍物时触发紧急制动停车并联动地面 ATP 进行防护。

（2）响应信号系统对站台门的整侧滑动门单元的开、关门控制。具备故障车门和站台门的对位隔离功能；具备故障站台门和车门的对位隔离功能。

（3）隔离故障车门后，列车运行至站台后自动隔离对应的站台门，隔离的站台门不执行开门动作。

（4）隔离故障站台门后，列车运行至站台后自动隔离对应的车门，隔离的车门不执行开门动作。

7. 其他

（1）车辆基地设备具备列车位置定位等功能。

（2）车站及车辆基地设置人员防护开关，对进入正线及车辆基地内自动化区域的人员进行安全防护。

（3）停车库内各防护分区的出入口处设有门禁或人员防护开关并设置不同权限，以控制不同工作类型的人员进出。

学习与思考

全自动运行线路开通前评估

请查一查国内全自动运行线路开通前评估遵循的标准规范、总体原则和程序。

技能工作页

姓名：_____ 班级：_____ 小组_____ 学号_____

1. 任务书

对全自动运行系统用设备自动控制取代人工操作,采用基于风险控制的方式对核心设备进行管理,这已成为轨道交通安全保障工作的发展趋势。在生命周期内,需以运营场景的分解功能作为输入条件,以此引导全自动运行线路的系统功能验证。通过建立运营场景相适应的规章制度、组织架构以及人员配置体系,达到全自动运行系统初期运营的基础条件。请小组合作查阅资料,完成如下任务:

(1)根据不同运营场所识别出的危害,提出可以采取的应对措施和安全保障方法。

(2)根据全自动运行系统产品开发特点区分独立安全评估类别。

(3)分析全自动运行线路以运营场景为导向的系统功能验证"V"模型。

(4)判断全自动运行线路系统功能验证的基本条件。

(5)通过角色扮演完成"控制中心远程广播及乘客信息发布功能"调试演练。

(6)判断全自动运行线路初期运营的基础条件。

2. 任务分组

建议成立5~6人的学习小组,明确任务分工(表3-3),共同完成相关任务。

学生任务分配表 表3-3

序号	组别	姓名	学号	任务分工	备注
1					
2					
3					
4					
5					
6					

3. 任务准备

(1)调研国内外全自动运行系统在车站、车上以及区间发生的事故案例及应对措施。

(2)阅读《城市轨道交通全自动运行线路初期运行前安全评估技术规范》(T/SHJX 0019—2020),了解全自动运行线路在功能、性能和安全性验证方面的要求。

(3)阅读《城市轨道交通全自动运行系统规范 第6部分:初期运营基本条件》(T/CAMET 04017.6—2019),了解全自动运行线路开通前有关设备、人员和运营组织方面的条件要求。

4. 获取信息

引导问题 1：轨道交通系统通过两种主要途径来实施安全保障工作：一是_____的制定与遵守，以确保如机械安全等具体方面的达标；二是基于_____的安全控制策略，旨在预防事故并早期遏制其发生。

引导问题 2：系统安全保障的闭环管理是由_____、_____以及_____通过横向协同机制共同完成的。

引导问题 3：在全自动运行系统中，若某一或多个危险状况符合既定的技术规范，则这些危险所引发的风险被视为_____状态，无需额外进行详细分析。

引导问题 4：基于风险的系统安全保障通过_____的方式评估风险的可接受性，并贯穿于项目的全生命周期。

引导问题 5：全自动运行信号系统车载设备的安全完整性等级共有_____个等级，其中数字越大，代表的安全等级越_____。

引导问题 6：独立安全评估分为通用层面和特定应用层面，其中通用层面安全评估是_____的输入。

引导问题 7：在独立安全评估活动中，_____基于被评估方提供的证据材料，评价安全活动是否已将相关风险降低至所需水平。

引导问题 8：全自动运行线路的系统功能验证以_____为导向，通过分解运营场景来确定验证科目。

引导问题 9：全自动运行系统功能验证的前置条件中，设施设备方面要求信号系统需具备合格的_____调试第三方独立安全评估报告。

引导问题 10：全自动运行线路系统功能验证包括_____、_____和_____。

引导问题 11：全自动运行线路的规章制度体系中，应包括_____、故障场景、应急场景的场景说明书，以适应全自动运行系统的特殊需求。

引导问题 12：自动运行系统要求各岗位人员需经过系统岗位培训后_____，涉及特种作业要求的人员还需取得特种作业操作证或特种设备作业人员证。

5. 任务实施

实施任务 1：危害分析与安全保障措施选择

小组合作，通过对全自动运行系统的危害识别，提出应对的安全措施，并形成相应的安全需求。请通过小组讨论形式，根据表 3-4 中列举的不同场所存在的危害，提出可采取的措施和安全保障方法（A 为基于风险的系统安全保障方法、B 为基于技术规范的系统安全保障方法）。

全自动运行系统危害分析与可采取的措施　　　　　　表 3-4

场所	危害	可采取的措施	安全保障方法
车站	人或者物品夹在站台门与列车之间		
	进站停车不准，导致车门与站台边门未对齐		
	车站火灾		

场所	危害	可采取的措施	安全保障方法
列车	列车与障碍物相撞		
	列车脱轨		
区间线路	冰雪导致线路湿滑		
	异物入侵		

实施任务2：对比独立安全评估类别

请根据下列产品开发特点选择合适的独立安全评估类别，其中A选项为"通用应用独立安全评估"，B选项为"特定应用独立安全评估"。

（1）该产品从通用的角度考虑该系统，并且依赖于应用程序的操作环境。（　　）

（2）该产品从通用的角度考虑该系统，适用于不同类别的应用，无应用相关的操作环境。（　　）

（3）该产品用于特定的应用，包括其物理实现。（　　）

实施任务3：以运营场景为导向的系统功能验证

全自动运行线路系统功能验证一般以运营场景为导向，首先由运营场景分解出功能需求，以此为输入条件指导后续的设计，然后通过分项调试、接口调试确认设计方案最终实现，最后通过综合联调、试运行对功能、场景进行全面确认。根据上述信息，请完成图3-7系统功能验证"V"模型。

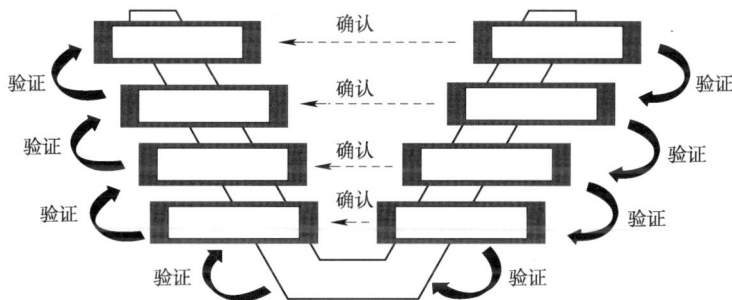

图3-7　系统功能验证"V"模型

实施任务4：判断系统功能验证条件

请根据所学内容，对下列有关系统功能验证条件的描述做出判断。

（1）全自动运行系统功能验证必须在所有核心系统单系统调试、系统间接口调试和综合联调均完成，并取得合格的调试报告后，才能开始进行。（　　）

（2）信号系统只需完成单车和多车调试，无需进行试运行动车调试及取得第三方独立安全评估报告，即可进行全自动运行系统功能验证。（　　）

（3）全自动运行系统功能验证的组织架构只需在验证前临时建立，无需确保相关人员到位。（　　）

（4）全自动运行系统功能验证的内容不包括列车远程在线检测和系统紧急状态检测与运营处置功能的验证。（　　）

（5）在全自动运行系统功能验证中，列车自动洗车功能属于紧急状态检测与运营

处置功能的验证范畴。 （　　）

（6）全自动运行系统功能验证过程中,系统关键性能的测试评估不用于初期运营的运营组织及运营计划编制。 （　　）

实施任务5：系统功能验证模拟演练

根据"控制中心远程广播及乘客信息发布功能"验证要求,通过角色扮演形式模拟演练,完成表3-5中该功能测试工单(角色包括控制中心乘客调度员一名、车上人员一名、记录员一名)。

"控制中心远程广播及乘客信息发布功能"测试工单 表3-5

测试列车	测试场景	初始条件确认	测试操作及要求	测试结果
000365	控制中心远程广播	1. 列车以 FAM 停稳在区间； 2. 各项设备处于正常运营状态	□乘客调度员通过无线调度台进行单列车或多列车人工广播下发,确认广播情况	□合格 □不合格
			□中央 PA 后备操作盒分别进行单列车预录广播和人工广播下发,确认列车广播情况	□合格 □不合格
			□车辆 PIS 显示配套文字信息	□合格 □不合格

测试结果判定：□符合/□不符合设计要求和运营场景需求

实施任务6：判断初期运营基础条件

根据所学内容,对下列有关初期运营基础条件的描述做出判断：

（1）试运行期间,全自动运行线路的所有关键指标必须完全达到初期运营时的全自动运行要求。 （　　）

（2）全自动运行线路的规章制度体系必须包括所有可能发生的运营场景及其对应的运营管理规章、操作办法和场景作业指导书。 （　　）

（3）在全自动运行线路中,无论列车是否有人值守,调度员都应在远程进行监护,并在非正常及应急情况下进行远程处置。 （　　）

（4）车站客运服务质量管理、客运组织方案及突发事件处置程序在全自动运行线路中,只需满足全自动运行模式下的需求即可。 （　　）

（5）全自动运行线路的所有岗位人员都必须经过系统的岗位培训并持证上岗,但无需特别关注特种作业要求。 （　　）

（6）在全自动运行系统中,控制中心调度员仅需要掌握与其直接相关的专业知识,无需了解其他专业的应急处置流程。 （　　）

（7）车站多职能人员只需接受与其直接职责相关的培训内容,无需掌握其他模块的基本知识。 （　　）

（8）全自动运行系统在初期运营前,仅信号系统需要进行安全评估并出具相关报告和证书,其他系统如车辆、综合监控、站台门、通信系统等无需进行安全评估。

（　　）

（9）全自动运行信号系统相比传统线路,主要区别在于增强了自诊断及远程监控

功能,而并未增加任何硬件设备。   (   )

（10）在全自动运行车辆系统中,与通信系统接口中仅增加了联动相关信息,并未涉及其他功能或信息的增加。   (   )

6. 评价反馈

请填写表3-6,对任务实施效果进行评价。

任务评价表   表3-6

序号	评价指标	分值（分）	自我评价（40%）	教师评价（60%）
1	引导问题答案正确率90%以上	10		
2	能够根据不同运营场所所识别的危害,提出可以采取的应对措施和安全保障方法	15		
3	能够根据全自动运行系统产品开发特点区分独立安全评估类别	10		
4	能够分析全自动运行线路以运营场景为导向的系统功能验证"V"模型	15		
5	能够判断全自动运行线路系统功能验证的基本条件	15		
6	能够分工完成"控制中心远程广播及乘客信息发布功能"调试演练	20		
7	能够判断全自动运行线路初期运营的基础条件	10		
8	能够通过团队协作的方式完成任务	5		
	合计	100		

7. 总结反思

城市轨道交通全自动运行系统概论

模块 4

城市轨道交通全自动运行系统运营管理

模块描述

　　全自动运行系统具有高度集中化的运行控制与管理模式，对运营维保人员的能力及组织架构提出了较高要求。运营单位通过强化中心控制、岗位复合方式，减少现场运营人员数量，从而提升常规生产能力及突发事件处置能力。全自动线路设备的可靠性、可用性及可维护性对列车运行安全至关重要，其维护体系有效结合设施设备维护和现场运营生产人员，确保维护工作的高效开展。由于全自动运行系统实行无人驾驶，会产生一定的运营风险，需从人因、设备和环境等多方面防控，以提升系统安全、效率与服务水平。

　　本模块基于上海地铁 10 号线运营资料编写，深入探讨了全自动运行线路从传统模式向 FAM 转变的过程，强调了运营一体化的重要性。在运营生产组织方面，构建了适应全自动运行线路的组织架构，明确了岗位设置与职责。作业流程覆盖了正常、故障及应急场景。对不同场景下的岗位职责和流程进行了阐述。在设施设备维护方面，介绍了策略制定、等级划分及维护分类。最后，结合现有全自动运行线路的运行经验，识别并提出了典型运营风险管控措施。

　　本模块涉及城市轨道交通全自动运行系统岗位主要包括运营调度员（含行车调度员、乘客调度员、车场调度员）、设备调度员（含环控调度员、电力调度员、维修调度员）、多职能站控员、多职能巡视员、多职能列控员、设备检修员。

学习目标

◎知识目标

1. 了解全自动运行线路运营管理模式。

2. 了解全自动运行线路组织架构。

3. 理解全自动运行线路岗位设置和岗位职责。

4. 了解全自动运行线路典型岗位任务。

5. 理解全自动运行线路运营作业流程。

6. 了解全自动运行系统维护策略。

7. 理解全自动运行系统维护等级和维护分类。

8. 了解全自动运行系统典型运营风险和管控措施。

◎能力目标

1. 能够对比传统线路和全自动运行线路管理模式。

2. 理解全自动运行线路组织架构。

3. 辨别全自动运行线路岗位变化。

4. 理解全自动运行线路岗位职责。

5. 理解全自动运行系统典型场景作业流程。

6. 理解全自动运行线路设施设备维护。

7. 能够对比全自动运行线路不同模式运营风险。

◎素质目标

1. 培养沟通、协调和合作的团队协作能力。

2. 培养全自动运行系统操作流程、维护方法等专业技能。

3. 培养系统性思维。

4. 培养对工作认真负责、勇于承担责任的观念。

5. 培养良好的职业道德、职业态度和职业习惯，树立正确的职业观念。

◎建议学时：10 学时

案例导入

西安地铁全自动运行线路的"幕后英雄"

2024 年 1 月 8 日，西安地铁 16 号线列车在无人操作下自动完成自检，精准无误地驶上正线，为市民提供便捷的出行服务。这条全自动无人驾驶线路的高效运作，背后离不开多职能岗位融合与集中化调度指挥模式的协同发力。

地铁司机经历了从手动驾驶到无人驾驶的转型，他们不仅掌握了新技术，还转型为综合素质更高的复合型人才。在 16 号线上，车辆运维工成了列车的"监护人"，他们不仅要监控车厢设备，还需在紧急情况下迅速响应，确保列车安全。而在地铁运营的核心场所——控制中心，调度员们扮演着"最强大脑"的角色。他们通过高科技手段实时监控列车运行、电力供应及环境状况，确保线路行车组织的高效。这里的调度员不仅是指挥者，更是操作者和服务者，直接面向设备和乘客，为地铁的平稳运行保驾护航。

（摘编自西安发布微信公众号，2024 年 1 月 9 日）

课题 4.1　运营管理模式

相较于传统线路,全自动运行线路具有运行控制及运营管理高度集中化的特点,这对运营维保人员的能力要求、组织架构内的职责划分均提出了较高的要求。运营单位需要对原有线路的运营管理模式进行优化,以适应运营场景的差异,例如加强中心级的控制,减少现场乘务组织的管理环节以及提高故障处理中的统筹协调能力等,从而提升全自动运行线路管理的服务水平和服务能力。

一、传统线路运营管理模式

传统线路的运营管理和维护管理均由运营中心负责,采用线路控制层和车站、司机现场执行层的两层管理架构,如图 4-1 所示。列车运行主体由运营中心负责。运营中心为所辖线路(含客运、乘务、设施)的一线生产组织责任主体,负责制订线路的运营计划和所辖线路的日常管理。车站管理人员及司机负责执行运营命令。

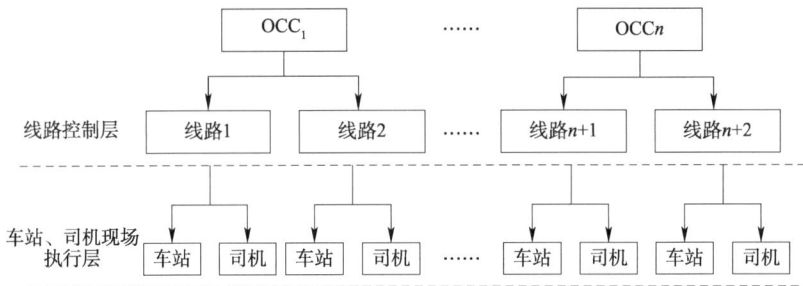

图 4-1　传统线路运营管理模式架构

传统线路运营管理模式具有如下特点:

(1)在控制中心的运营管理中,由值班主任统筹把控全线列车的运行组织工作。控制中心配备多种调度岗位,这些岗位协同配合,共同处理线网各类故障维修、行车组织、信息上报等业务。

(2)客运管理方面,采用线路直管车站、车站站长负责制模式,各线路由分部管理。分部配备主任、技术人员等,负责整条线路的车站管理、客运组织、票务服务等工作。车站配备站长、值班站长、值班员和站务员,实行站长负责制,承担车站管理、客运组织、应急处置等业务。

(3)上线列车司机由乘务部统一管理、调配,同时车辆段/停车场配备运转信号楼值班员,承担上线调试、检修、列车司机每日出入库等业务。

(4)设施设备部门(包括机电、通号、工电等部门)负责对全线设施设备进行维修、管理,车站专业机电设备委托外单位进行维修。

二、全自动运行线路运营管理模式

为充分体现全自动运行系统在运维方面的优势效能,全自动运行线路主要采用运营管理业务和维护管理业务一体化的集中管理模式,以满足全自动运行线路对控制管理高度集中化的要求。该模式一般采用两层管理架构,即线路管理层和车站、列车巡视现场执行层,如图 4-2 所示。

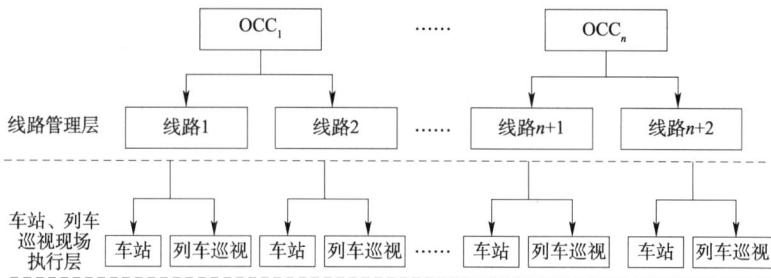

图 4-2　全自动运行线路管理架构

全自动运行线路运营管理模式具有如下特点:

(1)线路管理层的职能得到强化,承担全线的行车组织、调度指挥、票务管理、应急指挥、专业性维护等线路系统级管理业务的运作;车站、列车巡视现场执行层作为现场执行主体,接受线路管理层指令,承担客流组织、客运服务、车辆巡视、现场处置、一般性维护(如车站设施设备维护、车辆基地维护等)等车站和列车现场级管理业务的运作。

(2)控制中心配备运营调度员(含行车调度员、乘客调度员、车场调度员)和设备调度员(含环控调度员、电力调度员、维修调度员),承担列车的全自动运行以及列车在站场的调车作业。

(3)车站配备站长、值班站长和站务员,实行站长负责制,承担车站管理、乘客管理、客运组织、应急处置等业务。车辆基地配备基地值班员、车辆管理员、日常维护人员,承担车辆的日常检修和维护,但不包括定修、架修、大修。

(4)全线配备多职能在线巡查队,负责所有车站和列车的巡视,并负责列车故障处置、人工驾驶、设施设备一级维修等业务。

(5)全线配备专业维护队伍,负责二级以内的专业维护工作(如车辆、信号、供电、通信系统相关工作及轨道故障处理等)及应急抢修。二级以上的维修业务委托专业维修车间完成,车站专业机电设备委托外部企业进行维修。

知识拓展

运维一体化和运营一体化

运维一体化和运营一体化两种模式各有特点,具体如下。

(1)运维一体化管理模式将既有的正线及车场运营指挥、计划管理、施工管理职能、维护保障职能进行整合。这种整合有助于强化线路的统一管理,使业务流程更加精简优化,协同联动能力更强。但与运营一体化模式下 UTO 线路管理部的管理模式相比,运维一体化对维护保障队伍的能力及数量储备要求更高,同时正线与车场以及日常检修队伍的一体化管理对既有的管理模式冲击更大,对体制改革要求更高。

(2)运营一体化模式对目前体系架构改变较小,仅需在线路管理部的基础上增加正线日常检修力量,适当进行岗位复合,即可满足日常运营管理需求,从而充分发挥全自动运行线路在运营管理方面的优势。

课题 4.2 运营生产组织

全自动运行系统组织架构需与运营管理模式相适应,并配合运营组织管理机制和规章制度体系,保障各部门职责明确、分工合理、衔接紧密。运营单位需要根据全自动运行线路的特征,突破既有框架,创建高效运转的协作机制和培育快速响应的应急能力。通过推行岗位复合模式,既能满足常规生产工作的开展,也可以在系统设备发生故障时,迅速实施人工干预,减少损失。

一、全自动运行线路组织构架

(一)典型组织架构

全自动运行系统减少了列车司机岗位。司机的工作职能一部分由列车自动控制系统负责,另一部分由控制中心和车站负责,突出了控制中心集中管理的作用。全自动运行线路组织架构一般为扁平化组织架构,如图 4-3 所示(以上海地铁 10 号线为例),该架构具有各业务板块接口顺畅、职能清晰以及业务流程便捷的特点。

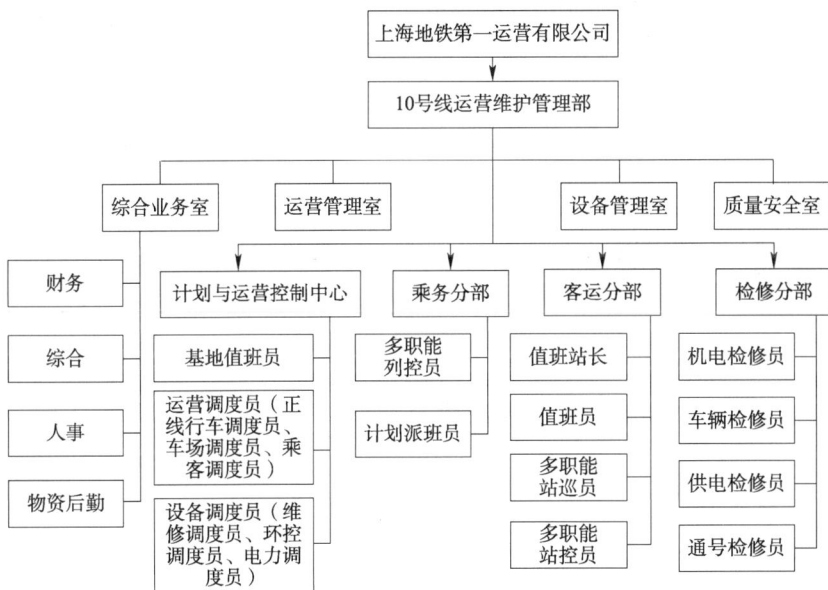

图 4-3 全自动运行线路典型组织架构

上海地铁 10 号线由上海地铁第一运营有限公司负责运营管理与设施设备维保工作。该公司下属的 10 号线运维管理部全面负责 10 号线的计划与运营控制中心(planning and operating control center,POCC)、客运分部、乘务分部、检修分部等部门的管理工作,充分体现了全自动运行系统"运维一体化"的管理理念。各个部室的职责如下:

1. 综合业务室

主要负责线路的日常行政管理工作,包括财务、综合、人事、物资后勤业务等。

2. 运营管理室

作为线路运营生产的指挥部门和行车管理部门,负责公司公文以及各类方针、政策、计划等在各部门之间的流转、发布、传达及落实工作;按照运营实际情况,定期修订工作流程与管理制度;通过对运营生产计划的落实反馈、企业关键绩效指标的数据统计、质量安全抽查等方式对线路日常运营进行监控。

3. 计划与运营控制中心

承担线路运营生产的指挥协调及突发事件应急处置任务,是信息传递中枢。负责全面管辖正线运营、车场工作,并设立维修调度员负责线路的故障维修。

4. 乘务分部

主要负责安排人员正线多点值乘和派班管理工作。负责所辖线路的电客车运作、多职能队伍管理、列车应急处置等工作。

5. 客运分部

负责车站的运作以及对多职能队伍和巡视队的管理等。巡视队负责巡道车驾驶、列车折返时的安全检查、车场内部分调车作业以及列车调试作业等。

6. 检修分部

承担通信、信号、车辆、供电、综合监控系统及车站机电系统等的设施设备维护及保障工作。负责专业性较强的、维护等级要求较高的设备维修。

知识拓展

全自动运行线路计划与控制中心

传统线路中,正线轨行区的调度业务由线路OCC负责,车场行车区域的调度业务由车场DCC负责。车场与正线的分界点通常为出入场信号机,该位置属于共管区域。为达到运维一体化管理的目的,全自动运行线路组建了POCC,统一对正线轨行区及车场实施运营指挥、计划管理、施工管理等业务,实现运营、生产、计划一体化指挥的目的,如图4-4所示。

图4-4 POCC的业务组成

(二)组织架构特点

1. 管理架构方面

全自动运行线路的管理架构主要采取以控制中心为核心的高度集中式管理模式。该模式涵盖了调度指挥、行车管理、客运服务、设备维护等多个专业领域,由一家公司实施统一管理,所有运营信息均集中于OCC进行处理。这种管理方式有助于对线路进行整体性把控,使全自动运行线路的生产运作流程更加合理顺畅。它实现了各专业人员的高度集中、统一运作和可靠保障,同时促进了部门间的联系与协作,有效提高了运营生产的工作效率。

2.岗位变化方面

从岗位变化的角度看,全自动运行线路的运营管理人员进一步展现了一岗多能的特性。新技术和新设备的引入直接催生了新岗位,但这些岗位的技能要求是在原有岗位基础上进行提升和转化。在全自动运行线路的环境下,形成了包括站控员、巡视员、列控员、乘客调度员、车辆调度员、车场调度员等多职能岗位。这些岗位的职能是对列车司机、车站值班员、站务员、车站机电设备维护工以及信号、供电、车辆等工作内容的重新划分和组合,对员工的工作技术能力和应对复杂工作内容的要求更高。

3.人员配置方面

在人员配置方面,全自动运行线路以其行车自动化、检修智能化、乘务服务自助化的特点,为人力资源配置实现高效、经济的目标提供了有利条件。结合线路的集约、高效、自动化特性,通过对生产作业流程的再造和优化,以及岗位内容的整合与新增,设置了适应全自动运行线路运营管理和生产需求的新岗位。这一调整优化了劳动作业内容的分工,改进了劳动生产组织作业流程,从而减少了原岗位分工下的人员定编数,有效降低了运营管理的人力成本。

4.生产业务方面

区别于传统有人驾驶模式,全自动运行线路通过集成信息技术与集中指挥,实现了管理的高效联动。该系统集中指挥信息、属地化现场操作,以确保各岗位职责互补、人员灵活调配。此模式显著缩短了故障响应时间,大幅提升了整体管理运作效率。

知识拓展

部分全自动运行线路运营组织架构

1.北京燕房线

北京市轨道交通运营管理有限公司负责北京燕房线的运营。北京燕房线运营组织架构如图 4-5 所示。运营部负责站务、乘务等工作;设备设施部负责所有设备的维修工作。

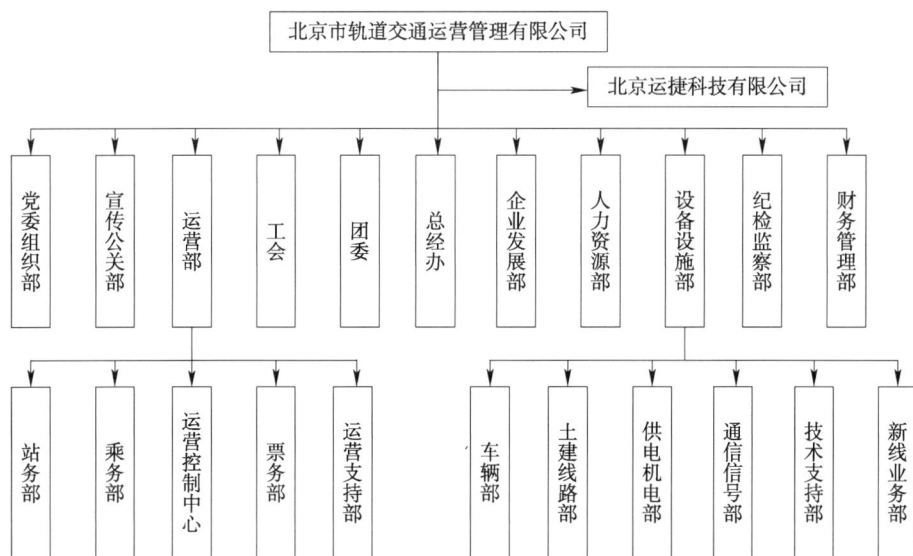

图 4-5　北京燕房线运营组织架构图

2.成都地铁 9 号线

成都地铁 9 号线运营归成都地铁运营有限公司运营三分公司负责，该分公司成立了 9 号线运营中心。成都地铁 9 号线运营组织架构如图 4-6 所示。

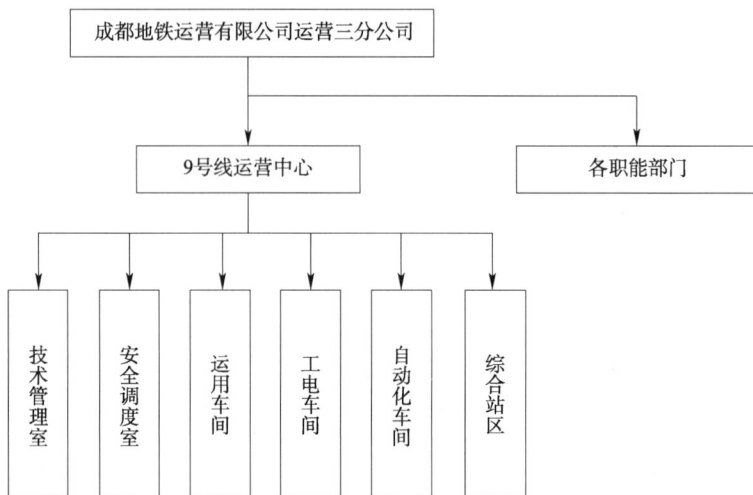

```
┌─────────────────────────────────┐
│    成都地铁运营有限公司运营三分公司    │
└─────────────────────────────────┘
        │
   ┌────┴───────────────────┐
   ▼                        ▼
┌──────────┐          ┌──────────┐
│ 9号线运营中心 │          │  各职能部门  │
└──────────┘          └──────────┘
   │
┌──┬──┬──┬──┬──┬──┐
▼  ▼  ▼  ▼  ▼  ▼
技术管理室  安全调度室  运用车间  工电车间  自动化车间  综合站区
```

图 4-6　成都地铁 9 号线运营组织架构图

二、全自动运行线路岗位设置

全自动运行线路具有的控制中心集中控制、远程控制和自动联动等功能,对控制中心、列车和车站等关键运营岗位人员的职能和运作模式产生了显著的影响,形成了全自动运行线路岗位的复合管理思路。

(一)岗位设置原则

全自动运行线路岗位设置原则需遵循相关标准规范,具体如下。

(1)根据《城市轨道交通全自动运行系统规范　第 7 部分:运营管理》,运营单位宜通过岗位职责复合、乘客自助服务及部分服务外包等形式,实现人力资源优化的目标。

(2)根据《城市轨道交通全自动运行线路初期运营前安全评估技术规范》,运营单位应基于全自动运行线路的运营场景与运营需求合理设置岗位,结合全自动运行的列车值守模式配置相应人员,构建职责明确、分工合理的管理体系,优化职能配置,加强行车组织、客运服务、设施设备维护、RAMS 管理和安全生产管理的职能。运营单位应结合全自动运行系统故障应急响应时间的要求,配备多职能队伍和专业维护队伍,宜加强本专业外相关专业知识与技能的培训,以满足岗位复合的需求。

(3)根据《城市轨道交通全自动运行运营管理规范》,运营单位应根据全自动运行系统故障应急响应时间的要求配备多职能人员,明确调度员、多职能人员和设施设备维护人员的工作分工及处置要求。登乘列车的工作人员宜为多职能人员,具备正线列车的驾驶技能及简单故障的排除能力。

(二)岗位设置变化

全自动运行线路具有高度集成化、自动化、信息化、智能化的特点,这引起城市轨道交通行业多项业务和工作职责的变化,对运营管理人员的岗位技能和管理水平提出了更高要求。新技术和新设备的引入直接催生了新岗位和原有岗位的复合。但无论是新岗位还是复合岗位,其岗位技能要求仍然是在原有岗位基础上进行提升和转化的。相较于传统线路的岗位,全自动运行线路岗位设置变化主要涉及调度业务板块、乘务业务板块、客运业务板块和维保业务板块。

1.调度业务板块

传统线路的调度岗位主要包括行车调度员、维修调度员、电力调度员、环控调度员、控制中心值班主任等,主要负责该线路行车组织、行车设备管理等。在全自动运行模式下,控制中心不仅需要负责运营计划的制订与调整、行车指挥和应急处置,还需要承担远程司机的职责,监护所有正线列车的运行状态,并负责列车上乘客的紧急通话应答。因此,全自动运行线路形成了乘客调度员、车辆调度员、车场调度员等岗位,进一步强化了OCC高度集中、统一指挥的作用。

(1)乘客调度员岗位设置。

全自动运行线路的显著特点之一是减少专职司机配置,列车设计趋向无司机室隔断,操纵台常设盖板,这在紧急情况下限制了人工广播的即时性。为此,线路控制中心增设了远程乘客服务职能,特别是乘客调度员岗位,专门负责在特殊情形下执行列车的人工广播任务。此外,传统列车紧急对讲通常直接联系司机,但在FAM下,这一功能由新增的乘客调度员接管,确保紧急通信的及时性与有效性,以提升全自动线路的应急响应与乘客服务能力。

(2)车场调度员岗位设置。

全自动运行线路的停车场一般采用与正线一致的信号模式,其管理由控制中心统一协调。为满足全面管理车场行车工作的需求,控制中心增设车场调度员岗位,该岗位负责统筹停车场内的派班计划、列车出入库及调车作业等行车指挥工作,确保车场运营的高效与顺畅。

(3)车辆调度员岗位设置。

全自动运行线路一般不配置专职司机,列车操纵台封闭,值乘人员难以直观监控列车状态。为此,控制中心增设远程监控面板,结合ATS系统,全面掌控列车运行情况。同时,设立车辆调度员岗位,该岗位不仅负责列车远程监控,还能提升故障处置效率。此外,车辆调度员能直接对现场的巡检维护人员进行调度指挥,并与行车调度员紧密沟通,协同应对突发状况,以提高应急处置的效率。

2.乘务业务板块

传统线路设有电客车司机与车场调度员等岗位,司机负责客车、工程车驾驶与运营保障,车场调度员负责管理场段运作。全自动运行线路则设立多职能列控岗位,该岗位融合了电动列车司机与站台站务员的技能。在适宜条件下,多职能列控人员可参与车站管理,实现无人值守运营的高效整合。

全自动运行线路多职能列控员兼具客运服务与列车驾驶技能,如图4-7所示。列车无人值守时,多职能列控员驻站,负责日常客运工作。紧急情况时多职能列控员需登车进行应急处置和手动驾驶。

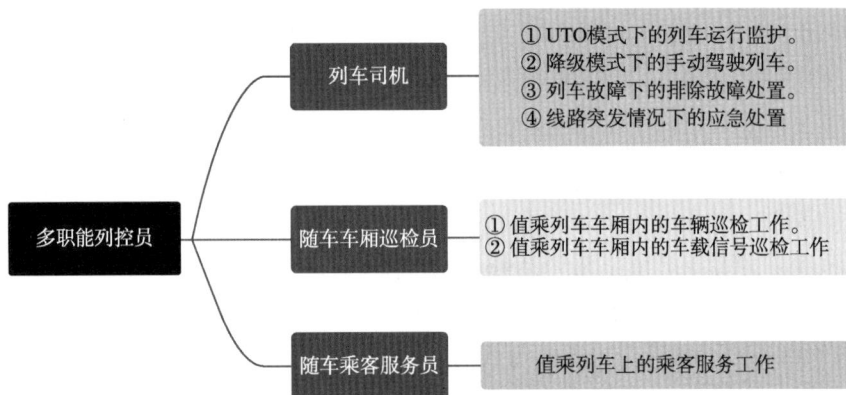

图 4-7　多职能列控员岗位复合

3. 客运业务板块

传统线路的客运岗位主要包括站务员、值班员、值班站长等,主要负责该线路车站客运服务及车站设备的初期应急处置等。全自动运行线路形成了多职能岗位,包括多职能站控员、多职能站巡员等岗位。

(1)多职能站控员岗位设置。

传统线路行车值班员依赖车站 ATS 系统监控列车运行,主要专注于车站区域的行车管理。全自动运行线路不仅要求车站远程智能化监控,还增加了综合监控远程巡视与设备确认的需求。为适应这一变化,车站设立了多职能站控员岗位,其业务技能在既有线行车值班员的基础上得到了显著拓展,新增了远程智能化设备操作,整合了远程巡视与设备确认功能,并能在需要时承担车站客运服务工作,展现了较强的综合业务能力,如图 4-8 所示。

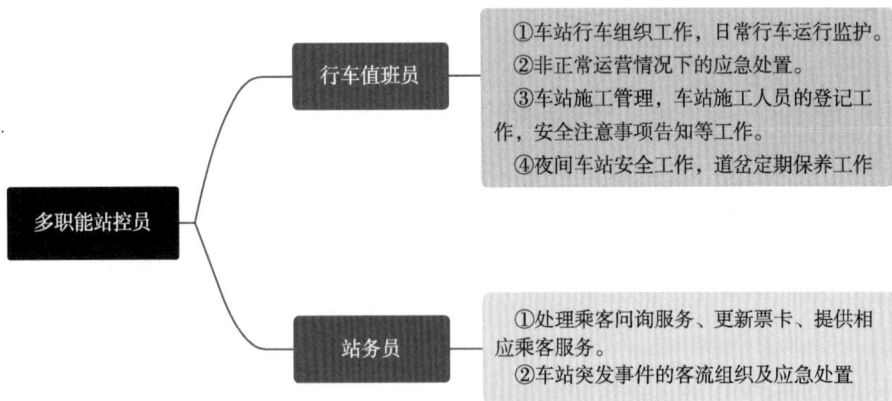

图 4-8　多职能站控员岗位复合

(2)多职能站巡员岗位设置。

相较于传统线路,全自动运行线路车站的维护模式发生了变化。随着设备可靠性提升与智能化运维加速,通信、信号、供电、机电等专业驻站人员得以整合,形成多职能站巡员新角色。其需掌握多专业设备的巡视与初期故障处置技能,负责日常巡检与应急响应,确保车站设施设备稳定运行。此外,为增强管理一致性,站巡员被纳入车站管理体系,进一步优化了车站运维效率与响应能力,如图4-9所示。

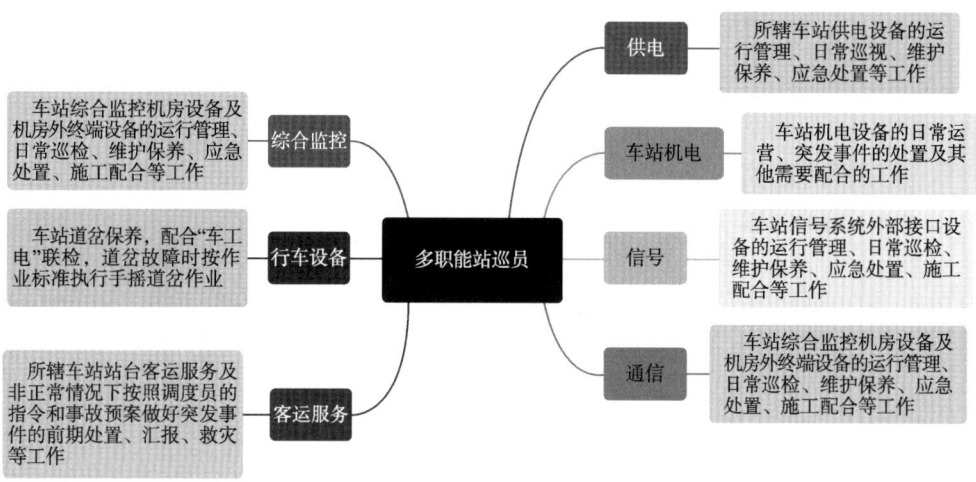

图4-9 多职能站巡员岗位复合

知识拓展

全自动运行线路多职能岗位

FAM下,由于设备高度自动化且管理集中化,许多原先需要人员现场执行的操作,转变为远程指令下达和设备自动执行,这有效降低了人力成本。在FAM下,岗位设置的变化主要体现为多职能岗位的设置。某全自动运行系统各多职能岗位的关系如图4-10所示。

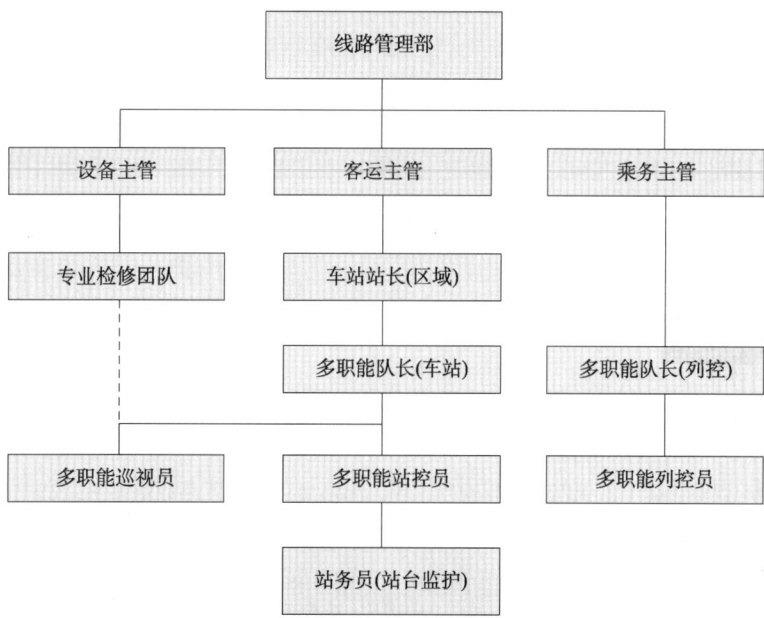

图4-10 某全自动运行系统多职能岗位关系图

多职能站控员主要负责车站的站务工作,多职能列控员主要负责正线乘务工作,多职能巡视员主要负责车站设备维修养护等工作。多职能岗位具有多样化的交叉晋升路径,如图4-11所示。

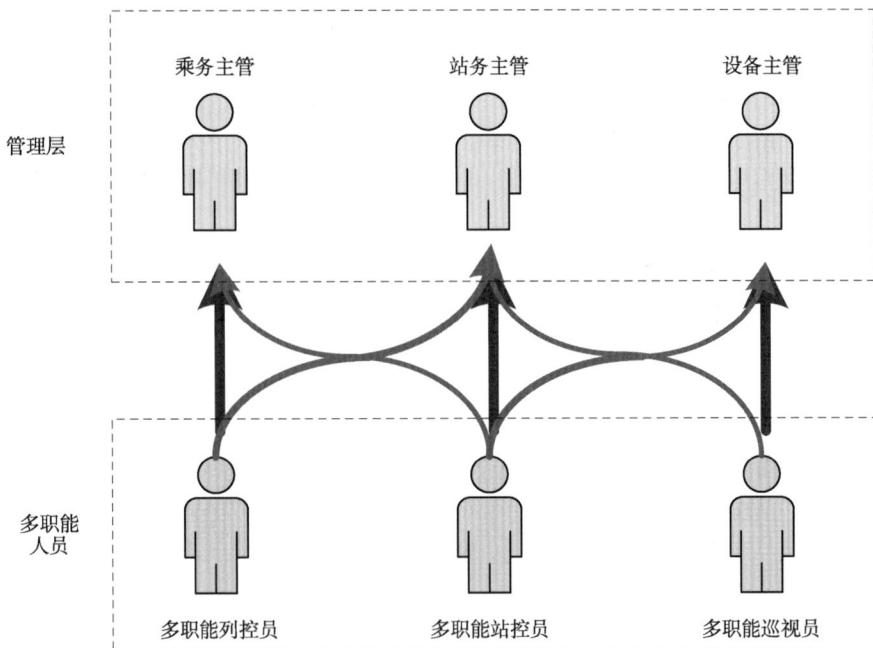

图 4-11　多职能岗位的多样化晋升路径

知识拓展

全自动运行线路多职能岗位复合

1. 苏州市轨道交通 5 号线

苏州市轨道交通 5 号线在维持既有客运管理模式的基础上，重点调整设备中心架构，实现岗位复合与业务整合。

（1）非 FAM 阶段，调度中心新增车辆调度员与乘客调度员岗位，整合多项职能，提升调度效率；设备中心通过"专业、空间、修程融合"，培养一岗多能人才，精简人力，提升维护效率；客运岗位则引入智能设备优化流程，减少人员编制。

（2）FAM 阶段，实现 GoA 4 等级，多职能队伍承担司机职能，站务与乘务车间合并，综合巡视车间划归车务车间。这有助于形成更高效、统一的运营管理体系，促进资源优化配置，加快应急响应速度。

2. 成都地铁 9 号线

成都地铁 9 号线基于全自动运行系统特点，对生产岗位进行职能复合与分类管理，将其划分为列车类、车场类、站务类及调度类。

（1）列车类复合岗位主要包括列车应急人员、车辆运用检修工等以列车为工作对象和主要场所的工作人员，主要负责车辆检修维护、运营车辆保障、各类车辆驾驶操作等。

（2）车场类复合岗位主要包括 DCC 调度员、场段运用调度员等以车辆、车辆段、停车场、车辆基地为工作对象和主要场所的工作人员，负责组织车场运作、车场施工管理、车场属地管理以及车辆和车辆段工艺设备检修调度等。

（3）站务类复合岗位主要包括站务员、列车应急人员、综合应急类复合岗位队伍等，相关工作以列车和站台为工作对象和主要场所，负责站台应急处置、站台和列车乘客服务、列车应急处置和各类车辆驾驶操作等。

三、全自动线路典型岗位职责

全自动运行线路要求正常情况下列车全自动运行,无需司机干预;故障情况下系统具备必要的远程控制、处置功能和手段。运营控制中心由传统的面向车站与司机转变为面向设备与乘客;部分车站人员、司机、维护人员也复合成多职能队伍人员。为实现控制中心集中化管理,全自动运行线路各业务板块岗位职责划分相较于传统线路有较大的变化,包括调度业务板块、车站业务板块和乘务业务板块。

(一)调度业务板块

(1)正线调度长。

①负责所属线路班组建设;

②负责所属线路班组安全管理、生产管理、物资管理、培训管理、环境管理及应急处置管理等工作;

③负责与对应线路协调沟通;

④配合值班主任对控制中心各项工作进行跟进和把控;

⑤完成上级领导临时交办的任务。

(2)行车调度员。

①负责停车场/车辆基地的日常行车组织、指挥工作;

②负责正线突发情况下的行车调度指挥工作;

③组织正线轨行区施工请销点审批工作;

④负责监控行车设备运行,监控全线客流变化情况;

⑤负责传达上级有关运营工作指令,确保行车工作顺利进行,协调联络线的行车组织;

⑥完成上级领导临时交办的任务。

(3)乘客调度员。

①负责按相关质量要求对每日运营各类报表进行填记;

②执行各项规章制度,配合正线调度长完成各项运营生产任务;

③负责通过车载 CCTV 监视列车车厢,应答车内乘客紧急对讲;

④遇到突发事件时做好客室广播安抚乘客的工作;

⑤负责监视乘客信息服务相关设备和系统的运转;

⑥车站突发大客流时,通过车站 CCTV 进行监视,并与车站确认采取的措施,进行信息流转;

⑦遇到突发事件时,负责发布车站/列车 PIS 显示信息,通过车厢 PA 发布广播信息,通知相关车站进行车站广播,发布故障信息;

⑧负责进行信息汇报和流转。

(4)车辆调度员。

①配合行车调度员、设备调度员做好日常运营设施设备保障;

②协调列控员、专业维护队伍现场设施设备应急联动处置,并做好设施设备跟踪闭环,负责与行车调度员之间的协调沟通;

③监视列车所有故障状态,确保列车正常运营;

④发生故障时通知列控员/专业维护人员,并将故障信息及后续跟踪情况及时与行车调度员进行沟通;

⑤负责接收设备在错误或故障情况下产生的所有警报,随后对警报解码,根据其重要程度组织即时或延时排故;

⑥将故障延时排除信息输入数据库。完成延时维护任务后,可将相关信息输入数据库并关闭此事件,同时保留相关记录;

⑦完成上级领导临时交办的任务。

(5)车场调度长。

①负责所属线路班组建设;

②负责所属线路班组安全管理、生产管理、物资管理、培训管理、环境管理及应急处置管理等工作;

③负责与对应线路协调沟通;

④对场段各项工作进行跟进和把控;

⑤负责所属线路车辆基地内、出入库线列车进路协调工作;

⑥完成上级领导临时交办的任务。

(6)设备调度员。

①负责日常供电、环控系统运行组织;

②监督日常供电、环控系统运行情况;

③负责供电、环控系统故障处理;

④完成上级领导临时交办的任务。

(7)综合调度员。

①负责当班期间故障接报、跟踪处理及统计工作;

②负责组织正线抢修;

③负责运营信息发布;

④完成上级领导临时交办的任务。

(二)乘务业务板块

(1)多职能列控队长。

①负责列控员车队现场管理工作;

②负责安全检查、安全防护、人员调配、业务培训等,应急处置现场组织工作。

(2)多职能列控副队长。

①协助队长负责列控员车队管理工作;

②负责列控员场段内达标、培训及列控员作业质量检查,保证工作有序开展;

③负责停车场、车辆基地、正线派班及调试工作。

(3)多职能列控员。

①负责区段内列车的巡视检查,列车内的乘客接待、客运服务等;

②负责列车运行的巡视监视,降级模式下负责手动驾驶列车;

③负责列车故障处理;

④负责线路突发情况下的应急处置。

（三）车站业务板块

（1）车站站长。

根据车站数量和类型大小，通过综合考量划分站区，每个站区管辖一定数量的车站。同时，为各站区配置车站站长，由站长负责本站区的客运组织、行车组织、乘务组织等工作。

站长负责车站设备巡视工作、员工及站区的日常管理工作。

（2）车站值班长。

①负责本班安全管理，确保车站和乘客安全；

②组织开展本班日常行车、票务、服务、培训等工作；

③负责当班考勤、物资管理等相关工作；

④组织车站人员处理车站突发事件，做好应急处置工作；

⑤接待乘客的来访来电，妥善处理各类乘客事务；

⑥负责当班车站属地化管理，确保车站有序运作；

⑦及时准确地传达、学习上级有关文件及指示；

⑧负责管理多职能人员，完成上级领导临时交办的任务等。

（3）多职能站控员。

①负责车站行车工作，服从行车调度员指挥，执行行车调度员命令；

②负责车站施工管理工作，按要求做好施工防护与记录；

③负责监视车站行车、票务、广播、消防等各类设备运行状态，发现故障及时报修；

④通过 CCTV 密切关注乘客动态，发现异常及时上报；负责保管车站行车备品备件，做好交接与清点；

⑤负责信息的上传下达，统计并上报车站每日运营情况；

⑥及时处理突发事件并上报，完成上级领导临时交办的任务等。

（4）多职能站巡员。

①负责乘客日常服务，严格执行"首问负责制"；

②负责客服中心日常票务异常处理、兑零、边门管理工作；

③负责票务设备的简易故障处理；

④负责站台接发车作业、监控站台设备运行情况；

⑤负责站台突发事件的汇报和初步处理；

⑥负责车站日常巡视、客流引导，维护车站正常秩序；及时处理车站乘客受损事件并上报；

⑦负责通信、信号、供电、机电等专业的设备巡视及故障初期处置；

⑧负责车站设施设备巡检，在发生故障时进行初期处理等。

四、全自动运行线路典型岗位任务

（一）多职能列控员

1. 区间运行作业

（1）FAM 区间运行。

①正常运营时，多职能列控员于客室内巡视，若发现异常情况应立即向运营调度

员汇报,并填写相关记录。

②在客室内遇乘客寻求帮助时,规范用语为"您好！我是列车巡视人员,如有需要,请向站台服务人员寻求帮助"。

(2) ATO 模式区间运行。

①列车在区间运行时,多职能列控员应坐在司机室内的司机座椅上,坐姿端正,上身轻靠椅背,左右手均放置在操纵台上,做好随时紧急停车准备,并调节座位高度至瞭望视线清晰。

②列车在区间运行时,多职能列控员应认真瞭望前方线路、接触网,发现异物侵入限界,立即采取紧急停车措施停车。

③列车在区间运行时,多职能列控员应时刻注意列车故障面板、各类指示灯、仪表的显示,发现故障应及时向运营调度员报告,并进行有效处置。

(3) CM 区间运行。

①多职能列控员应做到合理牵引和制动,平稳驾驶,按照指示速度驾驶列车。多职能列控员在运行途中应适时核对运行时分,防止晚点。

②列车在区间运行时,多职能列控员应加强瞭望,遇紧急情况立即停车,无特殊情况不应鸣笛。遇大风、大雨、大雪、浓雾等恶劣天气或在小半径曲线地段、瞭望条件不理想的线路上运行时,多职能列控员根据调度命令或规定的限速要求运行。在经过长大坡度区段时,应合理使用牵引和制动,避免列车冲动或超速,保证列车平稳。

③多职能列控员呼叫运营调度员时的关键信息:

a. ××区间或××车站;

b. 上行或下行;

c. ××次××号车。

④多职能列控员应答运营调度员时的标准用语:

a. ××次列车司机有;

b. 复诵运营调度员命令一遍,××次列车司机明白。

2. 进站作业

(1) 当列车以 FAM 运行,遇列车进站时,多职能列控员应根据所在车厢位置,监护列车停车情况;遇列车无停站趋势或未按计划对位停车时,多职能列控员应立即向运营调度员汇报,并根据调度命令执行。

(2) 当列车以 ATO 模式运行,遇进站停车时,多职能列控员应确认列车停车情况;遇停车未启动或列车制动力明显不足时,应立即采取紧急停车措施使列车停车,防止列车越过停车位置,报运营调度员后再以 CM 方式对位。

(3) 当列车以 CM 运行时,在列车进站前多职能列控员应根据 HMI 显示的有效速度码,手动驾驶列车对照停车牌位置对位停车。列车进站前应适当减速,并带制动进站,不应采用接近停车位置一把闸制动方式停车,以保证制动的平稳。遇钢轨涂油或轨面湿滑的,应提前减速,防止列车越过停车位置。

(4) 除 FAM 外,列车进站时,多职能列控员应注意观察站内及站台情况,以防有人或异物侵入限界,发现异常情况应鸣笛示警,必要时应及时采取紧急停车措施。

3. 车站停车开关门及发车作业

（1）FAM 下，多职能列控员根据所处车厢位置监护列车自动停站、自动开关门作业、自动发车作业，要求如下：

①列车进站停车时，多职能列控员应对列车停站情况进行确认。如遇列车未按计划停站等异常情况，应立即向运营调度员进行汇报，并根据调度命令执行；

②列车停稳后，多职能列控员根据所在车厢位置确认身旁最近一扇车门、站台门开关情况；

③列车关门后，多职能列控员监护列车正常启动。如遇异常情况，应立即采取必要措施，并向运营调度员汇报，根据调度命令执行。

（2）ATO 模式下，多职能列控员确认列车自动停站、自动开关门作业，确认满足发车条件后按压 ATO 发车按钮发车，要求如下：

①列车进站停车时，多职能列控员应加强瞭望，确认列车在规定停车范围内停稳；

②列车停稳后，多职能列控员确认 HMI 显示车门打开、车载设备显示站台门打开图标、运行端第一扇车门及站台门打开；

③列车关门后，多职能列控员确认 HMI 显示车门关闭、车载设备显示站台门关闭图标、运行端第一扇车门及站台门关闭以及 HMI 显示有效速度码、目标距离、前方道岔位置，并进行手指呼唤（手臂指向 HMI 显示屏，呼唤"速度码有"；手臂指向前方道岔，呼唤"道岔位置正确"）；

④确认满足发车条件后按压 ATO 发车按钮发车，并对前方线路瞭望。

（3）CM 下，多职能列控员负责驾驶列车停站、开门操作、关门操作，确认满足发车条件后驾驶列车运营，要求如下：

①列车进站停车时，多职能列控员应加强瞭望，操纵列车在停车牌规定的停车范围内停稳；

②列车停稳后，多职能列控员确认开门按钮灯点亮后按压开门按钮开门；

③多职能列控员确认 HMI 显示车门打开、车载设备显示站台门打开图标、运行端第一扇车门及站台门打开；

④准点运行列车，使乘降作业时间不小于 10s，当倒计时器显示 15s 时应及时按关门按钮关门；

⑤列车关门后，多职能列控员确认 HMI 显示车门关闭、车载设备显示站台门关闭图标、运行端第一扇车门及站台门关闭以及 HMI 显示有效速度码、目标距离、前方道岔位置，并进行手指呼唤（手臂指向 HMI 显示屏，呼唤"速度码有"；手臂指向前方道岔，呼唤"道岔位置正确"）；

⑥确认满足发车条件后驾驶列车发车，并对前方线路进行瞭望。

4. 折返作业

（1）接车多职能列控员应提前在终点站规定地点等候折返列车，进入客室后与交车多职能列控员进行交接。交车多职能列控员将列车技术状况和其他必要的行车信息告知接车多职能列控员。

（2）FAM 下，接车多职能列控员监护列车驶入折返线。ATO 模式下，接车多职能列控员确认满足发车条件并进行手指呼唤作业后,按压 ATO 发车按钮监护列车驶入折返线。CM 下,接车多职能列控员确认满足发车条件并进行手指呼唤作业后,驾驶列车驶入折返线,并进行折返作业。

(3)多职能列控员手动驾驶列车进出折返线时,应根据列车限速要求驾驶,不应超速行驶。在折返线行驶时,多职能列控员应集中注意力,确认道岔及信号开放情况,做好限速驾驶及随时停车的准备。

5. 广播报站

(1)列车在始发站发车前,除 FAM 外,多职能列控员应确认列车 HMI 报站显示与运行交路一致,发现异常和错误时应及时汇报运营调度员。

(2)报站器报站时,多职能列控员应加强监听,并注意显示屏上站名显示。除 FAM 外,多职能列控员发现报站错误时,应及时采用人工广播更正。FAM 下,多职能列控员发现报站错误时,应立即向运营调度员汇报,并根据调度命令执行。

(3)当列车报站器发生故障无法使用时,除 FAM 外,多职能列控员应及时通过人工广播进行报站。人工报站应使用普通话,做到声音清晰、语气平和、用语规范。FAM 下发生列车报站器故障无法使用时,多职能列控员应向运营调度员汇报,根据调度命令执行。

(二)多职能站巡员

1. 接发车作业

接发列车严格执行"一看、二接、三送"的一次作业程序,按规定面向列车站立并左右瞭望。

2. "关门良好"手信号作业

(1)1 名多职能站巡员进行接发列车作业时,面向列车,展开绿色信号旗,高举过头顶,前后摇晃。

(2)2 名多职能站巡员进行接发列车作业时,手信号显示要求如下:

①B 岗:拢起信号旗,高举过头顶;

②A 岗:展开信号旗,高举过头顶,前后摇晃;

③手信号传递顺序:自后向前,逐一传递。

3. 站台巡视作业

(1)热情服务,照顾重点乘客,做好乘客询问的解答工作。

(2)做好列车与站台乘客的巡视工作,注意乘客候车动态,及时发现乘客异常,防止乘客跳下站台、进入隧道,维护车站正常的候车秩序,确保站台与乘客安全。

4. 站厅巡视作业(适用于中小型车站)

(1)站厅巡视工作可由多职能站巡员兼顾。

(2)巡视范围:以服务中心周边进出站闸机、售票区域、无障碍电梯为主。服务中心若有乘客办理业务,多职能站巡员应及时返回服务中心进行处理。

(3)中型车站早晚高峰时段(7:00—9:00;17:00—19:00),多职能站巡员以服务中心业务为主,值班站长兼顾站厅巡视,值班员加强 CCTV 巡视。

5.设备巡检作业

1)通号设备巡检作业

(1)登记及巡检准备。

①在车控室登记要点,得到允许后借用门禁卡进入弱电机房,进入机房后登记。

②填写机房出入登记本,写明日期、事由及进入机房时间。

③检查机房的整体环境(温度和湿度)并在巡检表中填写相应的数值。

④检查工具柜内图纸和备件、常用工具及专用工具是否齐全。

(2)电源屏设备。

①电源屏指示灯:观察电源屏供电指示灯交流1路和2路是否为稳定绿色;故障指示灯是否灭灯。

②电源屏模块电压:观察电源屏模块的相应电压,如计轴电压(60V)、计轴室外电压(110V)、站联电压(24V)、SDH电压(48V)、发车表示器电压(220V)。

(3)电源屏监测单元。

①观察电源屏监测单元的相关模块电压及电流数据。

②点击"输入模块"进入配电监控板页面,查看各路各项电压。

③点击"首页"返回主界面,点击"不间断电源(uninterruptible power system,UPS)模块"进入UPS及电池页面,查看各UPS及电池电压。

④点击"首页"返回主界面,点击"模块"进入模块页面,查看各路电压。

⑤查看电源屏告警,点击"查询"按钮,继续点击"告警查询",查看电源屏故障信息。

(4)DCS设备。

①检查同步数字分级系统(synchronous digital hierarchy,SDH)的板卡灯位显示是否正常。

②检查SDH风扇是否正常运行,风扇状态灯常亮绿灯时是否报警。

③检查网线及尾纤连接是否正常,状态灯绿色闪烁是否正常。

④检查红蓝绿网交换机是否正常工作(光纤端口灯是否绿闪,交换机端口灯是否绿闪)。

⑤清洁SDH表面、网线表面及风扇出风口积灰,保持设备清洁。

(5)iLOCK联锁设备。

①CI灯位显示:检查联锁机主备机状态灯是否显示稳定绿色,主备机联机灯是否显示稳定黄色,同步灯是否显示稳定黄色,主机工作灯是否常亮绿色,转换钥匙是否在自动位。

②检查联锁A/B机机笼板件灯位是否正常,各工作电源、电源开关是否处于开启状态。

(6)计算机监测设备。

①网络连接状态检查:在"网络状态"项目中可以查看本站各种设备网络连接状态。正常情况所有设备都是双网蓝色线连接,如果网络结构中有红色连接线出现表示网络设备有网络中断现象,应及时排除。

②查看灯丝及熔丝报警信息。

③查看道岔表示、电压日报表信息。

④查看电源屏各路电压信息及每路电压日曲线。

⑤查看各设备通信状态图信息。

⑥查看电网各路电压值及日曲线信息。

⑦查看信号机实时电流曲线信息。

⑧机架状态检查:在"机架状态"项目中可以查看本站联锁机机架状态。该界面可以查看工作主机、同步灯、板卡是否有故障。正常情况下工作灯点亮(A机工作或B机工作),同步灯点亮,界面上没有板卡以红色显示。

⑨联锁机详细信息检查:在"数据记录"项目中可以查看本站联锁机每天的运行记录,包括操作记录、显示记录、采集记录、驱动记录、联锁机状态及通信状态。在该界面中,每次检查需要关注的是显示记录和联锁机状态的内容。

⑩显示记录:查看是否有不同步表示灯显示(查看码位:UNAGREE),是否有站遥切换(查看码位:ZKJ-GENY、YKOJ-GENG、ZKESA-GENR)。

⑪联锁机状态:查看是否有系统报警、故障;是否有硬件报警或故障;如果一切正常,点击全部信息后,将无任何显示。需重点查看是否有自动倒机出现,是否有联锁机重启情况出现,是否有板卡故障。

⑫清洁联锁机机柜表面及出风口积灰,保持设备清洁。

(7)灯丝采集报警仪。

①观察灯丝采集报警仪灯位显示是否正常,电源灯是否常亮,工作灯是否绿闪。

②清洁灯丝采集报警仪表面积灰,保持设备清洁。

(8)UPS设备。

①观察UPS设备上监测单元的设备运营图,UPS是否处于正常供电状态,红色报警是否灭灯,绿色运行灯是否常亮绿灯或闪绿灯。

②点击告警按钮,选择"用户",按回车键,查看UPS告警信息。

③清洁UPS表面积灰,保持设备清洁。

(9)ZC设备。

①检查ZC各灯位是否正常。

②清洁ZC机柜表面、风扇及出风口积灰,保持设备清洁。

(10)计轴设备。

①查CPU面板指针转动是否正常,电源板LEDIN、LEDOUT1、LEDOUT2灯是否显示绿色。

②串口板LED1灯是否常亮黄灯,LED2灯是否显示闪黄灯。

③检查并口板各个灯位是否正常,保险设备是否正常。

④清洁计轴机柜表面及出风口积灰,保持设备清洁。

(11)继电器组合架。

①检查继电器、空气开关、组合排架报警器工作是否正常,道岔接点是否无发黑情况,继电器是否无超期使用。

②清洁各组合架及各设备表面积灰,保持设备清洁。

(12)计算机监测机柜。

①观察计算机监测机柜中灯位显示是否正常(包括电源板灯位、监测板灯位)。

②清洁计算机监测机柜表面及出风口积灰,保持设备清洁。

2)机电设备巡检作业

(1)气体灭火系统(控制盘)。

①观察旋钮是否处于自动位置。

②观察主(备)电、自动状态灯是否常亮。

(2)FAS主机。

①观察FAS主机是否无报警信号。

②FAS出现报警信息时,读取并记录相应信息。

(3)手动报警器及消防电话插孔。

①观察手动报警器玻璃是否完好、无裂缝,手动报警器是否固定在墙面或箱体上、牢靠无松动。

②观察消防电话插孔下方指示灯是否常亮。

(4)消防泵/喷淋泵控制柜(消防泵房)。

①观察控制柜手柄是否完好、无裂痕。

②观察消防泵控制柜是否供电,消防泵、喷淋泵、稳压泵转换开关是否处于自动位置。

(5)冷水机组。

①在夏季空调运行期间进行巡视。

②观察设备是否无异常震动。

③观察风管、水管、接口是否无滴水现象。

④观察各压力表显示是否无抖动现象。

(6)冷冻(却)泵(环控机房)。

①在夏季空调运行期间进行巡视。

②观察水泵是否运行平稳、无明显抖动现象。

③观察水泵压力表是否运行平稳、无抖动现象。

(7)风机(阀)控制箱。

①观察旋钮开关是否位于远控位置。

②观察故障指示灯是否处于常暗。

③观察运行指示灯与停止指示灯是否仅有1盏常亮。

(8)冷却塔控制箱及管网。

①观察冷却塔管网是否无漏水现象。

②观察冷却塔控制箱旋钮开关是否位于手动(停止)位置。

③观察故障指示灯是否处于常暗。

④观察运行指示灯与停止指示灯是否仅有1盏常亮。

(9)IBP盘。

①观察IBP盘钥匙是否齐备,按钮保护罩是否完好、无脱落。

②按下测试按钮,观察所有指示灯是否亮,是否无闪烁、熄灭现象。

③观察IBP盘是否整洁,是否无任何物体覆盖。

④观察各指示灯是否无感应电现象,盘体是否无电线外露。

（10）自动扶梯。

①观察自动扶梯运行是否无抖动现象。

②观察扶手带与梯脚是否保持一致、同步。

③观察自动扶梯运行是否无异常声音。

④观察梯脚、梳齿板、毛刷是否无异物卡嵌。

⑤观察自动扶梯机舱板、旁板是否密闭完好，是否无滑动或撬动现象。

⑥观察自动扶梯启动、运行时是否无异味、停转现象。

⑦观察自动扶梯上、下运行是否均可启动。

（11）电梯。

①观察电梯内与电梯门口、车控室是否可正常通话，车控室是否可视电梯门口及桥箱内。

②观察电梯各按钮按下功能是否正常。

③观察电梯关闭是否正常，电梯内照明是否正常亮，排风是否正常运行。

（12）废水泵房、污水泵房、区间废水泵房、出入口集水泵控制箱。

①观察泵房内环境是否整洁。

②观察水泵控制箱内触摸屏是否显示水位在 72～90 之间。

③观察转换开关是否位于"自动"位置。

④观察水泵控制箱上电压表（如有）读数是否在额定电压 ±5% 范围内变动。

（13）变频器柜。

①观察供电旋钮是否位于合闸位置。

②观察电压表读数是否在额定电压 ±5% 范围内变动。

③观察设备运行时是否有电流显示。

④观察变频器开启按钮上方灯是否亮。

⑤观察旋钮是否处于远控位置，设备运行时红灯是否亮。

⑥观察环控室准备绿灯是否常亮（如常暗，点击环控室准备按钮使其常亮）。

（14）站台门（驱动柜）。

①观察电压是否在额定电压 ±5% 范围内变动。

②观察所有空气开关是否处于合闸状态。

③观察电源旋钮是否处于"ON"位置。

（15）AFC 设备。

观察设备是否无缺损、无故障提示。

（16）门禁系统读卡器及门磁。

①观察设备是否无缺损、掉落、故障。

②观察指示灯显示是否正常。

③观察门禁系统门磁是否无缺损、掉落，螺栓是否牢固、无松动、无遗失。

（17）门禁系统玻璃。

①观察玻璃是否无缺损。

②观察外壳是否无掉落。

（18）门禁系统出门按钮。

①观察设备是否无缺损、掉落。

②观察设备是否无故障。

3）供电设备巡检作业

（1）35kV进出线开关柜。

①检查柜门是否关闭。

②检查综合保护装置是否正常。

③观察电源指示是否正常。

④长按"ESC"按钮进行亮灯试验。

⑤检查综合保护装置是否有报警信号。

⑥检查电压电流数据是否在额定电压±5%范围内变动。

⑦检查差动保护装置是否正常。

⑧观察电源指示是否正常。

⑨检查L90是否有报警信号。

⑩检查三工位开关故障指示灯是否常暗。

⑪检查保护压板是否在"合"位置。

⑫检查来电显示装置是否正常（进行按灯试验）。

⑬检查母线闸刀开关、接地闸刀开关、进出线开关机械闭锁是否在闭锁位置。

⑭检查近远控转换开关是否在远控位置。

⑮检查三工位闸刀、开关位置指示器与实际状态是否相符合（三工位闸刀指示灯在母线合闸位置，开关指示灯在合闸位置）。

（2）35kV整流变开关柜。

①检查柜门是否关闭。

②检查F650综合保护装置是否正常。

③观察电源指示是否正常。

④长按ESC进行亮灯试验。

⑤检查F650是否有报警信号。

⑥检查电压电流数据是否在额定电压±5%范围内变动。

⑦检查三工位开关故障指示灯是否常暗。

⑧检查保护压板是否在"合"位置（正常情况下保护均投入运行）。

⑨检查来电显示装置是否正常（进行按灯试验）。

⑩检查母线闸刀开关、接地闸刀开关、整流变开关机械闭锁是否在闭锁位置。

⑪检查近远控转换开关是否在远控位置。

（3）1500V直流高速开关。

①检查上下柜门是否关闭。

②检查是否有报警信号，并进行亮灯试验。

③检查报警灯是否常暗。

④检查近远控装置是否在远控位置。

⑤检查直流高速开关的位置指示器是否与实际状态相符合（合闸指示灯是否亮起）。

⑥检查电流数据是否正常。

（4）整流器正极闸刀。

①检查上下柜门是否关闭。

②检查报警指示灯是否常暗。

③检查近远控装置是否在远控位置。

④检查闸刀的位置指示器与实际状态是否相符合（合闸指示灯是否亮起）。

⑤检查电流数据是否正常。

（5）智能排流柜。

①检查监控屏是否有报警信号。

②检查电源指示灯是否亮起。

③检查故障指示灯是否常暗。

（6）断路器。

①检查电源指示灯是否亮起。

②检查分闸指示灯是否亮起。

③记录动作计数值。

（7）直流屏。

①检查背部柜门是否关闭。

②检查触摸屏工作是否正常。

③检查直流屏触控面板是否有报警信息。

④检查直流屏触控面板模块数据是否正常。

⑤检查直流屏触控面板蓄电池数据是否正常。

（8）蓄电池。

①检查背部柜门是否关闭。

②检查蓄电池整体是否完整、无倾斜、表面清洁，连接头是否紧固、无腐蚀现象。

③蓄电池室的温度是否保持为10℃～30℃，室内是否无强烈气味，通风及其他附属设备是否良好。

（9）整流变压器。

①变压器的外部表面是否无积污。

②变压器声响是否正常，变压器是否无震动、放电、焦味等异常现象。

③套管外部是否无破损裂纹、无放电痕迹，电缆、引线是否无发热迹象。

④变压器的线圈、铁芯温度是否在正常范围以内。

⑤变压器室的门、窗、照明是否完好，房屋是否不漏水，温度及湿度是否正常。

⑥按规定巡视要求及巡视次数进行夜间熄灯巡视检查。

（10）跟随变电所线路开关柜。

①检查柜门是否关闭。

②检查三工位开关故障指示灯是否常暗。

③检查保护压板是否在"合"位置。

④检查来电显示装置是否正常（进行按灯试验）。

⑤检查母线闸刀开关、接地闸刀开关、进出线开关机械闭锁是否在闭锁位置。

⑥检查近远控转换开关是否在远控位置。

⑦检查三工位闸刀、开关位置指示器是否与实际状态相符合。

6. 清车及夜间作业

（1）列车到达终点站或故障时，根据上级命令做好列车清车工作。清车作业必须按规定操作，在2min内完成，并做好解释工作。

（2）每日运营结束后，多职能站巡员应做好清场、巡视、信息传递及相应的台账填记工作。

（3）负责车站的道床清扫工作。

（4）根据车站值班员命令，做好夜间施工的监护工作，确保设备设施完好和车站安全。

（5）做好站台门/电动栏杆以及关门良好表示器的测试工作。

7. 岗位环境作业

负责本岗位范围内环境整洁工作。做好卫生巡视工作，随脏随扫。

课题 4.3 运营作业流程

通过全自动运行系统运营场景可以推导出设备所需的功能,如果系统功能不能保证满足某个运营场景的要求,则需要补充对应的运营作业流程,明确人员的岗位职责,由系统和工作人员共同保证运营过程的顺利实施。全自动运行系统作业流程涵盖正常场景、故障场景和应急场景,一般以流程图为主体、辅以各环节说明,将具体要求细分至相关岗位。

一、正常场景运营作业流程

全自动运营线路正常场景运营作业流程包括从列车唤醒至列车休眠的高效安全循环过程,涵盖列车准备、正线运营及停运三阶段,见图4-12。下文对上述阶段涉及的管理部门以及现场运营人员所需执行、配合或联动的关键作业环节进行说明。

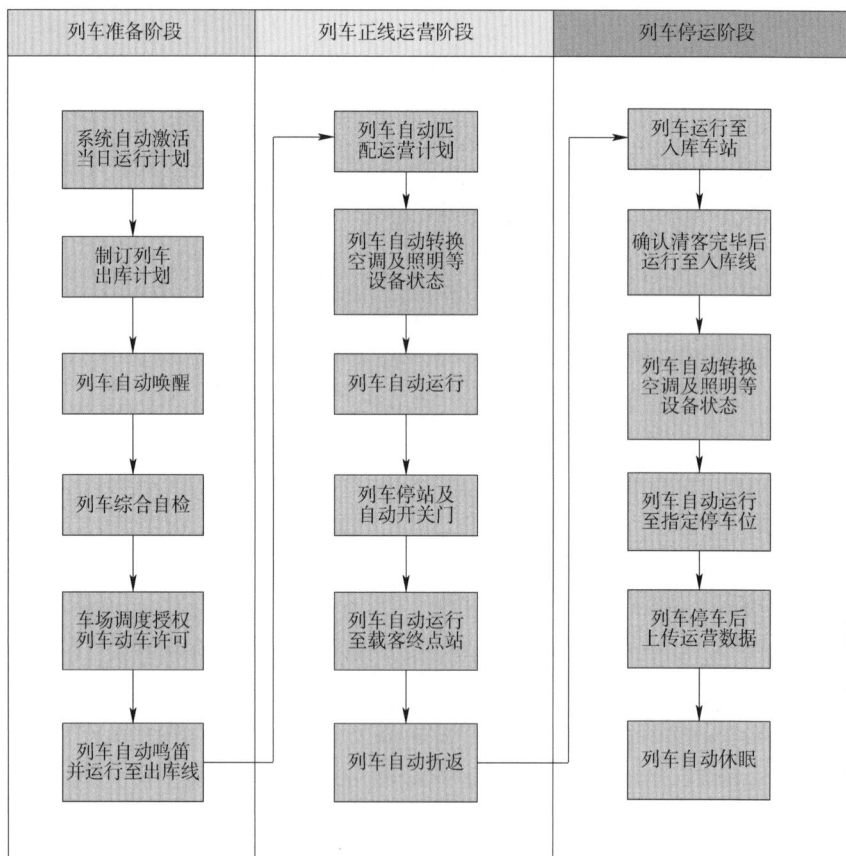

图4-12 全自动运行线路正常场景运营作业流程

(一)列车准备阶段

列车准备阶段主要作业内容见图4-13。

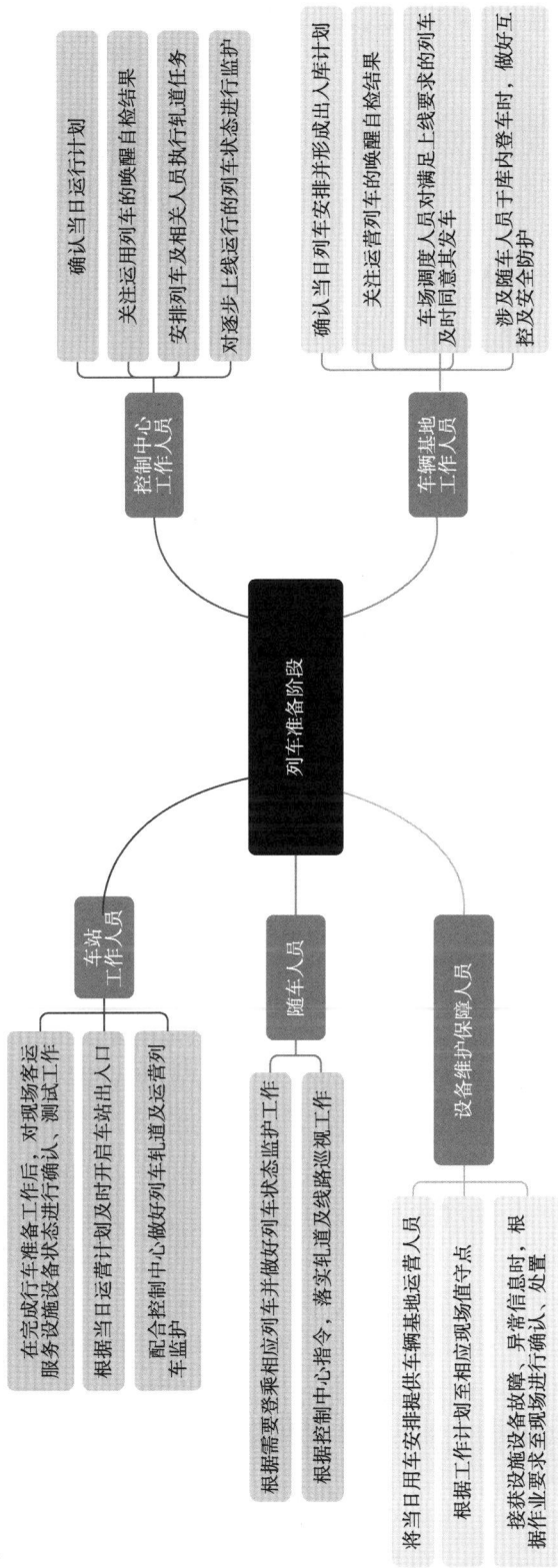

图4-13　列车准备阶段主要作业内容

控制中心工作人员
- 确认当日运行计划
- 关注运用列车的唤醒自检结果
- 安排列车及相关人员执行轧道任务
- 对逐步上线运行的列车状态进行监护

车辆基地工作人员
- 确认当日列车安排并形成出入库计划
- 关注运营列车的唤醒自检结果
- 车场调度人员对满足上线要求的列车及时同意其发车
- 涉及随车人员于车内登车时，做好互控及安全防护

车站工作人员
- 在完成行车准备工作后，对现场客运服务设施设备状态进行确认，测试工作
- 根据当日运营计划及时开启车站出入口
- 配合控制中心做好对列车轧道及运营列车监护

随车人员
- 根据需要登乘相应列车并做好列车状态监护工作
- 根据整理要求乘相应列车至相应车辆基地运营
- 根据控制中心指令，落实轧道及线路巡视工作

设备维护保障人员
- 将当日用车安排提供车辆基地运营人员
- 根据工作计划至相应现场值守点
- 接获设施设备故障、异常信息时，根据作业要求至现场进行确认、处置

列车准备阶段

在列车准备阶段,全自动运行线路的日常运营高度依赖系统自动化,现场人员仅需在运营首日确认当日运行、用车计划及列车编号。确认后的计划,系统会在预设时间自动激活,全面接管运营流程,从而大幅减少人为操作,提升运营效率与安全性。

系统依据激活的运行计划,有序唤醒当日运营列车,每列车在完成系统检测后,即时向现场运营人员提交测试结果。运营人员严格审核测试结果,确保其符合运营标准后,方可批准列车自停车场或车辆段驶入正线,执行既定载客任务。这一过程确保了列车安全、高效地投入日常运营服务。

(二)列车正线运营阶段

列车正线运营阶段主要作业内容见图4-14。

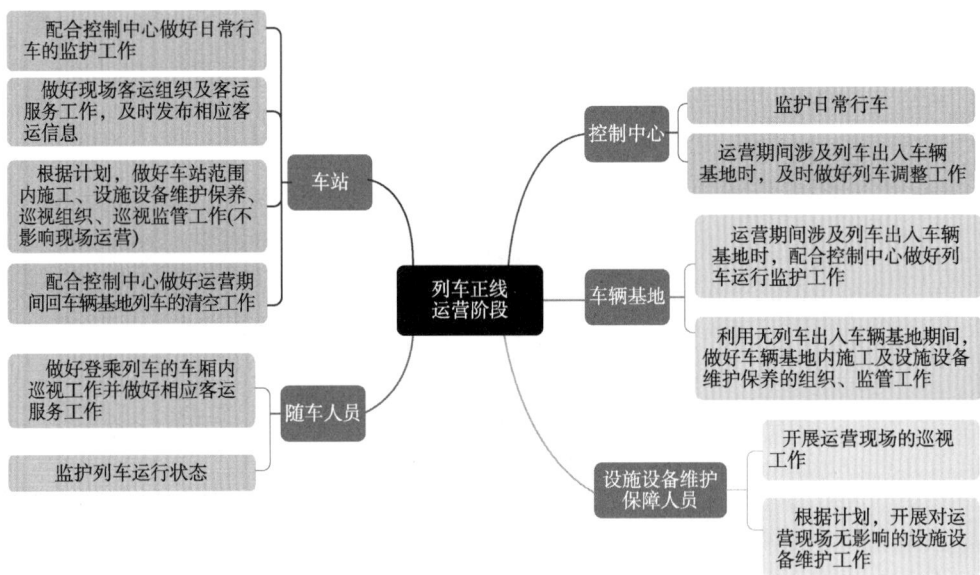

图4-14 列车正线运营阶段主要作业

在完成前期一系列准备工作后,线路进入列车正线运营阶段。该阶段全自动运行列车在载客时,停站、开关门、发车、折返作业及车厢设备(如空调、照明、广播设备)均按系统预设自动运作,运营人员主要负责监控列车运行与保障站台乘降安全。日常工作中,现场人员聚焦于客运服务、设施设备巡视维护与环境检查,列车运营高度依赖自动化系统完成,这显著提升了运营效率与安全性。

(三)列车停运阶段

列车停运阶段主要作业内容见图4-15。

全自动运行列车完成运营后,在末站设扣车指令、确保车厢清空。控制中心人员远程取消该指令后,列车自动关门并驶向停车场入库线,完成入库准备。车站工作人员按计划巡视、清空并关闭车站,随车人员完成退勤。现场运营人员逐步转入停运阶段,预排夜间施工与维护。

列车入库后,按系统指引运行至指定股道。现场维护人员据当日需求进行维护、检修、清洗。若无特定任务,列车停于股道、上传运营数据后休眠,为次日运营做好准备。

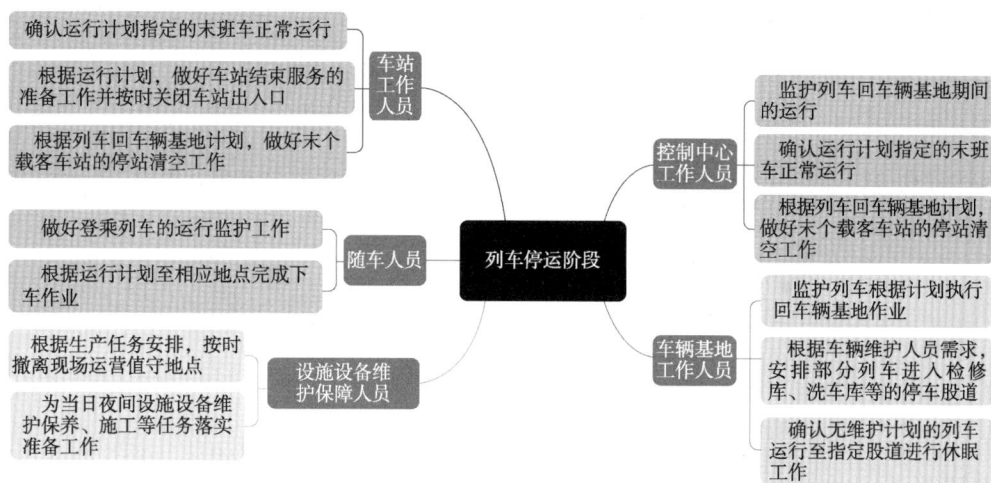

图 4-15　列车停运阶段主要作业

二、故障场景运营作业流程

全自动运行线路日常运营时,仍会因设备故障、作业人员误操作及外部环境等因素,引发各类突发状况。运营故障方面,依据全自动运行线路对各专业系统的依赖程度,以及系统对全自动运行的总体影响程度,通常需重点关注车辆、信号、站台门、供电及通信系统所导致的设备故障事件。

全自动运行线路在设备故障情况下,相较于非全自动运行线路,其关键点就是列车需由全自动运行模式降级为有人驾驶模式。如此一来,可能会出现需就近安排具备驾驶列车资质的运营人员登车进行人工驾驶的情况。同时,线路控制中心及现场运营人员需同步关注列车在降级(转化驾驶模式)过程中可能出现的情况,并予以应对。

故障场景运营作业流程见图 4-16。

(一)单扇车门无法关闭作业

当车辆设备发生故障时,传统线路仅需判定列车能否维持运行,或是否能在有安全保护的情况下继续运行,而全自动运行线路在列车无人值乘的情况下需优先考虑是否能由系统/控制中心远程处理/维持至就近车站处理。当无法排除故障、恢复运行时,需就近安排具备列车故障排除和驾驶技能的现场运营人员登车进行处理。控制中心将根据登车人员的处理结果进行后续运行调整。

下文以车辆系统日常运营中发生概率较高的"单扇车门无法关闭"故障为例进行说明。在该场景下,全自动运行线路各现场运营人员的处理流程见图 4-17。

"单扇车门无法关闭"时,各岗位人员工作内容如下。

1. 控制中心

根据故障情况及时进行运行调整,安排车站人员对故障进行确认及处理,及时将列车故障信息反馈至车辆维护人员。

2. 车站

根据控制中心指令,配合进行车门故障确认及处理工作;若故障未能成功处理,则根据调度要求对列车进行清客,并安排人员登乘列车进行人工驾驶。

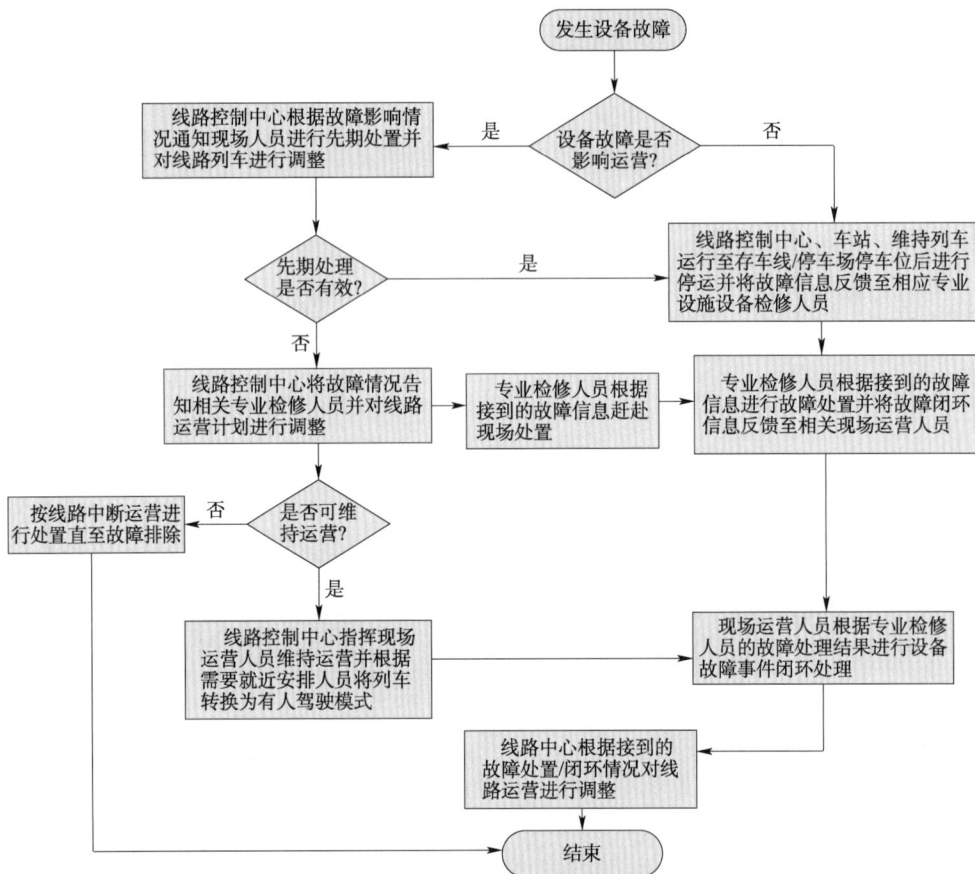

图 4-16 故障场景运营作业流程

3. 维修人员

根据控制中心告知的故障信息及故障列车后续运行情况,赶至现场进行车门故障处置并将故障处理结果反馈至控制中心。

在"单扇车门无法关闭"的故障场景下,传统线路主要由列车司机进行现场处理,全自动运行线路主要依靠控制中心及车站进行确认及处理。该类故障的处理效率取决于控制中心及车站发现故障的时机及车站人员对故障处理的熟练程度,因此需要考虑全自动运行线路在线路远程监控和现场人员处置方面的协调性。这也是全自动运行线路在线路远程监控及人员日常培训方面需考虑的内容。

(二)终点站道岔故障作业流程

全自动运行线路信号系统涉及轨旁设备、列车车载信号设备、中央及车站控制面板等,这些设备的故障处置过程较复杂。信号系统的控制中心操作面板集成了较多远程处置功能。在信号系统发生故障时,需要考虑的故障原因更多,对应的应急处置方式也更灵活。

当全自动运行线路部分信号设备发生故障时,可以依靠系统自身或控制中心远程操作(如远程重启),将故障后果降低至不影响运营的程度,例如计轴区段计轴受扰、列车工况无法匹配、车载 ATC 死机等故障。但是部分信号设备发生故障,需要人工介入,使故障车站/区段内的列车降级运行,如道岔故障。

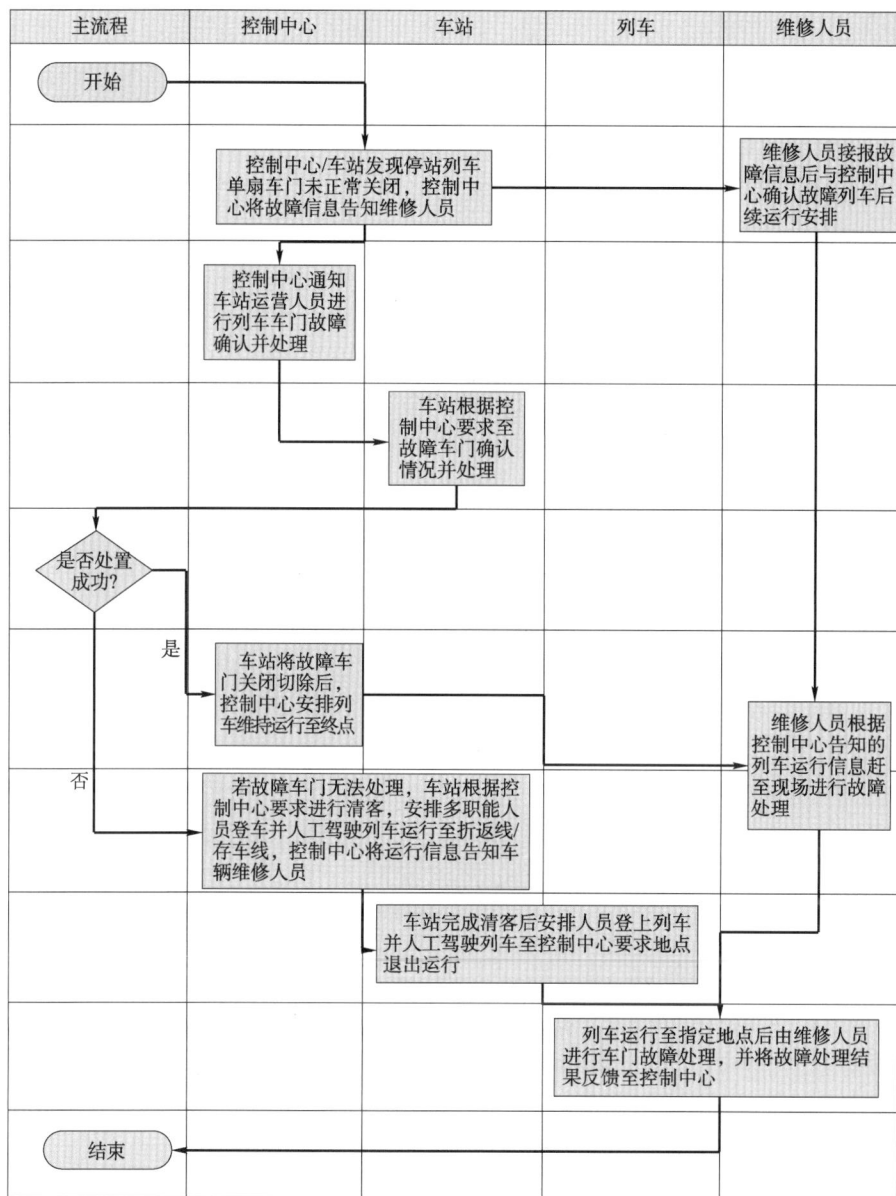

图 4-17　单扇车门无法关闭故障的处理流程

下面以"终点站道岔故障,车站使用手摇道岔接发列车"为例,说明信号设备故障时的运营作业流程以及对应现场人员的工作内容。终点站道岔故障作业流程如图 4-18 所示。

终点站道岔故障时,各工作人员工作内容如下。

1. 控制中心

发生道岔故障后,及时扣停相关列车,根据车站单操结果安排后续列车运行计划及列车驾驶模式,及时发布、流转现场故障信息。

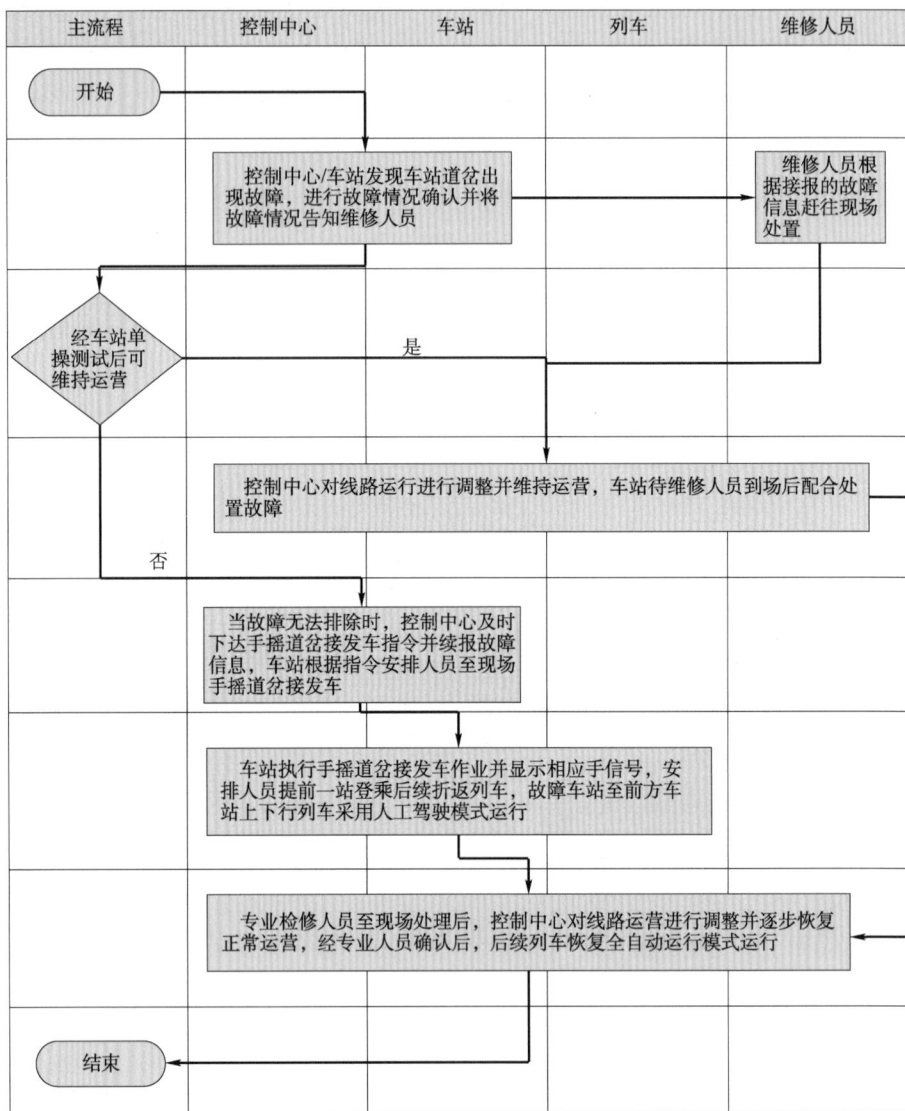

主流程	控制中心	车站	列车	维修人员
开始				
	控制中心/车站发现车站道岔出现故障，进行故障情况确认并将故障情况告知维修人员			维修人员根据接报的故障信息赶往现场处置
经车站单操测试后可维持运营		是		
	控制中心对线路运行进行调整并维持运营，车站待维修人员到场后配合处置故障			
否	当故障无法排除时，控制中心及时下达手摇道岔接发车指令并续报故障信息，车站根据指令安排人员至现场手摇道岔接发车			
	车站执行手摇道岔接发车作业并显示相应手信号，安排人员提前一站登乘后续折返列车，故障车站至前方车站上下行列车采用人工驾驶模式运行			
	专业检修人员至现场处理后，控制中心对线路运营进行调整并逐步恢复正常运营，经专业人员确认后，后续列车恢复全自动运行模式运行			
结束				

图 4-18　终点站道岔故障作业流程

2. 车站

故障初期，根据控制中心指令对故障情况进行确认。在得到手摇道岔接发车指令后，及时安排人员下线进行手摇作业，做好现场抢修人员的施工安全卡控及配合工作。

3. 随车人员

及时安排人员至相应车站登乘后续列车，在道岔故障车站及前方车站上下行区间根据调度命令、采用车站手信号进行人工驾驶列车。

4. 维修人员

根据得到的设备故障信息，及时安排人员至现场处置，并根据故障情况的后续信息及时安排人员增援。故障处置完毕后，及时汇报控制中心，并告知其有无相应运营限制。

在该故障场景下,控制中心在故障初期对相关区段列车的及时扣停尤为重要,而车站手摇道岔作业效率及后续列车随车人员的登车作业直接影响后续列车运行的效率。因此,在日常运营生产管理中,必要的人员培训和实操演练有助于提高全自动运行线路的运营效率。

(三)整侧站台门无法打开作业流程

站台门的运行状态直接影响运营安全。站台门故障时需要车站人员及时进行有效的现场确认,以辅助运营控制中心正确完成远程操作和合理安排应急处置。

下文以"整侧站台门无法打开"为例,介绍该故障场景下现场运营人员的处置流程及主要工作内容(图4-19)。

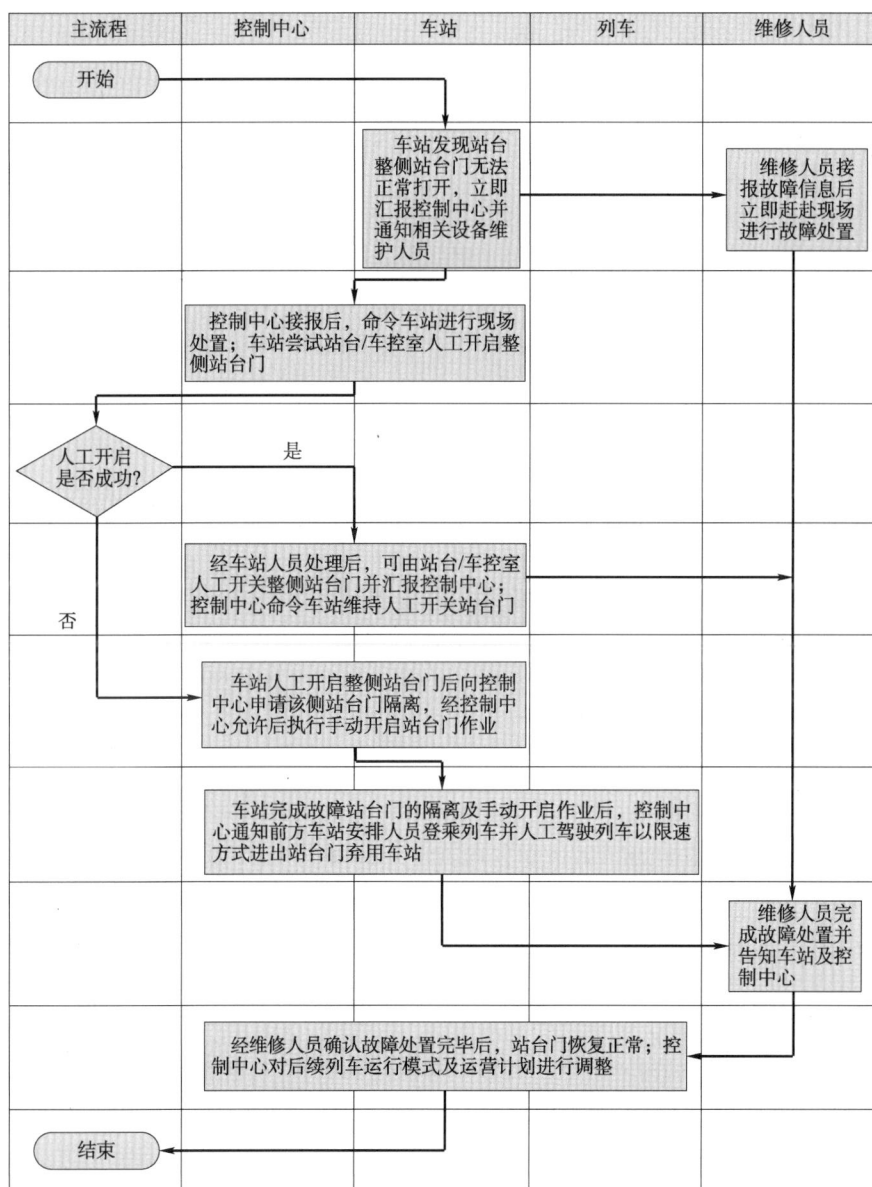

图4-19 整侧站台门无法打开作业流程

"整侧站台门无法打开"时,各岗位人员工作内容如下。

1. 控制中心

根据车站告知的站台门故障情况,在人工无法打开整侧站台门的情况下允许车站隔离该侧站台门,并安排后续列车于前一站降级为人工驾驶模式,运行至故障车站后一站后恢复全自动运行。调度期间,做好故障信息的流转、发布工作。

2. 车站

发现整侧站台门无法打开后,立即尝试站台/车控室手动打开整侧站台门。在操作无效的情况下,向控制中心申请故障侧站台门隔离;隔离期间,车站需安排人员至站台增岗以确保站台安全。根据控制中心命令,安排人员以人工驾驶模式进出站台门故障车站,加强站台安全监控。

3. 维修人员

根据接到的故障信息赶至现场进行故障处置,在故障处置完毕后,及时汇报控制中心并告知其有无相应运营限制。

从"整侧站台门无法打开"故障处置流程中可以看出,一旦站台门发生严重故障将导致全自动运行线路列车降级为人工驾驶模式进出故障车站,该情况会对全自动线路的运行产生较大影响。因此,对于站台门故障的处置,需要运营单位在确保现场设施设备维护质量的同时,加强车站人员站台门故障处理、随车人员登车人工驾驶列车的日常培训及实操演练工作。

学习与思考

"一扇或多扇站台门故障"运营作业流程

请结合"单扇车门无法关闭"场景,思考"一扇或多扇站台门故障"运营作业流程的内容。

三、应急场景运营作业流程

为及时、高效地应对城市轨道交通运营突发事件,提高应急处置能力,降低突发事件造成的损失及对运营的影响,确保轨道交通运营安全有序,各城市轨道交通运营单位都会编制符合自身单位、线路的应急预案及现场处置方案,而全自动运行线路也不例外。

城市轨道交通运营企业编制应急预案时,坚持"安全第一"原则,针对突发事件交叉关联特点,以保障生命财产安全为核心,强调统一指挥、分级负责、快速响应、科学应对,力求降低危害。预案依据事件性质分为设施设备、客运组织、公共安全及自然灾害四大类(图4-20)。

应急组织的设立、职责的确立及应急信息的发布、流转是应急预案的关键所在。应急信息流转效率直接影响专业人员的响应速度与现场处置效率。因此在预案与运营管理中,必须明确应急信息的要求及作业流程。国内某城市轨道交通企业应急信息流转见图4-21。

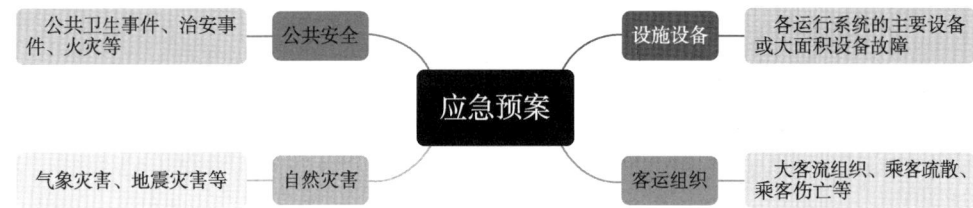

图 4-20　应急预案的主要分类

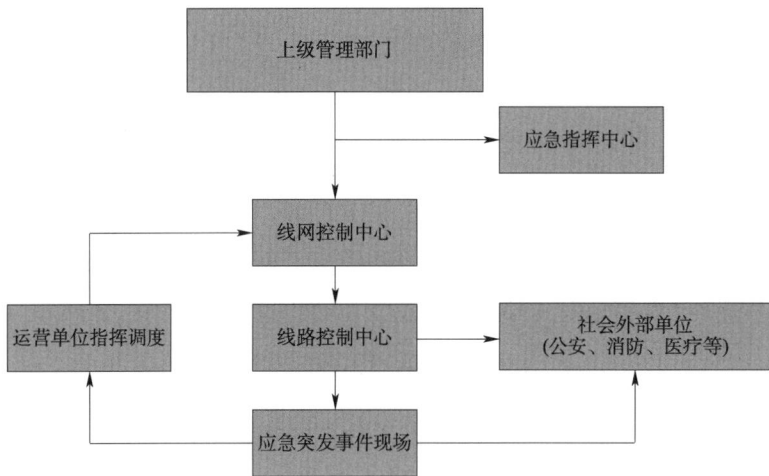

图 4-21　国内某城市轨道交通企业应急信息流转

全自动运行线路对大客流、异物侵限及车站火灾尤为重视。下面以这三个典型应急场景为例,说明全自动运行线路在应急突发情况下的处置流程及作业内容。

(一)大客流应急处置

大客流应急处置是城市轨道交通运营企业高度重视的预案内容,因其高频发生且常需多部门联动,尤其涉及公安、医疗等外部单位介入时,预案编制的复杂程度显著提升。以下是全自动运行线路大客流场景下,运营单位各岗位的职责分工与执行流程。

1. 控制中心

结合现场站点乘客滞留趋势及车站运力调整需求,做好全自动运行线路的行车组织调整及运营监控工作。

2. 车站

事发车站值班站长立即组织站内力量,在客流拥堵点加强定点值守、客流疏导,做好先期指挥工作,待上级负责人赶赴现场接替指挥。车站根据客流拥堵情况及现场人员布岗需要,组织增援力量赶赴现场,做好线路间力量调配,视情况联动外部单位予以增援;对出入口、楼梯采取限流或单向通行等管控措施,关闭自动扶梯、电梯、进站闸机等客运服务设备,单向或双向关闭换乘通道等;做好车站广播告知引导工作,设置临时导向指示标识,加强客流动态的视频监控并汇报现场信息;及时向控制中心(OCC)提出运营组织调整需求,以缓解站内积压客流。

3.随车人员

根据控制中心指令配合做好列车清客、跳停及降级等操作。

在上述举措仍未能有效缓解客流压力时,运营企业可对车站出入口实施"只出不进"措施,并同步启动地面公交联动预案,以辅助疏散乘客。

(二)异物侵限应急处置

在全自动运行模式下,由于列车无随车驾驶人员,异物侵限情况的发现、响应及处理难度增加。当异物侵限且车站或随车人员无法处理时,现场运营人员需依据职责迅速行动,确保紧急情况得到安全有序处置。

1.控制中心

及时向相关设施设备维护人员发布抢修指令,及时落实接触轨断电等安全防护措施,预判事件影响并做好线路行车组织调整工作;若为区间异物侵限,根据事件影响应视情况组织列车退回至发车站或组织实施乘客区间疏散工作;若为车站异物侵限,根据事件影响应视情况组织实施列车清客作业。

2.车站

应及时落实乘客信息告知、客运组织工作,必要时会同司机做好清客、疏散工作;接应、引导抢险抢修队伍,并根据需要配合做好侵限异物清除及抢修施工相关工作。

3.随车人员

应根据控制中心指令行车,及时做好车上乘客信息告知及安抚工作,并根据需要配合进行侵限异物清除工作,必要时会同车站做好清客、疏散工作。

4.设备维护人员

接到抢修指令后,相关设备维护人员应立即赶赴现场,确定现场抢修负责人,并根据抢修方案开展抢修作业;现场抢修负责人应做好信息对接工作,制订侵限异物清除及抢修方案,组织落实安全防护措施,协调指挥现场异物清除与抢修作业,视情况向控制中心、车站等提出运营限制及配合要求,抢修结束后应明确动车条件并组织做好设施设备测试及清场工作。

(三)车站火灾应急处置

与传统线路一样,全自动运行线路可能因设备老化、技术故障及人为因素发生火灾,现场运营人员需具有一定的火灾处置能力。针对车站内火灾,全自动运行线路需明确现场人员处置职责,确保及时有效应对火灾,保障乘客安全。

1.控制中心

应加强与车站的信息互通,做好行车组织调整与安全防护,根据火灾位置以及对行车组织的影响,及时组织相关列车跳停、离站或退回至发车站;做好列车乘客信息告知及安抚工作;确认相应火灾联动工况启动情况,如未正常启动应手动开启;若火灾影响车站运营安全,应及时启动乘客车站疏散程序。

2.车站

做好火灾区域的安全隔离,加强乘客信息告知、客流组织工作,必要时做好事发列车或相关列车清客作业;及时组织现场具备火灾处置能力的工作人员赶赴现场开展火灾扑救;及时确认相应的火灾联动工况及闸机紧急模式已启动、电梯已停止运行且电梯门已打开;做好外部支援力量及抢险抢修队伍接应引导及信息交接工作;待消防救援人员到场后,配合做好人员救助、火灾扑救等工作。

3. 随车人员

配合控制中心落实行车组织调整工作,会同车站做好运营调整工作及列车清客作业。

4. 设备维护人员

事发车站设备维护人员应根据指令赶赴现场,待现场火情处置完毕后确认本专业所辖设施设备运行状态;若发现存在设备异常及故障情况时,应及时向控制中心、车站反馈,并根据故障处置要求完成后续作业。

学习与思考

"人员非法侵入轨行区"应急场景运营作业流程

请结合"异物侵限应急处置"应急场景运营作业流程,思考"人员非法侵入轨行区"应急场景运营作业流程的内容。

课题 4.4 设备维护

全自动运行线路系统设备的可靠性、可用性及可维护性直接影响列车的安全运行。为确保这些设备长期稳定运行，日常的运营维护工作至关重要。全自动运行线路维护组织体系包括可维护性(含可检测性)、维护等级划分、策略制定、管理执行，以及针对系统、固定设备、车辆与车载设备的专项维护。

一、全自动运行系统维护策略

全自动运行系统的设备应具有可维护性，即"具有一定技能的人员利用可获得的资源，在一定的条件下和规定的时间内按照规定的程序和方法，将相关设备恢复到系统所需功能状态的能力"。全自动运行系统设备设计需强调可维护性指标，包括人员安全、可达性、模块化、拆卸和装配性能、清洁性能、坚固性以及软件的可维护性等。此外，设施设备维护人员需满足技能要求，持有相关证书，熟知维护规则与作业流程，确保按生产计划高效完成维护任务。

全自动运行线路的维护单位/部门应对不同维护工作进行分级管理，并建立各级专业检修队伍。需综合考量各系统设备的功能差异和影响程度，全面制定维护策略，确定故障修、预防修(定期维护、状态维护)、部件修的范围。全自动运行系统设备维护策略主要包括如下几个方面。

1. 故障修策略

固定设备故障在当地修复。车载设备故障优先在车辆基地处理，也可在折返线/存车线修复。其他设备故障由专业车间或第三方公司修复。

2. 状态监测与预防维护

系统根据维护对象重要性建立状态监测与检查机制，实施多维度参数测量，实时监控设备状态。参数异常时触发警报，专业人员据此数据及趋势分析，精准判定故障并采取适当维护措施。

3. 定制化维护任务管理

定制维护任务，明确执行时机、任务类型、维护等级、安全性等内容，并配备识别号与标题，实现维护数据系统化管理。

4. 全面支持系统配置

为确保维护工作的安全高效，需根据维护等级配置全面支持系统，涵盖计划、文档、备品备件、支持设备及资料(工具、诊断方法、测试方法、测量方法等)、信息化资源、培训资源、运输及检修人员等。

二、全自动运行系统维护等级

为了方便设备维护单位/部门制订切实、有效、具可操作性的维护生产计划，全自动运行线路一般将现场设备的维护人员进行分级管理,将设备维护和现场运营生产人员职责有机融合,更好地让设备为现场运营提供服务。设备的常规维护等级根据维护作业复杂程度、对运营实际的影响程度以及对时效性的要求,由低至高分为一至四级。

(一)维护等级说明

全自动运行线路设备维护等级见图4-22,其中一级维护要求最低,四级维护要求最高。

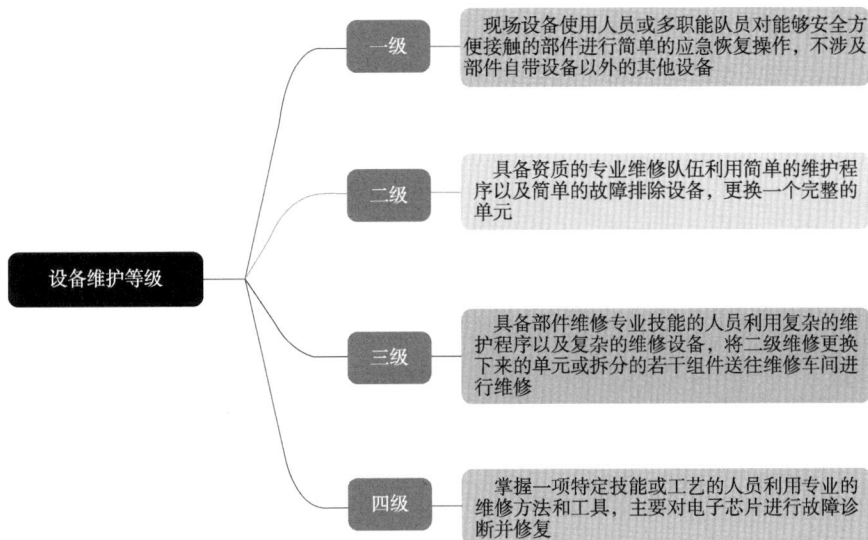

图 4-22　设备维护等级

1. 一级维护

一级维护通常在现场进行,不需要依靠其他设备,可直接进行简单的维护处理,如系统重启等,主要由多职能人员通过简单操作使设备重新运行,若操作无效则重新发送请求,由专业维护队伍进行二级维护。

2. 二级维护

二级维护通常在现场进行,通常是更换一个完整的单元。二级维护对象主要是全自动运行系统(信号系统、车辆系统等)以及与其有直接接口的系统(如站台门系统等)。

3. 三级维护

三级维护通常是将二级维护更换下来的单元拆分成组件,对组件进行更换,然后将这些组件送往维护车间进行维护。通常三级以上的维护需要一定的专业设备和人员来完成。

4. 四级维护

四级维护主要是对电子芯片进行故障诊断并修复,通常需要具有一定技术手段的高资质人员。四级维护通常是委托供货商或专业维护公司完成。

(二)多职能人员与维护等级的关系

在全自动运行线路现场引入多职能人员,可优化设备维护等级的应用,并促进现场运营与设备维护之间的协同,显著提升整体工作效率。如图 4-23 所示,全自动运行线路设备一级、二级维护任务及基本设备巡视任务由现场多职能人员承担;三级、四级设备的维护任务及重点设备的巡视任务则由专业检修人员或第三方专业维护单位落实。如果突发设备故障时,现场多职能人员需判断故障原因,进行初步排除,并协同后续专业维护人员到场处理,确保故障迅速解决,保障运营顺畅。

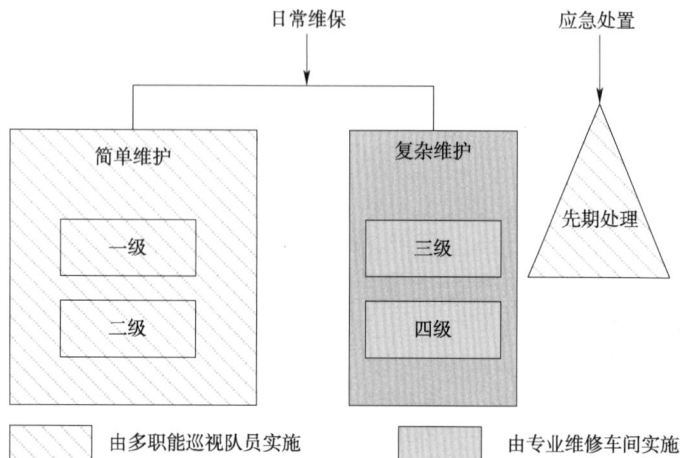

图 4-23　全自动运行线路设备维护分工

某全自动运行线路多职能人员设备维护工作内容见图 4-24。

三、全自动运行系统维护分类

为了全面提升全自动运行线路设备的维护品质与效率,除了明确设备的维护等级,还需建立维护任务的分类体系,对维护质量、维护时长、维护要求进行差异化管理。

为了进一步做好全自动运行线路设备的维护质量及效率,在明确设施设备维护等级的同时应建立设备维护任务的分类。在分类的基础上,对其维护质量、维护时长、维护要求予以分别管理。一般全自动运行线路将设备维护分为故障修、预防修及部件修。

(一)故障修

全自动运行线路设备的故障修是指维护人员在接到运营人员报修信息、数据平台报警信息后,进行的专业维护活动。该过程涵盖从故障报警到系统或设备功能恢复的所有故障排除行动,确保故障得到及时修复,保障线路正常运行。

当故障可能影响乘客安全、车辆可使用性和商业运营收入时,应进行即时维护。如果故障不影响乘客的安全和车辆可使用性,则不必进行即时维护,可以组织延期修复。

(二)预防修

全自动运行线路预防修依据预设要求实施维护,旨在减少系统故障。此过程需进行可靠的维护分析,应用逻辑判断的方法确定设备的预防性维护要求,制订设备预防性维护大纲,规定设备需要进行预防性维护的产品、工作类型、间隔期和维护工作的维护级别,确保以最少的维护资源保持设备固有可靠性和安全性水平。预防修任务的设定还需参考设备的可维护性研究成果,确保预防修工作的科学性与针对性。全自动运行线路预防修根据工作性质又可以分为定期维护和状态维护。

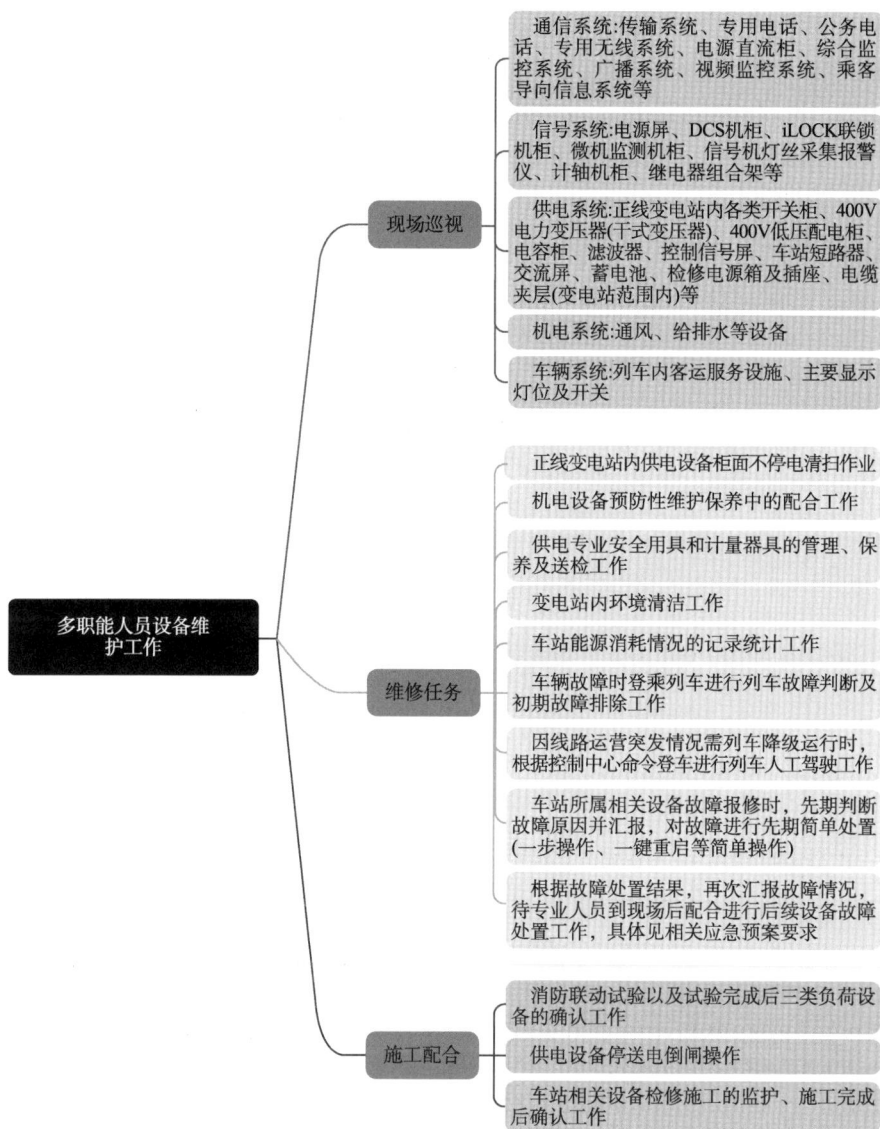

图 4-24 某全自动运行线路多职能人员设备维护工作

多职能人员设备维护工作

现场巡视
- 通信系统:传输系统、专用电话、公务电话、专用无线系统、电源直流柜、综合监控系统、广播系统、视频监控系统、乘客导向信息系统等
- 信号系统:电源屏、DCS机柜、iLOCK联锁机柜、微机监测机柜、信号机灯丝采集报警仪、计轴机柜、继电器组合架等
- 供电系统:正线变电站内各类开关柜、400V电力变压器(干式变压器)、400V低压配电柜、电容柜、滤波器、控制信号屏、车站短路器、交流屏、蓄电池、检修电源箱及插座、电缆夹层(变电站范围内)等
- 机电系统:通风、给排水等设备
- 车辆系统:列车内客运服务设施、主要显示灯位及开关

维修任务
- 正线变电站内供电设备柜面不停电清扫作业
- 机电设备预防性维护保养中的配合工作
- 供电专业安全用具和计量器具的管理、保养及送检工作
- 变电站内环境清洁工作
- 车站能源消耗情况的记录统计工作
- 车辆故障时登乘列车进行列车故障判断及初期故障排除工作
- 因线路运营突发情况需列车降级运行时,根据控制中心命令登车进行列车人工驾驶工作
- 车站所属相关设备故障报修时,先期判断故障原因并汇报,对故障进行先期简单处置(一步操作、一键重启等简单操作)
- 根据故障处置结果,再次汇报故障情况,待专业人员到现场后配合进行后续设备故障处置工作,具体见相关应急预案要求

施工配合
- 消防联动试验以及试验完成后三类负荷设备的确认工作
- 供电设备停送电倒闸操作
- 车站相关设备检修施工的监护、施工完成后确认工作

1. 定期维护

定期维护包括所有定期计划(按维护日历)的维护任务。定期维护不考虑系统或设备的具体状态,但不会超出设备磨损或降级的允许限度。定期维护可能导致设备并没有发生故障就进行了维护,或产生失修等问题。

2. 状态维护

状态维护包括点检与远程监测两种方式,核心在于运用状态检测技术监控设备状态,分析设备性能退化趋势及评估设备剩余使用寿命。状态修通过对设备运行状况的实时分析、评估、监测与故障识别,精准判断维护需求。此方法实现了对运营中系统或设备的持续跟踪,能有效预防潜在故障,确保系统稳定运行,进而提高整体运营效率与维护管理的智能化水平。

(三)部件修

部件修是基于系统设备磨损或降级规律,在预设周期内对列车部件进行拆卸与维护的策略。其目的在于通过针对性维护,降低整体维护成本及停运时间。这种维护方式聚焦于部件个体的运行里程或时间,可实现更精细化的管理,能有效延长部件寿命,优化列车运营效率。

知识拓展

上海地铁 18 号线维护间隔计划

上海地铁 18 号线车辆系统的维护间隔计划见表 4-1(假设年运营里程为 15 万 km)。

维护间隔计划   表 4-1

维护等级	维护安排	累计运行里程(km)	维护间隔(月)
一级	检查	6250	0.5
二级	检查	12500	1
二级	检查	25000	2
二级	检查	37500	3
二级	检查	75000	6
三级	检查	150000	12
二级	检查	300000	24
三级	检查	450000	36
四级	检查	600000	48
四级	架修	750000	60
四级	大修	1500000	120
四级	架修	2250000	180

课题 4.5　运营风险管控

全自动运行系统可提升城市轨道交通的运营安全、效率和服务水平,相较于传统有人驾驶系统,其核心系统如信号、车辆、站台门系统等均实现了功能的大幅拓展。然而,由于轨道交通全自动运行环境的特殊性和复杂性,该系统应对突发事件时的系统功能和操作流程较复杂,存在一定运营风险,主要体现在设备监护、设备运维、行车组织、客运管理和运行环境等方面。

一、运营风险识别

全自动运行线路运营风险的识别与现场实际运营、作业流程及操作规范紧密相关。目前国内主要依赖运营经验、案例对比及环境类比等手段进行风险识别。结合已有全自动运行线路的运营特点,目前已识别的运营风险主要包括 UTO 模式运营风险和故障场景列车降级模式运营风险。

(一)UTO 模式运营风险

UTO 模式运营风险主要集中在人为操作、设备故障及外部环境相关的运营风险。

1. 人为操作相关

ATS 系统控制列车运行时,如果行车作业指令及安全注意事项的交接未遵循既定程序,将引发一系列潜在的运营风险。具体而言,全自动运行模式下的列车,若未能接收到正确的行车指令与安全提示,将持续按照预设的默认速度行驶,这种运行状态在突发情况或特定环境下,极易导致行车事故的发生,严重威胁乘客安全及系统稳定性。

不规范的交接流程会导致在岗操作人员可能无法及时掌握系统当前的真实状态,极大地增加决策失误的风险,使操作人员做出错误判断或发布错误指令,引发运营事故。

2. 设备故障相关

设备故障在全自动运行线路中可能引发严重运营风险,如站台与列车间隙夹人夹物时,若系统未能即时控制列车停车,则可能导致乘客伤亡。全自动运行列车依赖系统控制,一旦轮轨打滑,系统可能控制列车突发制动或加速,使列车内乘客受伤。

3. 外部环境相关

全自动运行模式下,外部突发事件(如火灾等)可能造成伤亡及行车中断。

(二)故障场景列车降级模式运营风险

故障场景列车降级模式运营风险同样主要集中在人为操作、设备故障及外部环境相关的运营风险。

1.人为操作相关

全自动运行线路的行车调度员若忽视行车设备的异常状态,擅自发布行车命令,或未严格遵守行车作业指令与安全注意事项,将构成严重的安全隐患。此类违规操作极可能导致行车事故的发生,进而引发行车中断,对轨道交通系统的正常运营造成重大影响。

列车于正线、折返线、车辆基地及试车线等限速区域行驶时,若出现超速状况,极可能触发列车骤然且大幅的制动或加速行为。此类突发的速度改变,因未给乘客留出充分的预警与适应时间,极易使乘客因惯性在车厢内受伤。

当站台门与车门联动失效或站台门玻璃破损时,若车站人员未及时协助开关门,同时行车调度员未实施限速进出站措施,且未能在破裂门区域设置有效防护,将显著增加运营风险。

2.设备故障相关

全自动运行线路因设备故障(如接触网故障)引发列车区间迫停时,若未迅速响应(如启动蓄电池供电、灵活调整运营策略)及有效组织客流疏散,可能导致乘客伤亡、行车事故等运营风险。

3.外部环境相关

防火门、人防门等构筑物或射流风机、电缆、管线等的吊挂构件有可能脱落,脱落物可能侵入线路限界,会引发列车撞击风险,构成严重运营安全隐患。

全自动运行线路中,乘客在列车因故障停驶于区间时可能擅自进行疏散。此类自行疏散行为往往缺乏专业指导与安全保障,乘客可能因不熟悉环境、误判危险或采取不当行动而导致伤亡。

二、风险管控要素

基于既有全自动运行线路的风险管理经验,一般从六个要素(见图4-25)全面开展风险管控工作。这六个要素构成了风险管控的综合体系,旨在系统性地识别、评估及应对各类潜在风险。

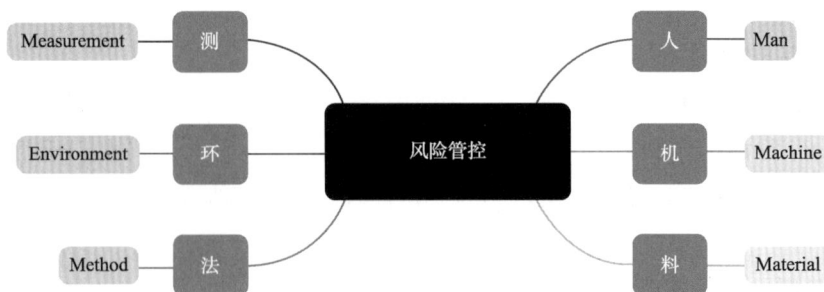

图4-25 运营风险管控要素

1."人"要素

"人"要素主要包括设置合理的机构及机构人员、完善在岗人员安全管理制度、加强人员培训与素质提升。

2."机"要素

"机"要素主要包括提升设备安全运行水平、加强全自动运行核心系统维护等。

3."料"要素

"料"要素主要集中在对重点行车物品、核心系统的备品备件和危险品安全保存等方面的管理。

4."法"要素

"法"要素主要包括完善机构管理制度、明确管理目标、设置安全管理机构、编制安全管理规章、完善信息发布要求、落实应急预案及事故处理要求、落实应急救援等方面。

5."环"要素

"环"要素主要包括提升安全管理级别条件,落实、完善事故风险隐患管理等方面。

6."测"要素

"测"要素主要包括各运营场景的演练方案和针对演练风险制定的应急保障措施。

三、运营风险管控措施

(一)UTO 模式运营风险管控

1. 人为操作相关

全自动运行线路 UTO 模式下,列车自动运行显著减少了人为驾驶风险,但系统更依赖于稳定的设备与可靠的人员监控。为防范人员误操作风险,运营企业需强化作业规章执行力,要求现场人员严格遵守操作规范。行车调度员在调整设备限速或恢复列车运行模式前,需充分掌握现场实况,确保指令与作业流程准确无误。表 4-2 详述了UTO 模式下人员误操作风险及对应管控措施。

UTO 模式下人员误操作风险及管控措施　　　　　　　　　　表 4-2

序号	风险/危害描述	风险管控措施
1	在全自动运行模式下,为确保安全,线路部分区段会降速。行车调度员通过系统设置限速控制列车速度。若行车调度员未核实现场条件即调整限速或加速,可能引发行车事故	①按照行车相关规章制度严格执行相关作业规定。②行车调度员取消设备限速前应详细了解现场情况并认真听取有关人员的反馈
2	防溜设备未撤且全自动运行列车无人值守,动车前缺乏人工确认,可能导致列车自动启动后发生脱轨事故	①按照行车作业要求确认列车状态。②制定并执行列车脱轨等专项预案。③加强安全培训
3	全自动运行列车洗车作业中,员工疏忽、违章操作或协调不足可能导致洗车过程中发生事故	①严格执行洗车前确认设备状态,发现洗车机异常立即停车,及时汇报给车场调度员。②洗车线限速通过。③未得到命令不得私自动车

2.设备故障相关

为降低设备故障对全自动运行线路运营的风险,运营企业需编制详细的设备排故手册与应急预案,并强化日常预案演练与沙盘推演,确保作业人员熟练掌握应急流程与要求。此外,运营企业需加强乘客安全宣传教育,以提升其应对突发情况的意识和能力,共同维护运营安全与顺畅。UTO 模式下设备故障(轮轨打滑)的运营风险及管控措施见表4-3。

UTO 运行模式下设备故障(轮轨打滑)的运营风险及管控措施　　表 4-3

风险/危害描述	风险管控措施
轮轨打滑可致列车突发制动/加速,乘客易受伤	①通过中央监控设备发现轮轨打滑,及时远程广播提示乘客。 ②加强乘客安全宣传教育

3.外部环境相关

为减轻 UTO 模式下外部环境对全自动运行系统的影响,运营企业应制定详细的外部环境应对预案,通过模拟演练确保作业人员能迅速响应外部变化。同时,运营企业需加强行车人员安全培训,以提升其对外部干扰下应急措施的认知。UTO 模式下外部环境的运营风险及管控措施见表4-4。

UTO 模式下外部环境的运营风险及管控措施　　表 4-4

风险/危害描述	风险管控措施
人员非法进入轨行区,值班员未及时报告,列车仍以常态速度运行,调度员未限速,易引发人车冲突,造成伤亡	①严格执行相关无人区管理规定,制定并落实人车冲突、人员伤亡专项预案。 ②行车调度员发现人员进入轨行区后,及时人工介入列车运行。 ③加强行车人员安全培训

(二)故障场景列车降级模式运营风险管控

1.人为操作相关

全自动运行列车在降级模式下,需更高程度的人工干预,这对行车调度员、多职能列控员(司机)、车站值班员及维护人员提出了更严格的作业要求。鉴于降级模式可能加剧运营风险,运营企业需强化关键岗位人员的安全意识、应急技能及行为管理,确保其充分适应降级模式下的工作要求。故障场景列车降级模式人为操作相关的运营风险及管控措施见表4-5。

故障场景列车降级模式人为操作相关的运营风险及管控措施　　表 4-5

序号	风险/危害描述	风险管控措施
1	多职能列控员(司机)错开非站台侧车门可能导致乘客跌落	①严格执行列车驾驶及非正常行车作业要求。 ②加强行车人员安全培训

序号	风险/危害描述	风险管控措施
2	列车在正线(含折返线)和车辆基地限速区段、试车线等超速运行	①严格执行列车驾驶作业要求。 ②加强行车人员安全培训
3	作业人员施工未结束,车站值班员恢复 SPKS 开关	制定并执行施工作业及运营期间设备抢修管理规定

2. 设备故障相关

为了应对全自动运行列车设备故障导致的降级模式,运营企业需确保现场人员严遵行车规章,及时发现并上报设备异常,迅速启动降级模式下的应急处置预案重点强化降级期间对故障设备的监控与应对,确保运营安全。故障场景列车降级模式设备故障相关的运营风险及管控措施见表 4-6。

故障场景列车降级模式设备故障相关的运营风险及管控措施 表 4-6

风险/危害描述	风险管控措施
接触网故障致列车迫停区间,失电列车无法及时启动蓄电池供电,调整运营及乘客疏散受阻,可能引发客伤与行车事故	①制定并执行区间疏散、供电设备失电等专项预案。 ②加强行车人员安全培训

3. 外部环境相关

为了降低由于外部环境引起的运营风险,全自动运行线路运营企业需要求现场作业人员严格按照行车作业规章制度落实现场作业,发现异常及时采取紧急措施并上报控制中心,同时启动相应应急处置预案。故障场景列车降级模式外部环境相关的运营风险及管控措施见表 4-7。

故障场景列车降级模式外部环境相关的运营风险及管控措施 表 4-7

序号	风险/危害描述	风险管控措施
1	声屏障、防火门、人防门、防淹门等构筑物,射流风机、电缆、管线等吊挂构件,配电箱门、广告灯箱、标志标识等设备可能脱落,脱落物可能侵入线路限界,造成列车撞击事件	①多职能列控员(司机)在早上运营压道(调试轨道)及正线运行过程中加强瞭望,严格执行巡道作业及非正常行车作业要求,发现异常及时采取紧急措施并上报控制中心。 ②制定并执行异物侵限的应急处置预案
2	列车故障导致运营中断或因为其他列车故障导致列车在区间迫停使列车上发生乘客骚乱	①多职能列控员(司机)严格执行列车驾驶标准化作业,加强乘客安抚广播。 ②张贴警示标识。 ③开展宣传教育活动

学习与思考

全自动运行线路安全风险和管控措施

请思考:与非全自动运行线路相比全自动运行线路车站、列车和区间有哪些新增的隐患和风险? 对应的风险管控措施有哪些?

城市轨道交通全自动运行系统概论

技能工作页

姓名：_____ 班级：_____ 小组_____ 学号_____

1.任务书

全自动运行系统能根据计划自动触发控制指令，实现列车从上电、自检、段内行驶、正线区间行驶、车站停车及启动、清客、列车回段、休眠断电到洗车等的全过程自动控制。请小组合作查阅资料，完成如下任务：

(1)对比传统线路和全自动运行线路的管理模式。

(2)理解全自动运行线路的组织架构。

(3)区分全自动运行线路的岗位变化。

(4)理解全自动运行线路的岗位职责。

(5)理解全自动运行系统典型场景的作业流程。

(6)理解全自动运行线路设备维护工作。

(7)对比全自动运行线路在不同模式下的运营风险。

2.任务分组

建议成立 5~6 人的学习小组，明确任务分工(表4-8)，共同完成相关任务。

学生任务分配表　　　　　　　　　　表 4-8

序号	组别	姓名	学号	任务分工	备注
1					
2					
3					
4					
5					
6					

3.任务准备

(1)调研上海地铁 9 号线和上海地铁 10 号线的运营管理模式。

(2)调研国内全自动运行线路的组织架构。

(3)调研国内全自动运行线路车站和多职能岗位。

(4)调研某条全自动运行线路故障时多职能岗位的现场处置过程。

(5)调研全自动运行线路车辆段布局和日常的维护工作安排。

(6)调研国内外全自动运行线路事故及其原因和处置措施。

(7)阅读《城市轨道交通全自动运行系统规范　第 7 部分:运营管理》(T/CAMET 04017.7—2019)。

4.获取信息

引导问题1：传统线路的运营管理和维护管理均由运营中心负责，采用_____、_____和_____现场执行层的两层管理架构

引导问题2：全自动运行线路为实现运维方面的优势效能，主要采用了_____的集中管理模式，该模式通过线路管理层和车站现场执行层的两层架构，确保了对控制管理的高度集中化。

引导问题3：全自动运行系统通过减少列车司机岗位，将司机的工作职能部分转移至_____和控制中心/车站，从而强化了控制中心的集中管理作用。

引导问题4：全自动运行线路的管理架构以_____为核心，实现了调度指挥、行车管理、客运服务、设备维护等多个专业领域的统一管理和信息集中处理，从而提高了运营生产的工作效率。

引导问题5：全自动运行线路的岗位变化体现了_____的特性，新技术和新设备的引入催生了新岗位及原有岗位的复合，对技能员工的工作技术能力和应对复杂工作内容的要求更高。

引导问题6：全自动运行线路的调度业务板块，相较于传统线路，新增了_____、_____和车辆调度员等岗位，以应对高度集成化和自动化的运营需求。

引导问题7：在全自动运行线路的乘务业务板块中，多职能列控员不仅具备电动列车驾驶技能，还融合了_____的技能，实现了无人值守运营的高效整合。

引导问题8：全自动运行线路的多职能站控员，其业务技能在既有线行车值班员的基础上得到了显著拓展，新增了_____和_____确认，并在需要时承担车站客运服务。

引导问题9：在全自动运行线路的客运业务板块中，为了应对设备可靠性提升与智能化运维的加速，通信、信号、供电、机电等专业驻站人员得以整合，形成了_____新角色。

引导问题10：全自动运营线路通过系统自动化实现了列车从_____至_____的高效安全循环。

引导问题11：列车停运阶段，在末站设_____指令确保车厢清空，随后控制中心人员远程取消该指令。列车入库后，按系统指引至指定_____，现场维护人员根据当日需求进行维护、检修、清洗。

引导问题12：全自动运行线路在日常运营中，可能由于设备故障、作业人员误操作及_____等原因导致突发情况的发生。

引导问题13：当车辆设备发生故障时，全自动运行线路相较于传统线路，需优先考虑是否能由_____远程处理/维持至就近车站处理。

引导问题14：全自动运行系统的设施设备维护策略中，_____是根据维护对象的重要性设立状态监测与检查方法，实施多维度参数测量。

引导问题15：多职能人员在全自动运行线路中主要负责_____和二级维护任务及基本设施设备的巡视任务。

引导问题16：结合全自动运行线路的运营特点，目前已识别的运营风险主要包括_____运营风险和_____运营风险。

5.任务实施

实施任务 1：对比传统线路和全自动运行线路管理模式

根据所学内容，请从管理结构、控制中心、车站、车辆基地、列车以及设施设备维护等方面对传统线路和全自动运行线路管理模式进行对比，并完成表4-9。

传统线路和全自动运行线路管理模式对比 表4-9

项目	传统线路管理模式	全自动运行线路管理模式
管理结构		
控制中心		
车站		
车辆基地		
列车		
设施设备维护		

实施任务 2：认识全自动运行线路组织架构

请根据所学内容，对下述关于全自动运行组织架构的内容进行判断：

（1）全自动运行系统完全取消了列车司机岗位，所有司机的工作职能均由列车自动控制系统负责。　　　　　　　　　　　　　　　　　　　　　　（　　）

（2）上海地铁10号线的运维管理部体现了"运维分离"的管理理念。　（　　）

（3）多职能队伍在全自动运行线路中主要承担列车驾驶职责。　　（　　）

（4）相对于传统线路，全自动运行线路的组织架构中没有对车站值班员和站务员的岗位职责进行重新调整。　　　　　　　　　　　　　　　　　（　　）

（5）综合业务室在上海地铁10号线的运维管理部中主要负责财务、人事、物资后勤以及日常行政管理工作。　　　　　　　　　　　　　　　　　　（　　）

（6）计划与运营控制中心（POCC）在全自动运行系统中不承担突发事件应急处置的职责。　　　　　　　　　　　　　　　　　　　　　　　　（　　）

（7）全自动运行线路组织架构中，车站值班员和站务员的岗位职责与传统线路完全相同。　　　　　　　　　　　　　　　　　　　　　　　　（　　）

（8）检修分部不参与通信、信号、车辆等设备的维护保障工作。　（　　）

实施任务 3：区分全自动运行线路岗位变化

全自动运行线路新技术催生新岗位及原有岗位复合，岗位变化集中于调度、乘务和客运三大板块。请根据所学内容完成表4-10，并说明岗位变化的主要原因。

板块	传统线路	全自动运行线路	
		新增岗位	复合岗位
调度业务板块			—
乘务业务板块		—	
客运业务板块		—	

全自动运行线路各业务板块相较于传统线路发生岗位变化的原因为：

_____

_____

_____

_____

实施任务 4：认识全自动运行线路岗位职责

1）请判断全自动运行线路调度板块中各岗位职责的描述是否正确：

（1）正线调度长只负责所属线路的生产管理和安全管理，不涉及其他管理职责。

（　　）

（2）行车调度员的主要职责是监控全线客流变化，需负责突发情况下的行车指挥。

（　　）

（3）乘客调度员在突发事件时，主要负责通过车载 CCTV 监视列车车厢，无需进行信息流转。（　　）

（4）车辆调度员只需监视列车所有故障状态，无需参与故障处理过程。（　　）

2）请判断全自动运行线路乘务板块中各岗位职责的描述是否正确：

（1）多职能列控队长只负责列控员车队的现场管理工作，不涉及其他职责。

（　　）

（2）多职能列控副队长主要负责列控员在停车场、车辆基地、正线的派班及调试工作，需参与列控员的管理和培训工作。（　　）

（3）多职能列控员的主要职责包括巡视检查区段内列车、列车内乘客接待和客运服务，以及在故障时负责列车故障处理和线路突发情况下的应急处置，但不涉及降级模式下手动驾驶列车。（　　）

3）请判断全自动运行线路车站板块中各岗位职责的描述是否正确：

（1）车站站长只负责车站的客运组织，不涉及行车组织和乘务组织。（　　）

（2）车站值班长的工作职责中包括处理车站突发事件和做好应急处置工作。

（　　）

（3）多职能站控员只负责车站的行车工作，不参与其他设备的监视和管理。

（　　）

（4）多职能站巡员只负责乘客日常服务和票务异常处理，不涉及站台接发车作业和设备巡视。
（　　）

实施任务5：理解全自动运行系统典型场景作业流程

1）请根据所学内容，完成下列有关"典型正常场景运营作业流程"的判断题：

（1）在列车准备阶段，现场人员无需参与任何操作，全部由系统自动完成。

（　　）

（2）列车在正线运营阶段，停站、开关门、发车等所有操作均由系统预设自动完成，无需人为干预。
（　　）

（3）列车停运阶段，控制中心人员远程取消扣车指令后，列车即会立即驶向停车场/段入库线，无需任何人工操作。
（　　）

（4）列车入库后，现场维护人员必须立即进行维护、检修和清洗工作，无论当日是否有特定任务。
（　　）

（5）列车停运阶段的所有工作均围绕确保设备状态记录完整和准备次日运营展开。
（　　）

2）请根据所学内容，完成下列有关"单扇车门无法关闭作业流程"的判断：

（1）在"单扇车门无法关闭"的故障情况下，控制中心的主要职责是立即停止该列车的所有运营活动。
（　　）

（2）车站人员若故障未处理成功，则需要立即进行列车救援作业。　（　　）

（3）故障处理中，车辆维护人员的作用被削弱，因为他们不再需要现场处理故障。
（　　）

（4）故障处理效率完全取决于车站人员对故障处理的熟练程度。　（　　）

3）请根据所学内容，完成下列有关"终点站道岔故障作业流程"的判断题：

（1）在"终点站道岔故障"发生时，控制中心的首要任务是发布并流转现场故障信息，而不是及时扣停相关列车。
（　　）

（2）车站人员在接到手摇道岔接发车指令后，应立即进行手摇作业，无需等待现场抢修人员的到达。
（　　）

（3）随车人员在"终点站道岔故障"时，无需根据调度命令和车站手信号进行人工驾驶列车，只需等待故障解决即可。
（　　）

4）请根据所学内容，完成下列有关"整侧站台门无法打开作业流程"的判断题：

（1）在"整侧站台门无法打开"的情况下，控制中心可以直接命令车站弃用该侧站台门，无需等待车站的尝试操作结果。
（　　）

（2）车站发现整侧站台门无法打开后，必须立即向控制中心报告，并等待控制中心指令才能进行下一步操作。
（　　）

（3）随车人员在"整侧站台门无法打开"的情况下，进出站时需特别加强站台安全的监控。
（　　）

（4）设备维护人员在故障处置完毕后，只需向控制中心汇报处置结果，无需告知是否有运营限制。（　）

5）请根据所学内容，完成下列有关"大客流应急处置"的判断题：

（1）在大客流应急处置中，控制中心的主要职责是调整行车组织和监控运营情况，无需关注现场站点的客流滞留趋势。（　）

（2）车站值班站长在处理大客流时，可以独自决定关闭自动扶梯、无障碍电梯等客运服务设施，无需向上级汇报。（　）

（3）当大客流疏散遇到困难时，运营单位可以直接对车站出入口实施"只出不进"措施，并启动地面公交联动预案。（　）

6）请根据所学内容，完成下列有关"异物侵限应急处置"的判断题：

（1）在全自动运行模式下，异物侵限时，若车站或随车人员无法处理，控制中心无需立即行动，可等待上级指示后再采取措施。（　）

（2）对于区间异物侵限，控制中心应根据事件影响，视情况组织列车退回至发车站或进行乘客区间疏散，确保乘客安全。（　）

（3）在车站发生异物侵限时，车站工作人员的主要任务是确保乘客信息告知，但无需配合进行侵限异物的清除工作。（　）

（4）设备维护人员在接到抢修指令后，应立即赶赴现场，但无需制订侵限异物清除及抢修方案，只需按常规程序进行抢修作业即可。（　）

7）请根据所学内容，完成下列有关"车站火灾应急处置"的判断题：

（1）全自动运行线路发生火灾时，控制中心无需特别关注火灾对行车组织的影响，因为系统会自动处理所有相关调整。（　）

（2）车站内发生火灾时，车站的主要任务是立即进行火灾扑救，无需特别关注乘客的安全和信息告知。（　）

（3）随车人员在全自动运行线路火灾应急中，主要负责与乘客的沟通和安抚工作，无需参与行车组织调整。（　）

（4）设备维护人员在火灾应急响应结束后，无需检查设备运行状态，因为火灾已得到控制且现场已被清理。（　）

实施任务6：理解全自动运行线路设备维护

请根据所学内容，对"全自动运行线路设备维护"相关描述做出选择：

（1）全自动运行系统设备的可维护性主要指的是什么？（　）

    A.设备自动恢复功能的能力

    B.设备在无人干预下运行的能力

    C.专业人员按规定程序恢复设备功能的能力

    D.设备自行诊断并修复故障的能力

（2）全自动运行系统设备维护人员需要满足哪些条件？（　）

    A.无需任何证书，只需了解基本维护知识

    B.持有相关证书，但无需熟知维护规则

    C.持有相关证书，熟知维护规则与作业流程

    D.只需按生产计划完成维护任务，无需满足其他要求

（3）全自动运行线路的设备维护等级中,哪一级维护通常只需要在现场进行简单操作,如系统重启? （　　）

    A. 一级维护　　　B. 二级维护　　　C. 三级维护　　　D. 四级维护

（4）在全自动运行系统的设备维护等级中,哪一级维护通常由专业维护队伍在现场更换完整的单元,并送至维护车间进行进一步修理? （　　）

    A. 一级维护　　　B. 二级维护　　　C. 三级维护　　　D. 四级维护

（5）在全自动运行系统中,哪一级维护通常需要具有高资质的人员和特定的技术手段来完成? （　　）

    A. 一级维护　　　B. 二级维护　　　C. 三级维护　　　D. 四级维护

（6）全自动运行线路现场引入多职能人员的主要目的是什么? （　　）

    A. 替代专业检修人员完成所有维护任务

    B. 优化设施设备维护等级应用,促进现场运营与设备维护协同

    C. 减少专业检修人员的工作量

    D. 仅仅为了巡视基本设施设备

（7）当运营突发故障时,现场多职能人员的首要任务是什么? （　　）

    A. 立即联系第三方专业维护单位到场处理

    B. 立即修复故障,确保运营顺畅

    C. 判断故障原因,进行初步排除,并协同后续专业维护人员到场处理

    D. 无需介入,等待专业检修人员到场处理

（8）全自动运行线路设备维护中,哪种维护活动是在接到运营人员报修、数据平台报警或日常巡视中发现异常后进行的? （　　）

    A. 故障修　　　B. 预防修　　　C. 部件修　　　D. 紧急修

（9）哪种维护方式旨在减少系统故障,依据预设要求实施,并需进行可靠的维护分析和逻辑判断? （　　）

    A. 故障修　　　　B. 预防修　　　　C. 部件修　　　　D. 临时修

（10）定期维护属于哪种维护策略的一部分? （　　）

    A. 故障修　　　　　　　　　　B. 预防修

    C. 部件修　　　　　　　　　　D. 紧急维护

（11）状态维护的核心在于运用什么技术来监控设备健康? （　　）

    A. PHM 等状态检测技术　　　　　　B. 数据分析技术

    C. 远程控制技术　　　　　　　　　D. 人工智能预测技术

（12）部件维护修理的主要目的是什么? （　　）

    A. 迅速解决故障,恢复系统正常运行

    B. 减少系统故障,实施预防性维护

    C. 降低整体维护成本及停运时间,通过针对性维护延长部件寿命

    D. 实时监控设备状态,预防潜在故障

实施任务 7：对比全自动运行线路不同模式运营风险

1）请根据所学内容,对比表 4-11 全自动运行线路"UTO 运行模式"和"故障场景列车降级模式"运营风险。

"UTO运行模式"和"故障场景列车降级模式"运营风险对比　　　表 4-11

运营风险	UTO 运行模式	故障场景列车降级模式
人为操作风险		
设备故障风险		
外部环境风险		

2）请根据所学内容，对比表 4-12 全自动运行线路"UTO 运行模式"和"故障场景列车降级模式"不同类别运营风险管控措施。

"UTO运行模式"和"故障场景列车降级模式"运营风险管控措施　　　表 4-12

运营风险	UTO 运行模式	故障场景列车降级模式
人为操作风险管控		
设备故障风险管控		
外部环境风险管控		

6. 评价反馈

请填写表 4-13，对任务实施效果进行评价。

任务评价表　　　表 4-13

序号	评价指标	分值（分）	自我评价（40%）	教师评价（60%）
1	引导问题答案正确率90%以上	10		
2	能够对比传统线路和全自动运行线路管理模式	10		
3	理解全自动运行线路组织架构	10		
4	辨别全自动运行线路岗位变化	15		
5	理解全自动运行线路岗位职责	15		
6	理解全自动运行系统典型场景作业流程	15		
7	理解全自动运行线路设备维护	10		
8	能够对比全自动运行线路不同模式运营风险	10		
9	能够通过团队协作的方式完成任务	5		
	合计	100		

7. 总结反思

参 考 文 献

[1] 安学武,王小可. 城市轨道交通全自动运行系统概论[M]. 成都:西南交通大学出版社, 2022.

[2] 路向阳,等. 地铁列车自动驾驶系统原理[M]. 长沙:中南大学出版社, 2021.

[3] 饶咏,徐安雄. 城市轨道交通全自动运行线路运营指南[M]. 成都:西南交通大学出版社, 2022.

[4] 徐金平,曾海军,赵宁宁,等. 城市轨道交通全自动运行系统运营与维护[M]. 成都:西南交通大学出版社, 2022.

[5] 唐涛,等. 城市轨道交通全自动运行(FAO)系统[M]. 北京:中国铁道出版社有限公司, 2023.

[6] 马伟杰,王伟雯. 上海轨道交通10号线全自动运营实践及启示[J]. 城市轨道交通研究, 2019,22(S2):1-5.

[7] 陆文学,何小兵,黄磊. 苏州市轨道交通5号线全自动运行的运营生产管理模式探讨[J]. 城市轨道交通研究, 2021,24(6):1-4,9.

[8] 侯秀芳,冯晨,燕汉民,等. 2024年中国内地城市轨道交通运营线路概况[J]. 都市快轨交通, 2025,38(1):13-19.

[9] 谭文举. 轨道交通全自动运行条件下运营场景设计及智能运维研究[D]. 北京交通大学, 2020.

[10] 刘敏,孙元,杨磊. 城市轨道交通全自动运行线路通信系统的功能研究[J]. 城市轨道交通研究, 2019,22(S2):92-95.

[11] 高飞. 上海轨道交通10号线无人驾驶运营管理组织方案的设想[J]. 城市轨道交通研究, 2016,19(9):1-4,14.